Une vérité qui dérange
Nous ne sommes pas
Les premiers sur Terre

Jean HERCET

DU MÊME AUTEUR

LA VERITE EST AIILEURS
De l'origine de l'Univers
à celle de l'Humanité

TABLES DES MATIERES

« Ce que nous savons est une goutte d'eau, ce que nous ignorons est un océan. » Isaac Newton

AVANT-PROPOS

Ce livre fait suite à « La vérité est ailleurs », il en est le prolongement, mais il peut tout à fait être lu indépendamment.

Dans le livre précédent, nous avons :
- Vu comment fonctionne la science.
- Considéré les différentes théories sur les origines de l'Univers, de la vie, puis celles de l'Homme.
- Abordé les récits de la création à travers la Genèse, les textes sumériens, les mythes et les légendes.
- Passé en revue les continents et les civilisations considérés comme disparus.
- Fait le tour des premières civilisations reconnues.
- Visité l'Égypte à travers quelques monuments énigmatiques.
- Découvert des centaines de pyramides à travers le monde.

En toute logique, nous ne pouvions pas en rester là !

Dans le présent livre, nous allons tour à tour :

- Découvrir des mégalithes et des sites étonnants.
- Visiter quelques grottes et réseaux souterrains d'origine inconnue.
- Examiner de nombreux artefacts inexplicables.
- Faire l'inventaire de crânes et de squelettes hors normes.
- Rapporter les preuves de l'existence passée des géants.
- Relever des empreintes impossibles et des glyphes mystérieux.
- Répertorier une liste d'objets hors du temps qui défient le rationnel.
- Nous interroger sur de possibles explosions nucléaires datant de plusieurs millénaires.
- Aborder quelques mystérieuses connaissances du passé.

Aucun de ces sujets n'entre dans le cadre officiel de la science, tout simplement parce qu'ils vont à l'encontre de tout ce qui est admis, et plus généralement à l'encontre de l'histoire de l'Humanité telle qu'elle nous est rapportée dans nos livres.

Et pourtant, les faits sont les faits !

INTRODUCTION

Notre planète a subi énormément de changements au cours des temps : des déplacements de continents, des cataclysmes de toutes sortes, des déluges catastrophiques, des destructions massives... A supposer que des civilisations nous aient précédé de quelques dizaines de milliers d'années, voire de millions d'années, qu'en resterait-il aujourd'hui ? Rien ou si peu qu'il serait quasiment impossible d'en retrouver la trace.

Les constructions, les ouvrages d'art, les villes et tous les objets manufacturés auraient été détruits par les ravages du temps, ou seraient enfouis sous des centaines de mètres cubes de terre ou encore reposeraient au fond des océans. Pourtant, de temps en temps, de telles traces apparaissent, quelques objets font miraculeusement surface, certains sont retrouvés au fond d'un puits de mine ou lors de travaux de creusement, parfois même incrustés dans la roche, ce qui donne une idée de leur âge...

Leur datation fait remonte l'origine de ces objets, et par conséquent de l'homme, à des dizaines de milliers, voire des millions d'années... Bien sûr, la science officielle ignore et réfute de telles découvertes. Les reconnaître impliquerait de remettre en question les fondements de notre histoire, ce qui est tout simplement inenvisageable tant ces révélations bouleverseraient notre système actuel de croyances, et l'humanité toute entière.

Les scientifiques ne fournissent généralement aucune explication à ces artefacts, au mieux s'acharnent-ils à les discréditer. Parfois, en privé, certains admettent du bout des lèvres que les théories actuelles posent problème et qu'il est vraisemblable qu'elles soient revues à l'avenir. Quelques-uns admettent également qu'il est possible, compte tenu de l'âge de notre planète, qu'elle ait pu connaître d'autres civilisations aussi évoluées que la nôtre, voire plus. Ces civilisations pourraient avoir été effacées de la surface de la Terre en raison de catastrophes ou d'une autodestruction accidentelle.

De tels accidents planétaires semblent inévitables, et une telle mésaventure pourrait arriver demain à notre propre civilisation. Les rares survivants et leurs descendants se retrouveraient alors à l'âge de pierre. Des milliers d'années s'écouleraient avant qu'une nouvelle civilisation aussi évoluée que la nôtre fasse son apparition.

Ce phénomène cyclique d'évolutions et d'involutions pourrait être une loi de l'Univers. Ainsi, la vie sur notre planète subirait le même sort jusqu'à ce que peut-être, une civilisation atteigne un degré de sagesse suffisant pour mettre fin à cette fatalité. Les quelques maigres vestiges découverts çà et là nous font prendre conscience d'une autre réalité... comme si tout n'était qu'un éternel recommencement.

Au fil des années, la liste des énigmes non résolues s'allonge. Les répertorier est déjà un premier pas vers la connaissance. C'est précisément l'objet de cet ouvrage, sans aucune prétention autre que celle d'informer et de témoigner.

Au fil des pages qui vont suivre, vos certitudes seront sans doute ébranlées, et peut-être serez-vous amené, vous aussi, à penser que nous ne sommes pas les premiers sur Terre...

1 L'ARCHEOLOGIE PREHISTORIQUE

Un terrain miné

Les ruines ont toujours fasciné les hommes, car elles représentent les derniers vestigcs d'un passé mystérieux que nous sommes avides de connaître. L'archéologie a précisément pour objectif de reconstituer l'histoire de l'humanité à travers des travaux sur le terrain, en étudiant les vestiges et les artefacts qui ont survécu au fil du temps, ainsi que les documents écrits lorsqu'ils existent.

Cette discipline couvre différents domaines, mais dans ce livre, nous nous intéresserons uniquement à l'archéologie préhistorique, période pour laquelle les sources textuelles font défaut. Cette branche de l'archéologie se concentre donc exclusivement sur les traces et les ruines de notre lointain passé.

Elle les recherche, les extrait, les classe et les interprète, et c'est là le premier des problèmes : l'interprétation.

Interpréter signifie éclaircir, déchiffrer, rendre clair ce qui est obscur, selon le dictionnaire. Si la définition est facile à comprendre, l'art d'interpréter est autrement plus difficile.

Les ruines et les artefacts sont des éléments concrets, que l'archéologie analyse, étudient et interprète pour, au final, construire des théories à partir des pièces du puzzle. Cela exige donc une recherche sincère de la vérité, en mettant de côté les idées préconçues et les dogmes.

Malheureusement, ce n'est pas toujours le cas, et les idées préconçues prennent souvent le pas sur la recherche de la vérité, surtout lorsque celle-ci contredit le dogme en place.

Ceci pose donc problème, sachant que l'archéologue participe grandement à l'écriture de notre passé préhistorique. D'où la question : Le récit que nous connaissons de la préhistoire, relève-t-il de la vérité ou du roman ?

Peut-on dire que l'archéologue possède une connaissance rationnelle de notre lointain passé, ou l'arrange-t-il pour le faire coller à une certaine vision dogmatique ?

Nous allons voir que la préhistoire a été construite essentiellement à partir d'interprétations, dont il est permis de douter de la fiabilité.

Entendons-nous bien, l'archéologie est une science noble et honnête, elle a aujourd'hui à sa disposition des techniques de pointe, elle vérifie ses données, authentifie ses découvertes et valide ses hypothèses. Il est hors de question pour moi de remettre en doute l'intégrité de la grande majorité des archéologues, d'autant plus que leurs fouilles et leurs études visent généralement à enrichir notre histoire récente.

La question devient épineuse lorsqu'il s'agit d'investiguer certains sites anciens et sensibles, le doute s'installe alors très vite. L'histoire de l'archéologie, faut-il le rappeler, est entachée de fraude, d'interprétations trompeuses, de déformation de la vérité, voire d'affabulations… Et la recherche de la vérité est parfois délaissée au profit d'interprétations idéologiques ou dogmatiques.

Si les erreurs d'interprétation sont tout à fait compréhensibles, les interprétations tendancieuses et orientées, entrainent une légitime suspicion, quant aux conclusions qui en découlent.

Les ruines et les artefacts évoquent inévitablement la présence d'hommes et de civilisations qui se sont succédé sur notre planète. À mesure que de nouveaux vestiges sont découverts, de nouvelles couches de notre passé émergent. La multiplication de ces découvertes entraîne logiquement une révision de certains points de vue sur nos connaissances, même si cela s'avère difficile pour l'archéologue conditionné par un savoir formaté.

Repousser les limites du passé représente un défi compliqué, allant à l'encontre de ce qui est communément admis. Il n'est donc pas surprenant que l'archéologie soit souvent accusée de négliger la recherche de la vérité, pour privilégier le maintien du statu quo établi. Ne pas faire de vagues, telle semble être la ligne de conduite de la profession.

Le cadre dans lequel s'inscrit la préhistoire est clairement délimité et commence avec l'apparition de l'homme, selon la version officielle bien évidemment.

Or, ce point de départ est un sujet de débat. Certains estiment que le genre homo existe depuis quelques centaines de milliers d'années, tandis que d'autres soutiennent qu'il a près de 3 millions d'années. Certains envisagent même très sérieusement sa présence sur Terre depuis beaucoup plus longtemps.

L'archéologie rejette ces discours et se réfugie derrière le paradigme scientifique, considérant tout autre discours comme fantaisiste et dénué de fondement. Le raccourci est facile, il permet d'éviter toute discussion sur le fond, et dénote aussi une certaine suffisance, en ignorant délibérément tous les éléments qui plaident en faveur d'une histoire de l'humanité bien plus ancienne.

Malgré les tentatives de l'archéologie pour discréditer ses détracteurs en les qualifiant de "pseudo-archéologues" en quête de fantaisie, cela ne change rien. Les faits sont les faits, et détourner le regard ne suffit pas à les faire disparaître.

Les archéologues ont souvent tendance à considérer leurs opinions comme des vérités, consciemment ou non, ils restent sous l'emprise de leurs préjugés. Selon eux, la recherche et la collecte de données a pour seul objectif de soutenir les idées préconçues sur le passé et non de les remettre en question. Il n'est donc pas étonnant que tout ce qui sort du cadre soit marginalisé. La discipline a clairement un point de vue biaisé sur notre passé, et n'envisage absolument pas de le remettre en question.

Il est vrai que les archéologues ont la tâche facile, car ils sont à la fois juges et parties. Les vestiges et les artefacts qu'ils mettent au jour sont muets et ne peuvent "parler" qu'à travers les idées de ceux qui les interprètent. Comment pourraient-ils envisager d'interpréter quelque chose qui implique la remise en cause de notre histoire ?

Le sujet est délicat, il est évident que l'archéologie dispose de nombreux moyens de biaiser ses études, notamment parce que le contexte de ces découvertes est éphémère, puisqu'un site fouillé est un site détruit. De plus, la véracité des faits transcrits dépend uniquement de l'archéologue lui-même, et il est facile de tronquer un rapport pour qu'il corresponde à la conclusion recherchée. Qui peut contredire un compte rendu impossible à vérifier ? Personne ne peut le faire de manière crédible. Il ne reste donc qu'à se fier à la description de la fouille et aux conclusions officielles.

Les archéologues souligneront qu'ils ont adhéré à un code d'éthique et qu'ils risquent leur carrière s'ils manipulent leurs rapports. C'est vrai, mais il est tout aussi vrai que lorsqu'un archéologue s'éloigne du cadre officiel dans ses conclusions, il encourt les mêmes sanctions.

Bien que la discipline soit généralement exempte de tout soupçon, il arrive qu'elle soit confrontée à ses limites, et à partir de là, le dogme l'emporte sur l'honnêteté intellectuelle. Dans ce contexte, la déontologie professionnelle consiste à privilégier les hypothèses acceptables et conformes aux croyances, plutôt que de remettre en question les préjugés, comme cela devrait être le cas.

Même si une découverte est susceptible de bouleverser complètement le schéma officiel, elle sera au mieux, intégrée artificiellement, au pire rejeté en raison de son caractère anachronique.

Socrate avait probablement raison lorsqu'il disait que l'archéologie avait une fonction sociale, celle de maintenir endormie la conscience des hommes en leur racontant des histoires.

Et pour paraphraser le philosophe, "l'archéologue vend un savoir qu'il n'a pas", "Il considère ses opinions comme du savoir, ou plutôt il est guidé uniquement par ses préjugés lorsqu'il aborde ce lointain passé des origines. Car l'archéologie n'a d'autre rôle que d'illustrer une histoire déjà connue autrement".

Les commentaires de Socrate sont toujours d'actualité, rien n'a changé.

Affirmer aujourd'hui que l'archéologie est devenue une science exacte du fait qu'elle a recours à des méthodes scientifiques est une erreur naïve. Puisque malgré cela, la discipline reste soumise à l'interprétation constante.

L'archéologie ne produira donc jamais des vérités absolues, mais au mieux des théories probabilistes.

Ce constat est particulièrement vrai lorsqu'il s'agit de l'archéologie de la préhistoire, parfois qualifiée d'archéologie interdite par ses détracteurs, car il s'agit d'un terrain dangereux à explorer...

Pourtant, c'est le terrain de nos origines, et nous allons nous y aventurer…

2   LES MÉGALITHES

Généralités

On peut effacer les traces du passé dans les souvenirs ou les manuels scolaires, on peut écarter des éléments de preuve de la vue du public, on peut cacher des artefacts au fond des caves des musées, on peut même en détruire certains, mais on ne peut faire disparaître les mégalithes. Ces blocs de pierre sont si énormes, gigantesques même, qu'il est impossible de les escamoter.

La plupart du temps, ces mégalithes ont été découpés, transportés, assemblés et érigés pour former des constructions incroyables. On les retrouve un peu partout sur la planète, aucun continent n'en est exempt. Comment expliquer une telle profusion ?

Qui les a construits, pourquoi et comment ? Les préhistoriens proposent des hypothèses toujours très controversées... En réalité, la plupart du temps, ils n'en savent rien. Ces monuments témoignent de connaissances et de moyens techniques qui nous échappent complètement.

Curieusement, les sites les plus anciens sont les plus massifs et les mieux construits, tandis que les plus récents sont petits, moins élaborés et de moindre qualité.

Prenons l'exemple du site du Machu Picchu. Les pierres situées dans les parties basses des constructions, donc les plus anciennes, sont les plus massives. Elles sont assemblées à la perfection sans aucun ciment. Leurs formes polygonales sont très complexes, mais elles sont ajustées au millimètre près.

En revanche, les ajouts plus récents des parties supérieures sont constitués de pierres nettement plus petites, de formes rectangulaires classiques, et leur agencement est relativement basique.

Cette étonnante particularité se retrouve à Ollantaytambo, à Saqsayhuaman, à Göbekli Tepe, en Égypte, et sur de nombreux autres sites anciens à travers le monde. Les archéologues ne parviennent pas à expliquer ce constat déroutant.

La datation de ces constructions mégalithiques pourrait nous renseigner sur leurs constructeurs, mais il est impossible de les dater avec précision. Les historiens affirment que les plus anciennes datent du Néolithique et que leurs constructeurs étaient des chasseurs-cueilleurs devenus sédentaires. Cela pourrait être plausible pour les mégalithes les plus basiques, comme les menhirs dispersés un peu partout dans le monde, tels que ceux du site de Carnac. Certaines structures plus élaborées, comme les dolmens, sont constituées de plusieurs pierres debout soutenant une autre pierre posée horizontalement. Enfin, il existe aussi d'immenses cercles de pierres, appelés cromlechs, disposés selon des critères astronomiques, comme le célèbre complexe de Stonehenge en Angleterre.

Ces constructeurs du Néolithique étaient-ils des hommes culturellement peu développés, dotés de moyens techniques primitifs, comme le suggèrent les préhistoriens ? Pour ce qui concerne les menhirs et les dolmens, cette réponse est envisageable. Mais en ce qui concerne les cromlechs, on peut légitimement se poser la question. Au vu des moyens apparemment limités dont les bâtisseurs étaient censés disposer, la réalisation d'un tel chef-d'œuvre relève déjà de l'exploit. Cela suppose des moyens et des connaissances, y compris en astronomie, qui semblent incompatibles avec le niveau supposé des hommes du Néolithique.

Mais que dire des constructions beaucoup plus élaborées et massives ? Ces sites posent de sérieux problèmes d'intégration, car ils sont en flagrante incompatibilité avec le niveau de développement et de connaissances attribué aux supposés constructeurs.

Pourtant, ces sites existent bel et bien, et ils dérangent parce qu'ils posent de sérieux problèmes d'intégration pour les archéologues, qui cherchent à tout prix à les faire rentrer dans le cadre du "politiquement admissible".

Nous pouvons les trouver au Liban, en Égypte, au Mexique, en Bolivie, en Russie, en Inde... Les peuples à l'origine de ces constructions ont travaillé des blocs de pierre d'une taille incroyable. De plus, ils ne se sont pas contentés de le faire de la manière la plus simple, mais ils ont taillé des angles parfaits, créé des trous lisses inexplicables et réalisé des découpes aux formes invraisemblables. Tout cela suppose des moyens techniques totalement incompréhensibles pour l'époque.

Ne parlons même pas de la manipulation de ces gigantesques blocs, pesant parfois plus de 1 000 tonnes, qu'il a souvent fallu transporter sur des kilomètres et soulever à des hauteurs étonnantes.

Les historiens racontent toujours la même histoire ridicule : ces blocs auraient été détachés à l'aide de maillets en bois et de coins, puis patiemment taillés à l'aide de marteaux de pierre, avant d'être transportés en utilisant des rampes, des plans inclinés et des cordages en jute. Il n'y a bien évidemment rien de réaliste derrière un tel discours, pour autant, c'est sans doute la seule que les archéologues ont trouvé pour justifier l'injustifiable.

Des mégalithes de 2 à 3.000 tonnes !

Ces énormes mégalithes ont été découverts il y a moins de trois décennies dans l'oblast de Kemerovo, situé au sud de la Sibérie.

La Russie reste un pays largement méconnu en raison de sa taille. De vastes territoires restent encore totalement inexplorés en raison de leur éloignement, de leur difficulté d'accès, de leur climat ou du manque d'intérêt qu'ils suscitent.

C'est pourquoi certains vestiges mégalithiques restent encore ignorés de nos jours.

Les structures mégalithiques des montagnes Shoria ont été découvertes en 1991 par le géologue russe Vyacheslav Pochetkin. Le site est niché dans les montagnes du sud de Kouzbass, à une altitude d'environ 1 200 mètres.

Le vestige le plus imposant est un fragment de mur d'environ 200 mètres de long, constitué de blocs de forme rectangulaire empilés avec précision, atteignant par endroits une hauteur de 40 mètres.

Certaines pierres composant cette construction mesurent plus de 20 mètres de long et ont une hauteur de 5 à 7 mètres !

Pour les géologues russes, la structure n'est pas naturelle, mais clairement artificielle. Par conséquent, elle n'aurait pu être réalisée que par un peuple techniquement très avancé, aussi incroyable que cela puisse paraître.

Certains blocs pèsent plus de 1 000 tonnes, voire 2 000 tonnes, et le poids de certains pourrait atteindre les 3 000 tonnes ! Jusqu'alors, la plus grande pierre mégalithique connue était celle de Baalbek, au Liban, pesant environ 1 200 tonnes.

Comment ces immenses blocs ont-ils été découpés avec une telle précision, transportés sur des pentes aussi abruptes et installés avec autant de précision à une telle hauteur ? Ces questions restent sans réponse.

Une autre question perturbe les chercheurs : la structure monumentale a été partiellement détruite, mais apparemment par une explosion monstrueuse, au point que les rochers ont fondu en certains endroits !

Pourquoi et comment cette destruction a-t-elle été provoquée ? La fonte de ces rochers ne peut se produire qu'à une température supérieure à 1 500 degrés... Que s'est-il donc réellement passé pour atteindre une telle température ?

Les mégalithes de Gornaya Shoria continuent de susciter de nombreuses questions, sans que personne n'ait apporté ne serait-ce qu'un début de réponse.

Les seules structures mégalithiques connues en Russie jusqu'à présent sont les menhirs de la zone de steppe de l'Oural. Mais elles n'ont rien à voir avec celles de Gornaya Shoria. Ce ne sont que des pierres brutes ou grossièrement dégrossies, dressées isolément sur le sol ou parfois disposées en structures circulaires.

Ces menhirs, datant de l'âge du bronze, n'ont rien de différent de ceux que l'on trouve un peu partout sur la planète. Les peuples qui les ont érigés n'ont rien à voir avec ceux qui ont construit les énormes mégalithes de Gornaya Shoria. Aucun peuple de l'Antiquité n'aurait été capable d'accomplir une telle prouesse technique.

Ces structures mégalithiques exceptionnelles ont-elles été conçues par une race de géants, comme le suggèrent plusieurs légendes ? Aucun peuple de l'Antiquité connu n'a jamais possédé une technologie suffisamment sophistiquée pour accomplir une telle prouesse ! Pourtant, l'existence même de ces structures implique qu'elles ont forcément été construites.

Les archéologues semblent les ignorer sciemment, il est vrai qu'aucune explication logique n'est susceptible d'entrer dans le cadre de l'admissible.

Alors, qui a construit ces mégalithes, quand, comment ? Nous ne connaitrons vraisemblablement jamais la vérité.

Néanmoins, ces ruines nous suggèrent une autre version de notre lointain passé.

Les Trilithons de Baalbek

Au Liban, Baalbek, l'ancienne Héliopolis des Romains, est aujourd'hui une ville moderne, un peu terne, située à 85 km de Beyrouth, dans le nord de la plaine de la Békaa.

L'histoire de Baalbek commence un peu à l'écart de la ville actuelle, sur une colline où siègent les ruines de trois temples géants : le temple de Bacchus, le mieux conservé, le temple de Jupiter dont il ne reste que six colonnes, et le temple de Vénus.

Habitée 9 000 ans avant notre ère, Baalbek est devenue une petite ville phénicienne florissante vers le IIIe millénaire avant notre ère. Vers l'an -16, les Romains décident de faire du Liban une colonie de leur immense empire et lancent la construction de trois immenses temples sur les ruines de l'ancienne cité de Baalbek pour manifester leur toute-puissance. Ils vont rebaptiser le site Heliopolis, en référence à un ancien mythe selon lequel le Dieu Helios se serait posé sur ce site en provenance du ciel dans un char volant géant.

Le temple de Jupiter est le plus ancien des trois. Construit en plusieurs étapes, il fut achevé au IIIe siècle. Mesurant 88 m par 48, il est le plus grand du monde romain. On y accédait par un vestibule comprenant un escalier monumental conduisant à un portique à 12 colonnes encadrées de deux tours. Aujourd'hui, seules six colonnes monolithes d'une hauteur de 22 m subsistent.

En réalité, les Romains n'ont pas tout construit à partir de zéro. Ils ont utilisé une base préexistante, la plateforme d'un temple bien plus ancien, dont l'origine et le peuple constructeur restent inconnus. Certains archéologues non conventionnels pensent qu'une culture pré sumérienne pourrait être à l'origine de Baalbek, remontant à 7 000 ans avant notre ère. Quoi qu'il en soit, pour ériger le gigantesque temple de Jupiter, les Romains se sont appuyés sur cette base constituée d'immenses murs et d'énormes blocs de pierre.

Trois de ces blocs d'une taille colossale sont connus sous le nom de Trilithon. Ils se trouvent côte à côte au cinquième niveau du mur cyclopéen, situé en dehors des limites ouest du temple de Jupiter. Le plus grand mesure 18 m x 4,20 m x 3,60 m et pèse plus de 800 tonnes. Il provient d'une carrière distante d'environ 2 km. Chacun de ces blocs a dû être acheminé sur le site, puis soulevé de plusieurs mètres pour être placé à sa position actuelle. Les blocs inférieurs, légèrement moins lourds, pèsent environ 450 tonnes.

Bien que les Romains soient reconnus pour leurs talents de bâtisseurs hors normes, il est aujourd'hui impossible d'expliquer comment ils ont pu tailler et déplacer des blocs d'une telle taille. Même avec les grues les plus puissantes et les techniques les plus sophistiquées, le transport et la mise en place de ces blocs poseraient des problèmes insurmontables. Ces trois blocs gigantesques ont pourtant été déplacés et élevés de plusieurs mètres avec une précision telle qu'il est impossible d'insérer une lame entre les joints. Cela reste un grand mystère.

La version officielle, qui évoque des milliers d'hommes utilisant des cordes et des chemins de roulement, est bien sûr absurde, lorsque l'on connait le site.

Revenons à la carrière d'extraction où l'on peut encore voir un gigantesque bloc abandonné sur place, appelé "Hadjar el Gouble" ou "Hadjar el Hibla". Sa base est encore reliée au massif rocheux. Ce monolithe massif mesure 22,73 m de longueur x 4,55 m de largeur x 4,68 m de hauteur, pour un poids estimé à plus de 1 200 tonnes !

Certaines versions officielles laissent entendre que les Romains sont à l'origine de cet exploit, or aucun empereur romain n'a jamais prétendu l'avoir accompli. Les archives laissées par les Romains ne répondent pas à cette question, ce qui sous-entend qu'eux-mêmes ne savaient rien de la construction de cette plateforme.

La question demeure donc : quel peuple est à l'origine de cet exploit ? Pourquoi l'ont-ils réalisé ? Et surtout, comment l'ont-ils fait ? Les constructeurs de la terrasse de Baalbek ont choisi des blocs d'un poids démesuré alors qu'il aurait été beaucoup plus facile de les diviser en plusieurs petits blocs. Sans doute devaient-ils respecter des contraintes inconnues, telles que la stabilité, la linéarité, la résistance, ou peut-être d'autres contraintes que nous ne soupçonnons pas.

Ce qui est certain, c'est que ce travail serait quasiment insurmontable de nos jours ! Notre grue la plus puissante, la Liebherr LTM 11200-9.1, peut soulever jusqu'à 1 200 tonnes, donc en théorie le "Hadjar el Gouble", mais uniquement de manière statique. Aucune grue n'est en mesure de déplacer une charge aussi lourde, surtout sur un terrain aussi accidenté.

Et bien qu'aucune technologie moderne ne soit supposée avoir existé à l'époque de la construction de la terrasse de Baalbek, ils l'ont fait ! Nous sommes face à un grand mystère.

Qui sont les initiateurs du projet ?

Personne ne connaît leur nom.

Le mode de construction ? Personne n'en sait rien.

La fonction réelle ? Nous l'ignorons.

La date de réalisation ? Très lointaine dans le passé, peut-être avant le déluge.

Nous ne pouvons que spéculer sur le "quand" et le "comment" de cet exploit. Ce que nous savons, c'est qu'il y a 3 000 ans avant notre ère, les Phéniciens célébraient déjà le culte de Baal Haddad sur le site de Baalbek. Cependant, ni les Phéniciens ni les Romains ne sont les constructeurs de cette terrasse fabuleuse.

Il ne nous reste que les légendes comme seules explications, elles évoquent le déplacement de ces énormes blocs par le biais de paroles magiques, de chants, d'une musique spéciale, ou encore grâce à des géants, des djinns ou des extraterrestres…

Baalbek n'est qu'un exemple parmi des dizaines d'autres sites à travers notre planète qui ne correspondent en rien à ce que nous tenons pour acquis. Curieusement, ces sites ne suscitent pas l'intérêt des chercheurs orthodoxes, sans doute parce qu'ils connaissent d'avance les difficultés auxquelles ils seraient confrontés pour les faire entrer dans le moule des théories officiellement acceptables.

Les chercheurs les plus honnêtes admettent qu'ils n'ont pas de réponse. Aucun d'entre eux n'ose évoquer l'idée d'une ancienne civilisation ayant laissé son empreinte. L'existence de ces constructions monumentales à travers les millénaires pose un problème majeur qu'ils préfèrent ignorer.

Face à une ancienne construction mégalithique, nous nous trouvons toujours face à une énigme, et il est difficile d'imaginer une explication rationnelle qui puisse entrer dans le cadre formaté de notre histoire. Il y a un paradoxe entre deux mondes en opposition totale à une même époque : d'un côté, des chasseurs-cueilleurs primitifs et nomades, sans outils, et de l'autre, des constructions colossales et complexes qui nécessitent inévitablement des connaissances et une technologie avancées.

Comment résoudre ce paradoxe ?

À moins d'accepter l'idée d'anciennes civilisations disparues, il est difficile d'envisager d'autres réponses objectivement recevables.

Sacsayhuamán

Sacsayhuamán, également connue sous les noms de Saksaywaman et Saqsaywaman, est une forteresse située en périphérie de la ville de Cuzco, au Pérou. Ce site est inscrit au nombre des mystères archéologiques en raison de ses caractéristiques déroutantes, notamment ses murs cyclopéens.

Perchée à une altitude d'environ 3 700 mètres, Sacsayhuamán occupe le sommet d'une montagne qui semble avoir été nivelée auparavant. À l'origine, elle s'étendait sur près de 3 100 hectares, dont il ne reste que des ruines aujourd'hui.

En raison de sa proximité avec Cuzco, la cité antique a malheureusement été utilisée comme carrière pendant de nombreuses années, en particulier pour les constructions coloniales. Les conquistadors ont en partie détruit les murs, mais ils n'ont pris que les pierres les plus maniables, celles des couches supérieures, et se sont bien gardés d'extraire les énormes blocs impossibles à manipuler. Par conséquent, seules les parties les plus anciennes et les plus massives des murs sont encore debout.

Sacsayhuamán a précédemment été utilisée par les Incas comme rempart défensif. Les murs, d'une longueur d'environ 500 mètres et d'une largeur de plus de 16 mètres, sont composés d'énormes blocs de pierre pesant de 200 à 500 tonnes chacun. Les plus grands blocs atteignent jusqu'à 9 mètres de hauteur, 5 mètres de largeur et 4 mètres d'épaisseur. Chaque bloc présente une surface à la fois lisse et arrondie, s'emboîtant parfaitement avec son voisin immédiat, sans l'utilisation de mortier et sans le moindre interstice. C'est comme si les blocs étaient des pièces d'un Lego géant parfaitement ajustées... Comment une telle précision a-t-elle été possible ? Comment les constructeurs ont-ils réussi à réaliser des murs cyclopéens aussi parfaits ?

Non loin de la forteresse se trouve un énorme bloc de pierre abandonné. Il dépasse tous les autres par ses dimensions, mesurant près de 15 mètres de hauteur et pesant environ 20 000 tonnes ! Ce bloc gigantesque est taillé et comporte même des marches, mais il est resté là, renversé sur le sol, comme si un événement inattendu avait interrompu son transport !

Selon les historiens, Sacsayhuamán remonte au XIIIe siècle et était probablement destinée à des fins défensives et religieuses. On nous dit que la forteresse a été construite sous l'initiative de l'Inca Pachacutec (né vers 1400 et mort vers 1471), selon les plans de l'architecte Huallpa Rimachi, et que la construction s'est achevée sous le règne du troisième empereur inca, Huayna Capac (né vers 1467 et mort vers 1527).

Cependant, si personne ne conteste le fait que les Incas ont été les utilisateurs tardifs de Sacsayhuamán, personne ne croit qu'ils en aient été les constructeurs, à l'exception toutefois du dernier niveau et des aménagements intérieurs de la forteresse.

D'ailleurs, l'explorateur et géographe anglais Cléments Markham, auteur de "The Incas of Peru", rapporte que les Incas ne connaissaient absolument rien des origines de Sacsayhuamán.

Comme sur de nombreux sites anciens réutilisés, on trouve à Sacsayhuamán plusieurs styles architecturaux très différents et correspondants à diverses périodes, ce qui prouve une fois de plus que le site n'est pas l'œuvre des Incas, à l'exception du dernier niveau.

L'aspect vieux et pantiné du niveau primitif encore debout renforce l'impression d'antiquité très ancienne. À l'époque des conquistadors, les Indiens prétendaient que les constructeurs de Sacsayhuamán étaient des hommes au teint blanc, barbus, roux, qui descendaient directement de Viracocha, leur dieu créateur...

Quels que soient les constructeurs, ils ont réussi l'exploit de transporter des centaines de tonnes de pierres massives depuis des carrières situées à plus de 30 kilomètres du site de construction. Il n'a pas dû s'agir d'une tâche particulièrement difficile, car le parcours est extrêmement accidenté, nécessitant le franchissement d'une montagne et le passage d'un canyon.

Indépendamment du transport extraordinairement complexe, comment expliquer la manière dont les bâtisseurs ont extrait, découpé, soulevé, hissé et positionné ces énormes blocs sans aucune technologie ?

Tout cela reste un mystère, et les affirmations des archéologues et des historiens ne sont que des hypothèses peu crédibles, même s'ils oublient souvent de le préciser !

Comment ne pas faire le lien entre tous ces sites mégalithiques ? Tous suggèrent que les constructeurs possédaient les mêmes connaissances extraordinaires et les mêmes moyens techniques leur permettant de déplacer et d'assembler de manière incroyablement précise des blocs extrêmement lourds et massifs... Pourtant, ces sites sont répartis à des milliers de kilomètres les uns des autres.

Mis à part les théories officielles irréalistes et quelques légendes faisant référence à des dieux venus d'ailleurs, et, il n'existe aucune piste concernant les constructeurs de ces sites.

L'une de ces pistes mérite une parenthèse, celle de géants qui auraient vécu à une époque lointaine, comme le suggèrent de nombreux récits, y compris dans la Genèse. Comme nous le verrons dans un prochain chapitre, l'existence de ces géants est confirmée par de nombreuses preuves, même si elle est officiellement niée.

Le journaliste, historien et écrivain Glenn Kimbel rapporte que certains de ces géants momifiés étaient encore visibles il n'y a pas si longtemps au musée de l'or de Lima. Curieusement, ils ont été retirés de la vue du public, tout comme dans d'autres musées d'ailleurs. Ces géants mesuraient environ 2,90 à 3 mètres de hauteur, et leurs doigts mesuraient 25 cm de long. Par chance, Kimbel a pris quelques photos en 1969 avant que les momies ne soient dissimulées. Selon lui, elles portaient une couronne en or, de même qu'ils avaient des gants recouverts d'or.

Certains chercheurs avancent que les murs cyclopéens de Sacsayhuamán présentent des signes de vitrification, ce qui suggère qu'ils ont été exposés à des températures extrêmement élevées. Ils soulignent que cette caractéristique de roche fondue a été observée à plusieurs reprises sur de telles constructions, où les blocs présentent une texture vitreuse caractéristique. Une étude menée par un institut de tectonique et de géophysique péruvien aurait confirmé que les blocs de Sacsayhuamán ont été exposés à des températures comprises entre 1 000 et 1 100°C à un moment donné.

Dans la carrière d'où proviennent les blocs, le calcaire naturel contient de minuscules fossiles organiques. Cependant, les échantillons prélevés sur les blocs intégrés aux murs de Sacsayhuamán, bien que composés du même calcaire, ne présentent plus aucun fossile organique. Ces derniers ont été réduits en une fine poudre. Étant donné qu'il est impossible d'expliquer ce phénomène par des processus naturels, les chercheurs en ont conclu que ces blocs ont dû être exposés à une chaleur intense entre le moment de leur extraction et celui de leur placement dans les remparts.

D'autres chercheurs ont avancé une autre hypothèse, selon laquelle une plante possédant une sève ramollissant la roche aurait été utilisée pour façonner les blocs. Un ouvrage de Percy Harrison Fawcett, publié à titre posthume en 1953 par son fils Brian, rapporte l'histoire d'un homme de la région de Cerro di Pasco qui aurait découvert dans une ancienne tombe pré-incaïque une fiole contenant un liquide. Lorsque la fiole s'est accidentellement brisée, le liquide s'est répandu sur un rocher. Peu de temps après, l'homme a constaté avec surprise que la roche imbibée du liquide était devenue molle comme du ciment...

Fawcett indique que la plante à l'origine de ce phénomène était connue des habitants locaux et se trouvait le long de la rivière Pyrène dans le pays Chuncho. Il s'agit d'une plante d'environ 30 centimètres de hauteur appelée harakkeh-ama, qui possède des feuilles d'un rouge sombre. Il ajoute qu'un biologiste a observé un oiseau du genre Pitohui, endémique de cette région, utilisant des brindilles de cette plante dont il répand la sève sur les rochers pour modeler un creux lui servant de nid...

Il est donc tout à fait possible que la sève de cette plante ait permis aux anciens bâtisseurs de façonner les énormes blocs de pierre utilisés dans les constructions cyclopéennes telles que Sacsayhuamán. Cette explication vaut largement celles de nos scientifiques modernes.

Logiquement, on s'attendrait à ce que ces blocs soient carrés ou rectangulaires, avec 6 faces. Pourtant, ce n'est pratiquement jamais le cas. Ils ont le plus souvent 8, 10 voire 12 faces... Pourquoi s'être compliquer la tâche de cette manière ? Tout ça ne répond à aucune logique !

Il est facile de comprendre que la réalisation de blocs de plusieurs dizaines, voire centaines de tonnes, a dû nécessiter énormément de travail et de manœuvres pour obtenir les résultats d'une précision extrême que nous connaissons ! Il n'empêche que ces blocs aux formes multiples s'emboîtent parfaitement sans avoir utilisé de ciment et sans le moindre joint !

Dans l'état actuel des choses, seule l'hypothèse de la pierre ramollie peut expliquer comment les constructeurs ont atteint un résultat aussi spectaculaire.

Quant aux hypothèses ridicules des archéologues, elles ne résistent pas au bon sens le plus élémentaire.

L'étrange mégalithe d'Al-Naslaa

Al Naslaa Rock est situé en Arabie saoudite, à environ 50 km au sud de l'oasis de Tayma. Il s'agit d'un rocher unique et étonnant. Il s'agit d'un énorme bloc mesurant environ 6 mètres de haut sur 9 mètres de large. Sa face sud-est est parfaitement plane et recouverte de nombreux pétroglyphes, tandis que la face opposée est brute. Mais ce qui est encore plus extraordinaire, c'est que ce rocher est divisé en deux verticalement par une fente parfaitement rectiligne, et chaque moitié reste en équilibre sur un support improbable au-dessus du sol !

Comment cela est-il possible, vous demandez-vous ? En réalité, il existe de nombreuses théories qui laisse perplexe, du genre :

Certaines études suggèrent que...

On dit que cela pourrait être dû à….

Ce phénomène pourrait s'expliquer par….

Bref, vous l'aurez compris, le simple fait qu'il y ait autant de tentatives d'explications reflète bien le caractère exceptionnel et énigmatique de ce mégalithe.

Selon les géologues, la réponse est pourtant simple : il s'agit d'un phénomène naturel… Autrement dit : circulez, il n'y a rien à voir !

Pour tout observateur avisé, le raccourci du phénomène naturel parait très peu crédible. Tout suggère au contraire la main de l'homme derrière tout cela.

On peut imaginer que les deux blocs rocheux, de même que leur minuscule support, puissent être le résultat de l'érosion. Par contre, que la découpe parfaitement plane de la face sud-est puisse l'être, est bien évidemment beaucoup difficile à admette, quant à la fente strictement rectiligne et précise qui les sépare en deux … ! Cela ferait quand même beaucoup de « miracles » de la nature pour un seul rocher !

La planéité de la face sud-est et la précision de la fente de découpe suggèrent plutôt une intervention artificielle.

Al Naslaa Rock se distingue d'ailleurs de tous les autres rochers de l'oasis par son caractère absolument unique.

Il a été officiellement découvert en 1883 par l'explorateur français Auguste Hugues Charles Huber. Il semble qu'il se trouve sur une ancienne route qui reliait la côte de la péninsule arabique à la vallée du Nil.

En 2010, la Commission saoudienne pour le Tourisme et les Antiquités a annoncé la découverte d'un autre rocher à proximité avec une inscription du pharaon égyptien Ramsès III, ce qui suggère une présence humaine ancienne dans la région.

On trouve plusieurs mentions de Tayma ou Teima ou encore Tiamat, à différentes périodes, ainsi Tiamat apparait sur des inscriptions cunéiformes assyriennes datant du VIIIème siècle avant notre ère. Le nom est aussi mentionné plusieurs fois dans l'Ancien Testament. Ne dit-on pas aussi que le roi Babylonien Nabonidus s'est retiré un moment à Tayma...

Malgré l'ancienneté de l'occupation de la région, aucune écriture, récit ou légende ne nous apporte la moindre piste sur l'origine mystérieuse d'Al Naslaa Rock.

Ce mégalithe reste donc une énigme posée au milieu du désert, captivant l'attention des observateurs et des chercheurs.

3 DES SITES TRES ANCIENS

Des édifices d'origines inconnues

Il en existe partout sur la planète, d'une antiquité si lointaine que leur origine et leur utilisation nous sont totalement inconnues. Ces vestiges sont au cœur de vieilles controverses qui opposent les partisans de l'histoire officielle et dogmatique à ceux qui soutiennent une approche historique progressiste et réaliste. Pour certains, les faits doivent s'adapter à l'histoire, tandis que pour d'autres, l'histoire doit être réécrite en fonction des faits.

Ces deux visions du monde sont inconciliables. D'un côté, il y a ceux qui bénéficient du sceau officiel, arrogants et enfermés dans leurs dogmes, et de l'autre côté, il y a ceux qui sont qualifiés de complotistes, lesquels sont ignorés, marginalisés et ridiculisés.

Pourtant, les faits sont là, bien réels et présents… Mais il est plus facile de se voiler la face que de voiler les faits, surtout lorsqu'ils sont gigantesques.

Et c'est bien le cas ! La plupart de ces structures défient les capacités technologiques de toutes les civilisations passées. Leur taille est impressionnante, le poids des blocs utilisés est démesuré, leur déplacement semble impossible, leur degré de perfection dans leur assemblage est incompréhensible, et leur complexité de réalisation nous dépasse.

Qui a construit ces édifices ? Pourquoi ? Comment ? Avec quels moyens ?

Les archéologues prétendent généralement qu'ils ont été extraits et taillés à l'aide d'outils en pierre ou en cuivre, déplacés sur des rouleaux en bois et soulevés avec des cordages rudimentaires... Nous prennent-ils réellement pour des idiots ? Ces explications fumeuses vont à l'encontre du bon sens le plus élémentaire ! Imaginez des blocs pesant 20, 50, 100 tonnes, voire plus, provenant de distances de dizaines ou de centaines de kilomètres, avec des creux, des dénivelés, des montagnes et des torrents à traverser... De nos jours, certains de ces travaux monumentaux seraient extrêmement difficiles, voire impossibles à réaliser avec nos technologies modernes. Par conséquent, il est évident que les outils en pierre et les rondins de bois sont à reléguer au rang des oubliettes.

De quand datent ces mégalithes et ces monuments ? Pour la plupart, nous l'ignorons car il n'existe aucun moyen objectif de les dater. Les datations des substances organiques incrustées ne nous sont d'aucune utilité, car elles ont pu être introduites à n'importe quel moment. Cette situation perturbe les archéologues qui se voient contraints de proposer des datations arbitraires conformes à leurs dogmes.

Comme nous l'avons vu dans le livre précédent, "La vérité est ailleurs", c'est également le cas pour la Grande Pyramide et le Sphinx, entre autres.

Cependant, les théories officielles ont de plus en plus de peine à résister au bon sens et aux investigations.

Le site de Marcahuasi

Le plateau de Marcahuasi est situé dans la cordillère des Andes, plus précisément dans la province de Huarochirí, près du Río Rímacà, à environ 90 kilomètres à l'est de Lima, au Pérou. Ce plateau, constitué de roches d'origine volcanique, n'est pas très vaste, couvrant à peu près 4 km², et se trouve à une altitude de 4 000 mètres. Pour y accéder, il faut d'abord passer par le village de San Pedro de Casta, puis un peu plus haut, dans la montagne, le petit village d'Oticha. Ensuite, il faut emprunter un sentier long, étroit et assez abrupt avant d'atteindre Marcahuasi.

Le terrain de Marcahuasi est peu accueillant, extrêmement aride et rocailleux. Pendant la saison sèche, les journées sont chaudes et les nuits très froides, tandis que pendant la saison des pluies, le terrain devient si boueux qu'il devient impraticable.

C'est en 1952 que Daniel Ruzo de los Heros (1900-1991), un photographe et archéologue amateur péruvien, a révélé l'existence de ce site perdu. Il recherchait la "Tête de l'Inca", repérée par les conquistadores espagnols au XVIIe siècle mais jamais revue ni localisée depuis. C'est donc en explorant cette région désertique que Ruzo a découvert des pierres sculptées colossales. Le site entier s'est révélé être recouvert d'un grand nombre de rochers sculptés représentant des figures zoomorphes étonnantes.

Daniel Ruzo a consacré neuf ans de sa vie à l'étude de ce site et a constitué une collection de plusieurs milliers de photos. Son travail minutieux lui a permis de constater que les mêmes sculptures présentaient différents visages selon le moment de la journée, la période de l'année et l'orientation du soleil et de la lune. Par exemple, le monument principal, "la Tête de l'Inca", appelé désormais "le Monument de l'Humanité", présente quatorze apparences différentes à la lumière du soleil et deux sous la lumière de la lune. Cette particularité est clairement visible sur de nombreuses photos de ce monument, mettant en évidence le travail improbable des sculpteurs de l'époque.

Outre les têtes humaines, les sculptures de Marcahuasi comprennent également des animaux préhistoriques, dont un stégosaure, un dinosaure de l'ère secondaire qui n'est pas censé avoir coexisté avec les humains selon la version officielle de l'histoire. On y trouve également des représentations d'animaux, tels que des phoques, des chameaux et des lions, qui n'ont jamais été présents en Amérique du Sud.

Les sculpteurs de ces œuvres restent inconnus. Selon les légendes locales, ils s'agiraient d'hommes blancs barbus, appartenant à une ancienne race. Ruzo livre sa propre version, d'après lui, le site aurait été créé par une culture inconnue appelée les "Masma" il y a plus de 10 000 ans, mais cela reste une hypothèse. Aucune datation précise n'est possible, car il n'existe aucun moyen de dater le travail sur la pierre. Cependant, il est clair que si ces sculptures sont bien le résultat d'un travail humain, elles remontent à plusieurs millénaires.

En plus des sculptures, Ruzo a découvert l'existence d'un vaste système hydrographique artificiel destiné à collecter, stocker et redistribuer l'eau de pluie. Il a identifié pas moins de douze anciennes lagunes artificielles, dont deux sont encore en service, ainsi que des canaux qui servaient à irriguer les terres agricoles depuis le plateau jusqu'à la vallée. Un canal souterrain est d'ailleurs toujours en fonctionnement.

Certains chercheurs audacieux avancent l'hypothèse selon laquelle la culture Masma, du plateau de Marcahuasi, daterait de 50 000 ans avant notre ère, bien avant la civilisation de Tiwanaku, à l'origine de l'empire mégalithique de Tiahuanaco, dont l'apparition est estimée à environ 30 000 ans avant notre ère.

Ce type de rochers sculptés, que les scientifiques appellent "coïncidences de formes", se retrouve étrangement dans divers endroits du monde, le plus souvent dans des secteurs particulièrement isolés. On se demande si c'est simplement la nature qui est facétieuse ou s'il faut admettre qu'à une époque lointaine, des êtres humains étaient animés par la volonté de laisser leur empreinte gravée dans la pierre.

Le mystère des pierres de Marcahuasi est loin d'être élucidé, car selon les chercheurs orthodoxes, il ne s'agit pas de sculptures, mais simplement de "mimétisme de la nature et de coïncidences de formes"… C'est sans doute la façon la plus simple d'éluder le problème, d'ailleurs je n'ai trouvé trace d'aucune étude archéologique ou géologique ayant été réalisée sur ce plateau.

Il suffit d'observer la multitude de photos de ce site pour se rendre compte qu'un grand nombre d'entre elles représentent clairement des têtes humaines ou des animaux. Il est donc difficile de ne pas voir la main de l'homme derrière cet immense tableau fait de rochers aux formes étranges. Même si de nombreux rochers sont très érodés, on peut deviner que leurs formes ne peuvent pas être le résultat de la seule nature, à moins d'admettre qu'elle possède des talents insoupçonnés.

Quoi qu'il en soit, le résultat est stupéfiant et pousse l'observateur à se poser de nombreuses questions.

L'impressionnant site d'Ollantaytambo

Ollantaytambo est une ville située dans les Andes péruviennes, mais c'est aussi un site archéologique.

Perchée à une altitude de 2 792 mètres, à 75 km au nord-ouest de Cuzco, la ville moderne est nichée dans la Vallée Sacrée tandis que les ruines du site archéologique s'étendent sur un flanc de montagne surplombant la ville.

Le site d'Ollantaytambo est considéré comme une ancienne forteresse inca. Après la chute de Cuzco, le site d'ailleurs été le théâtre de violents affrontements entre les Incas et les Espagnols.

La forteresse est composée de cinq étages de terrasses du côté de la falaise et de six étages du côté de la vallée. Au sommet, des blocs de porphyre rouge, vestiges d'un temple gisent sur le sol, six de ces blocs sont encore assemblés avec une grande précision, et deux autres marquent l'entrée d'un souterrain supposé communiquer avec Cuzco, selon la légende.

Des ruines de maisons, dépourvues de toits, s'élèvent tout autour de la forteresse, y compris dans des endroits difficilement accessibles.

Le complexe d'Ollantaytambo est l'un des plus impressionnants d'Amérique du Sud.

Les blocs de porphyre utilisés pour la construction de la forteresse sont plus durs et plus difficiles à travailler que le calcaire, mais ils sont taillés avec une précision extraordinaire. Certains de ces blocs pèsent plus de 70 tonnes. La carrière d'où ils ont été extraits se trouve de l'autre côté de la vallée, à 6 km de distance, à flanc de montagne et à une hauteur prodigieuse. Des blocs taillés restés sur place témoignent de leur provenance, mais aussi du fait que la forteresse est restée inachevée.

La manière dont ces blocs impressionnants ont été découpés, descendus de la montagne, ont traversés la rivière et ont été remontés à leur emplacement définitif demeure un mystère. Même aujourd'hui, une telle tâche serait impossible à réaliser, y compris avec le plus gros hélicoptère au monde, le MI26 russe, pourtant spécialement conçu pour le transport ultra lourd. Avec ses 37 m de long, 12,5 m de haut, et des rotors de 35 m de diamètre, il détient le record de la plus lourde charge jamais transportée par un hélicoptère. Cependant sa limite est de 44,205 tonnes, soit une capacité inférieure de 26 tonnes au poids de certains blocs d'Ollantaytambo !

Ces blocs impressionnants ont probablement été utilisés car ils conféraient au site une résistance remarquable face au temps et aux tremblements de terre, y compris les plus importants. Cet édifice met en relief l'incroyable savoir-faire technique des anciens constructeurs du site.

Une autre particularité étonnante d'Ollantaytambo est le temple du Soleil à son sommet, et qui, pour une raison que l'on ignore, n'a jamais été achevé. Ce monument est constitué de monolithes massifs en andésite d'un poids respectable, mais dont l'assemblage relève d'une extrême précision.

Malgré le degré de dureté de l'andésite, les blocs en forme de cube sont taillés avec une précision telle qu'il est impossible de trouver la moindre imperfection en surface. Les angles sont parfaitement arrondis et réguliers, donnant l'impression que ce travail a été réalisé à l'aide d'outils modernes. Cette précision dans l'assemblage des blocs soulève encore davantage de questions sur les compétences et les connaissances des anciens constructeurs d'Ollantaytambo.

Aujourd'hui encore, ces ruines restent enveloppées de mystère et suscitent l'interrogation des experts qui sont totalement incapables d'en expliquer la réalisation.

Les archéologues avancent bien sûr des explications, mais je vous laisse juge de leur pertinence…Ils nous disent : « les blocs furent transportés et montés jusqu'au temple par un système de plans inclinés, de cordes, d'aussières et de contre- poids… »

Ces explications sont totalement ridicules, elles ne tiennent pas compte des défis monumentaux auxquels ont été confrontés les anciens constructeurs. Une fois les blocs taillés, ce qui étaient déjà un défi, imaginez l'invraissemble prouesse qui consistait à les descendre de leur carrière d'extraction, si nous considérons le poids monstrueux de ces blocs, jusqu'à 70 tonnes pour certains. N'oublions pas non plus la configuration du terrain, avec des dénivelés impressionnants, ensuite il fallait leur faire traverser une rivière au fond d'un ravin. De là, il fallait ensuite remonter la falaise jusqu'à leur destination finale, et enfin les installer avec la précision que l'on connait…

Bref, ce qui sur le papier peut paraitre simple, est absolument inconcevable sur le terrain.

Les habitants locaux, les Quechuas et les Aymaras, sont capables de bien des prouesses. Ils savent tresser des cordes solides à partir de matériaux végétaux, ce qui leur permet de construire des ponts traditionnels, mais malgré leur savoir-faire, ils sont bien incapables de déplacer le moindre bloc d'andésite de son site d'origine à son site de destination.

Le mystère demeure aussi en ce qui concerne la taille de ces blocs ainsi que la précision dans leur assemblage, si l'on considère les moyens techniques de l'époque. Là aussi on nous livre des explications totalement fantaisistes, on nous dit que les blocs ont été découpé et taillé à l'aide d'outils en pierre et en bronze, où en alliage de cuivre durci … J'aimerai que ces messieurs nous fassent une démonstration !

En dehors du site mégalithique, les concepteurs d'Ollantaytambo ont également réalisé des aqueducs et des systèmes d'irrigation si solides et si sophistiqués qui fonctionnent encore aujourd'hui.

L'origine des constructeurs d'Ollantaytambo demeure inconnue. Les historiens estiment que le site aurait été construit vers l'an 1440, sous le règne de l'empereur inca Pachacutti. Si cette hypothèse est vraisemblable pour ce qui concerne les constructions les plus récentes, il est par contre clairement établi que les Incas se sont appropriés le site initial, alors qu'il existait déjà depuis des millénaires.

Alors de quand date ce site ? Impossible à dire.

Il est possible qu'une ancienne civilisation, peut-être antédiluvienne, ait disposé d'une technologie suffisamment avancée pour lui permettre d'extraire, de façonner, de transporter et de mettre en place avec une telle précision ces énormes blocs de pierre, un défi qui demeure insurmontable pour nous aujourd'hui.

La mystérieuse civilisation de Tiwanaku

Tiwanaku, connu également sous le nom de Tiahuanaco en espagnol, est à la fois le nom du site archéologique le plus important de Bolivie et celui d'une mystérieuse civilisation pré-inca.

Située au sud du lac Titicaca, à environ 70 km de La Paz, la cité de Tiwanaku se trouve au milieu d'une plaine désertique de l'Altiplano bolivien, à une altitude d'environ 4 000 mètres. Ce site suscite de nombreux mystères et reste largement inconnu. Les explications fournies par les archéologues sont souvent incohérentes, et il devient rapidement évident qu'il ne s'agit que de spéculations visant à combler le vide face à l'impossibilité d'expliquer de manière rationnelle un spectacle irrationnel. La version officielle contredit les observations évidentes et le bon sens le plus élémentaire.

Tiwanaku a été découvert par les conquistadors espagnols vers 1549 alors qu'ils étaient à la recherche de la capitale de l'Empire inca. À cette époque, le site était déjà abandonné depuis des siècles. On ne sait quasiment sur le peuple qui l'a construit, car il n'existe aucune trace écrite de son existence, et même les paysans vivant à l'époque des conquistadors n'avaient aucune idée de qui ils étaient.

Pendant longtemps, les archéologues ont daté Tiwanaku d'environ 600 à 700 ans avant notre ère, mais cette datation est maintenant repoussée de quelques siècles. Cependant, il est peu probable que cette datation soit crédible. Certains archéologues sont en total désaccord et estiment que Tiwanaku remonte à au moins 3 000 ans avant notre ère, tandis que d'autres chercheurs repoussent sa création à 8 000 ans ou plus.

Arthur Posnansky (1873-1946), un ingénieur, explorateur, archéologue amateur et écrivain, a consacré 50 ans de sa vie à l'étude de Tiwanaku. Selon lui, la construction de Tiwanaku remonte à plus de 10 000, voire 17 000 ans avant notre ère. Cependant, ses théories sont rejetées par les archéologues "orthodoxes".

Posnansky a identifié un certain nombre de structures comme d'anciens quais d'un vaste port qui existait autrefois. Le problème est que ces quais se trouvent aujourd'hui à une vingtaine de kilomètres du lac Titicaca. Mais en fait, cela n'a pas toujours été le cas, il y a environ 15 000 ans, le lac Titicaca formait une véritable mer intérieure sur l'Altiplano et bordait effectivement la cité de Tiwanaku. Selon Posnansky, cela implique que le site a été construit entre 15 000 et 17 000 ans avant notre ère.

Il existe également d'autres éléments en faveur d'une datation très ancienne, notamment plusieurs gravures d'animaux qui ont disparu depuis longtemps. Par exemple, une tête d'éléphant apparaît sur la frise du linteau de la célèbre Porte du Soleil, alors que les proboscidiens ont disparu d'Amérique du Sud il y a environ 10 000 ans. On a également identifié 46 têtes de Toxodon, un mammifère amphibien disparu il y a environ 12 000 ans, ainsi que des représentations de Scelidotherium et de Macrauchenia, des mammifères qui ont disparu il y a respectivement 11 000 et 11 700 ans avant notre ère.

Comment les sculpteurs de Tiwanaku auraient-ils pu représenter des animaux s'ils ne les avaient vu de leurs propres yeux ? Ces représentations suggèrent donc que les animaux ont coexisté avec les constructeurs du site il y a environ 10 000 à 12 000 ans avant notre ère.

Mais les énigmes pour les archéologues ne s'arrêtent pas là, et les monuments eux-mêmes posent de nombreuses questions. Tous les édifices clés du centre cérémoniel de Tiwanaku sont orientés en fonction des astres, dont la pyramide en gradins d'Akapana. Bien qu'elle soit difficile à reconnaître dans son état actuel, sa base mesure près de 200 mètres de côté et sa forme évoque la Chacana ou la croix andine. D'une hauteur de 18 mètres environ, elle possède 7 terrasses en dégradé, tout comme les escaliers du site qui comportent 7 marches. Sans doute existait-il un symbolisme du chiffre 7 et de la Chacana dans la culture de Tiwanaku.

L'édifice était en outre doté d'un réseau sophistiqué de canalisations qui acheminaient l'eau vers une citerne située au sommet, d'où elle redescendait en cascade le long des 7 terrasses.

Dans la zone nord se trouve le Kalasasaya, une enceinte vaste et fermée, entourée de hauts murs de pierre. Selon les chercheurs, il s'agissait probablement d'un observatoire solaire. À l'extrémité nord-ouest se dresse la majestueuse Porte du Soleil, sculptée à partir d'un seul bloc d'andésite. Ses dimensions impressionnent : elle mesure environ 4 mètres de large et 3 mètres de haut, et son poids est estimé entre 20 et 30 tonnes.

Lors de sa découverte au milieu du XIXe siècle, la porte était couchée au sol et présentait une grande fissure. Elle a depuis été redressée à l'endroit même de sa découverte, bien que l'on pense qu'il ne s'agit pas de son emplacement d'origine. La partie supérieure de la porte est ornée de sculptures, au centre desquelles se trouve la figure du Dieu Viracocha tenant un sceptre dans chaque main, accompagné de créatures ailées de part et d'autre. L'observation détaillée des sculptures révèle des éléments étranges : Viracocha n'a que 4 doigts à chaque main, sa tête est entourée de rayons, il tient deux sceptres différents, et il est flanqué de chaque côté de personnages ailés de deux types mystérieux et difficiles à identifier. De nombreux glyphes assimilés à un langage hiéroglyphique inconnu viennent compléter le tableau.

Cependant, le site le plus mystérieux se trouve au sud de la cité de Tiwanaku. Il s'agit de Puma Punku, également connu sous le nom de "portail du Puma". Bien que ce site ne soit aujourd'hui qu'un amas hétéroclite de gigantesques et curieux blocs de pierre, il laisse sans voix. Les immenses blocs qui ressemblent curieusement à des pièces de lego semblent avoir été préfabriqués pour s'encastrer au millimètre.

Au fil du temps, les mégalithes de pierre de Puma Punku ont été déplacés et dispersés, et nombreux sont ceux qui sont endommagés, à tel point qu'il est difficile de se faire une idée de l'apparence originale du monument.

Les recherches ont permis d'identifier trois périodes de construction. La première période, la plus ancienne, est celle dont la datation est la plus contestée. Les deux phases suivantes sont beaucoup plus récentes, vers les années 500 et 700 de notre ère, mais elles ne suscitent pas le même intérêt.

Les constructions de la période la plus ancienne sont celles qui utilisent les blocs les plus massifs et qui présentent le travail de précision le plus remarquable. On compte des centaines de blocs mégalithiques pesant plusieurs dizaines de tonnes. La présence d'encoches indique qu'ils étaient conçus pour s'emboîter les uns dans les autres de manière parfaite. Les angles, les joints et les rainures sont taillés avec une extrême précision. Comment cela est-il possible, surtout si l'on considère que certains blocs sont en granit extrêmement dur ?

Une autre particularité intrigante concerne les étranges blocs en forme de H. Ils sont nombreux, parfaitement rectilignes et semblent tous identiques, comme s'ils avaient été taillés en série. On ignore la raison de cette forme si particulière et à quoi ils étaient destinés. De plus, ces blocs présentent des excroissances et des dépressions soigneusement taillées dont on ne comprend pas l'usage ni l'intérêt.

On peut se demander comment les constructeurs ont pu atteindre un tel degré de perfection, alors même qu'ils sont qualifiés de population primitive par les archéologues. Quels étaient les moyens réels dont disposaient les bâtisseurs de Puma Punku pour tailler avec une telle précision toutes les moulures, les angles et les arêtes, avec une planéité de moins d'un dixième de millimètre par mètre ? Qui peut croire que ces constructeurs n'utilisaient que des outils en pierre et des ciseaux en cuivre ?

Tiwanaku et Puma Punku continuent donc de défier les explications et de susciter l'émerveillement. Les énigmes entourant leur construction et leur signification restent sans réponse, et les archéologues sont confrontés à un véritable casse-tête pour comprendre cette civilisation pré-inca et les prouesses monumentales qu'elle a réalisées

Par contre, la période suivante, marquée par les constructions des phases 2 et 3, est nettement moins impressionnante. Les blocs utilisés sont beaucoup plus petits et le travail est loin d'atteindre la même perfection. La réponse à cette disparité semble évidente : les constructeurs ultérieurs avaient perdu les connaissances et les moyens technologiques des anciens.

Des sculpteurs professionnels affirment aujourd'hui que ce travail colossal et d'une telle précision ne pourrait être réalisé qu'à l'aide de machines perfectionnées assistées par un programme informatique. Cependant, les archéologues continuent de soutenir que les pierres étaient taillées à l'aide de percuteurs en pierre, de pierres plates et de sable pour les poncer et les polir. Cette explication semble ridicule lorsque l'on considère la taille millimétrique des encoches présentes sur les énormes blocs. Les archéologues semblent ignorer la complexité de ces réalisations.

Il suffit de consulter les photos des blocs en forme de H de Puma Punku pour visualiser leur complexité. Si nous devions reproduire ces blocs de nos jours, nous aurions le choix entre l'utilisation d'outils numériques pour découper la pierre après une modélisation informatique, ou la réalisation de moules adaptés pour couler un géopolymère imitant la pierre après séchage.

Un technicien du nom de Christopher Dunn a mené des études comparatives de découpe en soumettant une pierre de Puma Punku à une scie diamantée moderne d'un côté et à un laser de découpe de l'autre. En examinant les différences entre ses propres découpes et celles sur un bloc d'origine à l'aide d'un microscope, il a constaté que la découpe au laser produisait une vitrification superficielle caractéristique de cette technologie, tandis que la découpe à la scie diamantée laissait des traces circulaires. En revanche, l'échantillon d'origine ne présentait aucune trace de vitrification ni de traces circulaires, même si la surface découpée était aussi plane que dans les deux autres procédés. Quelle méthode avait donc été utilisée par ces anciens sculpteurs ?

Parmi tous ces blocs, on trouve des exemples impressionnants, tels qu'un bloc creusé de mortaises de 3 mètres de hauteur pesant 9 tonnes, ou un portique d'un seul bloc pesant 6 tonnes et mesurant 3 mètres de hauteur sur 4 de largeur. Certains murs sont composés de pierres pesant près de 60 tonnes, soutenues par des blocs de grès de 100 tonnes. Des géologues ont également découvert les carrières d'origine de ces blocs, situées entre 100 et 300 kilomètres de Puma Punku. L'un des plus gros blocs à avoir été déplacé pèse environ 400 tonnes, et provient d'une carrière située à plus de 300km. Comment un tel exploit a-t-il pu être réalisé ?

Selon les conquistadors espagnols, les indigènes de l'époque affirmaient que les grandes pierres avaient été transportées par les airs au son d'une trompette…

Si l'on se réfère à la théorie soutenue par les archéologues, ces mégalithes auraient été transportés à l'aide de rondins de bois et de cordes. Cependant, ils sont les seuls à pouvoir croire en de telles absurdités.

Et si ces énormes blocs n'avaient pas été déplacés, mais simplement coulés sur place ? Cette hypothèse peut sembler aussi farfelue que l'explication des archéologues, mais l'est-elle vraiment ?

Il y a quelques années, des scientifiques ont prélevé des échantillons de ces blocs afin de déterminer leur composition et, accessoirement, leur provenance. Or, la composition des échantillons analysés ne correspond à aucune des carrières répertoriées, et aucune d'entre elles n'est capable de fournir des blocs d'une telle taille. Les scientifiques en ont donc conclu que les blocs ne pouvaient pas provenir de la région, alors d'où venaient-ils ?

L'analyse des échantillons a révélé que leur composition semblait être artificielle, ressemblant à un type de géopolymère que l'on sait fabriquer de nos jours. Cependant, le problème se pose alors de savoir comment une civilisation vieille de 10 000 ou 15 000 ans aurait pu maîtriser une telle technique.

D'ailleurs, de quel peuple s'agit-il exactement ? Nous l'ignorons, car selon le schéma classique de l'histoire de l'humanité, aucune civilisation n'existait sur Terre à une époque aussi lointaine. Cependant, cette assertion fait partie des stéréotypes des sciences de l'antiquité, qui reposent sur des présupposés et des théories élaborées à partir d'extrapolations. Il n'existe aucune preuve que cette supposition correspond à la réalité, alors pourquoi privilégier cette théorie plutôt qu'une autre ? Pour celui qui prend la peine de faire des recherches et de réfléchir, les doutes s'installent rapidement devant l'accumulation des données.

Joseph Davidovits est un scientifique français, il est en particulier le découvreur de la chimie des géopolymères. Il est aussi écrivain, spécialiste des civilisations anciennes

En 2017, il s'est rendu sur le site Puma Punku, en compagnie d'une équipe de scientifiques, pour étudier en détail   les blocs de pierre. Leurs analyses ont permis de découvrir la composition précise desdits blocs, laquelle ne se trouve pas dans la nature. Cela implique donc qu'il s'agit d'un type de géopolymère artificiel. En conséquence, et selon Davidovits, ces blocs seraient issus d'un ciment géologique naturel obtenu par géo synthèse, et coulé ensuite dans des moules.

Les constructeurs de Puma Punku auraient utilisé du grès rouge friable provenant de la montagne voisine, ainsi que du sable volcanique du volcan Cerro Kapia, également situé à proximité. Ils auraient ensuite créé un liant à base d'argile et de certaines plantes acides dont ils connaissaient les propriétés. Une fois le mélange réalisé, il suffisait de le couler dans des moules adaptés et de le laisser durcir pendant le temps nécessaire.

Cette découverte permet d'expliquer le volume et le poids de ces énormes blocs, car le problème du transport ne se pose plus. De même que le travail de précision de la sculpture n'en est plus un, s'agissant de moulages.

Les artisans constructeurs de Tiwanaku maîtrisaient-ils, à leur manière, la chimie des géopolymères ? Selon

Joseph Davidovits, cela n'a rien d'étonnant, car cette chimie n'est pas une science difficile à maîtriser. Elle est le prolongement des connaissances qu'avaient les Tiwanakus dans les domaines de la céramique, des liants minéraux, des pigments et de la connaissance de leur environnement.

La théorie avancée par Davidovits repose sur des éléments de preuve concrets, elle met sérieusement à mal les explications farfelues des archéologues, qui cherchent à tout expliquer, quitte à s'arranger avec le bon sens le plus élémentaire.

Cette découverte rejoint d'ailleurs d'anciennes légendes, comme en Égypte, qui prétendent que les pierres ont été fabriquées à l'aide d'extraits de plantes capables de ramollir la pierre. Une explication que les archéologues ont toujours rejetée au prétexte que cela n'avait aucun sens !

La preuve est ainsi faite que certaines civilisations anciennes et méconnues, comme celles de l'ancienne Égypte ou de Tiwanaku, maîtrisaient des techniques qui se sont perdues par la suite. Ces découvertes nous permettent d'expliquer ce qui semblait jusqu'alors irrationnel.

Personne ne peut imaginer que des blocs pesant de 100 à 200 tonnes aient pu être transportés sur de longues distances et des terrains accidentés par des populations dépourvues de moyens techniques. Même avec toutes les technologies modernes dont nous disposons aujourd'hui, nous ne serions pas en mesure de réaliser de telles structures là où elles se trouvent.

Une autre découverte met en évidence les connaissances avancées de ces peuples. De nombreux blocs sont dotés d'encoches destinées à recevoir des sortes d'agrafes métalliques qui permettaient de les assembler solidement. On pensait autrefois que ces agrafes étaient enfoncées de force dans leurs loges d'encastrement, mais des recherches plus approfondies ont révélé qu'il n'en était rien. Les tenons ou agrafes étaient en réalité composés d'un alliage versé en fusion directement dans les encoches des blocs, les scellant de manière précise et permanente une fois refroidi.

Mieux encore, l'analyse de l'alliage en question a révélé une composition étonnante avec 2,05% d'arsenic, 95,15% de cuivre, 0,26% de fer, 0,84% de silicone et 1,70% de nickel. Cette composition soulève de nombreuses questions. Comment cela est-il possible ? Ne posez pas cette question à un archéologue, car vous ne recevrez que mépris en réponse.

Ces découvertes mettent sérieusement à mal les explications fantaisistes des archéologues qui tentent à tout prix de tout expliquer, même au détriment du bon sens.

À moins de nous voiler la face, il est difficile de ne pas y voir la preuve que ces civilisations disposaient d'un savoir-faire et de connaissances bien plus avancées que ce que nous en disent les historiens. Mais malgré les évidences, il est peu probable que la vieille archéologie sclérosée remette en question sa propre vision de l'histoire, ce n'est pas une option envisageable.

Revenons à Tiwanaku avec d'autres curiositées, à commencer par les monolithes anthropomorphes :

- Le monolithe Bennett, également connu sous le nom de monolithe Pachamama, découvert en 1932 par l'archéologue américain Wendell Bennett dans le temple souterrain de Kalasasaya. Daté officiellement d'environ 1 700 ans, il s'agit d'une statue taillée dans un énorme bloc mesurant 7,30 mètres de hauteur sur 1,20 mètre de largeur, ce qui en fait le plus grand du site de Tiwanaku. Le personnage représenté porte des vêtements raffinés, ainsi qu'une couronne, et son corps est gravé de signes hiéroglyphiques.

- Le monolithe Ponce, situé dans l'enceinte du temple de Kalasasaya, doit son nom à l'archéologue bolivien qui l'a découvert en 1957. Il s'agit d'une statue d'environ 3 mètres de hauteur, pesant 12 tonnes, représentant un prêtre selon les archéologues. Le personnage est vêtu d'un habit cérémoniel et est orné de gravures représentant des êtres ailés, des poissons, des condors, des chameaux et des têtes de pumas.

- Le monolithe Fraile, également situé dans l'enceinte du temple de Kalasasaya, représente un personnage étrange tenant une sorte de crosse. Contrairement au monolithe Ponce, il ne présente pas de gravures, à l'exception d'une ceinture couverte de reliefs représentant curieusement des crabes.

- Le monolithe Barbado, également connu sous le nom de Kontiki, est plus petit que les précédents. Il présente des traits anthropomorphes similaires, ainsi que des ornements zoomorphes. Il a été découvert à côté du monolithe Bennett, accompagné de deux petites stèles.

- Le palais des Sarcophages, également appelé Complexe Putuni, est supposé avoir été un lieu d'inhumation pour les dignitaires de la civilisation Tiwanaku. Il comprend des chambres funéraires orientées vers une cour centrale. Les portes de pierre sont dotées d'un système d'ouverture coulissant qui fonctionne particulièrement bien lorsque le sol est mouillé. Des canaux ingénieux, pareils à un réseau d'égouts, servaient manifestement pour évacuer les eaux usées.

- Un Temple semi-souterrain, situé à l'est du temple de Kalasasaya, a été découvert dans les années 1960. Il mesure 28 mètres sur 26 mètres et sa base en terre battue est à moins de 2 mètres de profondeur. Sa particularité réside dans les 48 piliers en grès rouge et les 175 têtes sculptées de styles différents intégrées dans ses murs. Chaque tête est unique, représentant apparemment une race différente, bien que certaines ne correspondent à aucune race connue. La signification de ces têtes reste un mystère.

En dehors des spéculations archéologiques, nous ne savons pratiquement rien sur les premiers constructeurs de Tiwanaku. Arthur Posnansky a rapporté avoir découvert des crânes fossilisés, mêlés à des plantes tropicales et des coquillages, enfouis à environ 2 mètres de profondeur. Ces crânes étaient trois fois plus volumineux qu'un crâne humain actuel. Certains de ces crânes sont encore visibles au musée de La Paz en Bolivie.

Des articles de presse anciens mentionnent la découverte de squelettes de géants aux abords des ruines de Tiwanaku. Malheureusement, je n'ai pas pu vérifier l'authenticité de ces découvertes. Il était indiqué que la structure crânienne de ces squelettes différait de celle des humains. Parallèlement à ces ossements, plusieurs objets (masques, outils, flûtes, etc.) de taille correspondante auraient été exhumés. Les flûtes en pierre étaient si fines et si parfaites qu'elles semblaient usinées.

Des légendes locales parlent d'un ancien peuple de géants. Doit-on leur accorder du crédit ? Étaient-ils les premiers constructeurs de Tiwanaku ?

Une autre question sans réponse concerne les causes de la destruction du site. L'ensemble laisse penser qu'une explosion gigantesque a tout pulvérisé. À moins d'imaginer qu'une telle explosion ait été intentionnellement provoquée, il reste l'hypothèse d'une météorite ayant frappé le plateau andin...

Comme toutes les civilisations antiques, celle de Tiwanaku possède ses légendes. L'une d'elles parle d'un vaisseau spatial descendu du ciel, piloté par une mystérieuse femme nommée Orjana. Sa mission aurait été de fonder une nouvelle race, ce qu'elle fit en donnant naissance à 70 enfants avant de retourner dans les cieux. La légende précise qu'Orjana avait des mains palmées avec seulement quatre doigts... Curieusement, tous les personnages du site, y compris le dieu barbu Viracocha, n'ont effectivement que quatre doigts !

Qui était Viracocha, qui est devenu par la suite le dieu créateur des Incas ?

Selon la légende, il était de grande taille, avait la peau claire et une longue barbe. Il aurait apporté la civilisation aux différents peuples qu'il a rencontrés sur son chemin, leur enseignant les lois qu'ils devaient respecter. Cette légende rappelle d'autres histoires similaires à travers le monde, notamment celles d'Oannes et d'Enki en Mésopotamie.

Faut-il comprendre qu'à une époque lointaine, des représentants d'une civilisation hautement avancée, venant d'une autre planète, soient venus éduquer et civiliser quelques tribus primitives ? Cette hypothèse peut sembler totalement farfelue, car elle va à l'encontre de nos croyances, elles-mêmes influencées par notre éducation. Mais est-elle aussi absurde ? Pas si sûr !

Pour l'instant, nous avons le choix entre les légendes… et les théories des archéologues !

Il y a 250.000 ans – Hueyatlaco

La région de la Cuenca del Valsequillo, située à environ 70 km au sud-est de Mexico, regroupe plusieurs sites archéologiques, notamment Hueyatlaco, Teccacaxo, El Horno et El Mirador. Ces sites sont connus depuis le début des années 1900 et ont révélé des ossements d'animaux disparus depuis longtemps, tels que le mastodonte qui a vécu au Tertiaire (de -66 Ma à -2,58 Ma), le glyptodon qui a vécu pendant le Pléistocène (de -2,58 millions d'années à -11 700 ans), et le mammouth, une espèce éteinte plus récemment il y a 12 000 à 15 000 ans.

Rien d'étonnant donc qu'en 1933, un passionné d'archéologie, Juan Armenda Camacho, professeur à l'Université de Puebla, trouve les restes d'un mammouth dans le lit de la rivière Alseseca. La première découverte déconcertante allait survenir deux années plus tard. En poursuivant ses recherches, Camacho va trouver un fémur de proboscidien dans lequel est incrusté un silex taillé... Curieuse trouvaille en effet !

Au début des années 1960, Camacho publie ses découvertes, attirant ainsi l'attention de nouveaux chercheurs, notamment Cynthia Irwin-Williams de l'Université Harvard. Tous les deux décident de former une équipe et de procéder à de nouvelles fouilles sur les quatre sites de Valsequillo. Ils mettent ainsi au jour divers artefacts d'origine humaine, mêlés à des ossements d'animaux disparus depuis longtemps.

En 1964, de nouveaux arrivants se joignent à eux pour initier une nouvelle campagne de fouilles. Il s'agit du géologue Harold E. Malde, de l'archéologue et professeure d'université Virginia Steen-McIntyre, et du zoologiste Clayton Ray.

En 1967, une première controverse éclate après la publication du rapport de fouilles de l'équipe. Il est en effet rapporté que des artefacts d'origine humaine ont été découverts, associés à divers ossements d'animaux dont la disparition est réputée antérieure à l'apparition de l'homme, comme c'est le cas pour les mastodontes.

Certains scientifiques soulèvent l'impossibilité d'une telle coexistence et avancent l'hypothèse d'un mélange ultérieur pour expliquer cette anomalie. Cependant, Cynthia Irwin-Williams réfute cette suggestion infondée et confirme le rapport de fouille.

En 1969, le géologue Barney J. Szabo se joint à Harold E. Malde pour publier un article révélant que, grâce à plusieurs techniques de datation avancées, les artefacts découverts sur les différents sites ont été datés à plus de 200 000 ans ! Comme prévu, cette déclaration déclenche des conflits, qui s'étendent même aux membres de l'équipe de chercheurs. Certains chercheurs, ne souhaitant pas être associés à cette affaire, et se distancient des conclusions publiées. Ainsi, Cynthia Irwin-Williams se sent obligée de publier un article déclarant qu'il est impossible que les outils en pierre découverts sur le site de Hueyatlaco soient aussi anciens...

Il est probable qu'elle ait ressenti la nécessité de se protéger afin de ne pas compromettre sa carrière, à tel point qu'elle a jugé bon de préciser : "Mon commentaire sur la situation est que c'est l'une des annonces publiques les plus irresponsables auxquelles je n'ai jamais eu le malheur d'être associée."

En revanche, d'autres chercheurs plus intègres décident de braver l'indignation du monde scientifique bien-pensant. Ainsi, Virginia Steen-McIntyre, l'une des géologues concernées, décide d'écrire un livre pour porter les faits à la connaissance du grand public. Mais curieusement, son éditeur ne semble pas pressé de le publier. Dans une lettre de relance, Steen-McIntyre lui écrit ceci : "Notre article conjoint sur le site de Hueyatlaco est une véritable bombe. Il ferait remonter la présence de l'homme au Nouveau Monde dix fois plus loin dans le temps que de nombreux archéologues ne voudraient l'admettre. Pire encore : les bifaces découverts in situ sont généralement considérés comme un signe de l'Homo sapiens. Selon la théorie actuelle, l'Homo sapiens n'était même pas encore apparu à cette époque, et encore moins dans le Nouveau Monde." Et d'ajouter : "Les archéologues sont absolument révulsés par Hueyatlaco. Ils ne veulent même pas en entendre parler. J'ai appris par des tiers que je suis considérée par certains membres de la profession comme une incompétente et une opportuniste. Il est évident que ces opinions ne favorisent en rien ma réputation professionnelle ! Mon seul espoir de réhabilitation est de faire publier l'article sur Hueyatlaco afin que les gens puissent juger les faits par eux-mêmes."

Cependant, elle ne reçut aucune réponse, son ouvrage ne fut pas publié, et son manuscrit ne lui fut jamais renvoyé...

Steen-McIntyre s'est adressée au rédacteur en chef de Quaternary Research en ces termes : "Le manuscrit que je souhaite soumettre présente des faits géologiques", écrit-elle. "Il est assez clair et précis, et si ce n'était pas pour le fait qu'il faudrait réécrire un grand nombre de manuels d'anthropologie, je ne pense pas que nous aurions le moindre problème pour le faire accepter par les archéologues. Tel qu'il est, de toute façon, aucun journal d'anthropologie ne voudra y toucher, même avec des pincettes."

Comme toute publication scientifique est soumise à l'évaluation anonyme d'autres scientifiques, il est facile de comprendre que les gardiens de la pensée officielle se sont empressés de bloquer toute parution. Steen-McIntyre continue : "Le problème, tel que je le vois, dépasse largement le cadre de Hueyatlaco. Il concerne la manipulation de la démarche scientifique par la suppression des 'données énigmatiques', qui remettent en cause le mode de pensée dominant. C'est certainement le cas de Hueyatlaco. N'étant pas anthropologue, je n'ai pas compris en 1973 toute la signification de nos datations, ni la profondeur des ramifications de la théorie actuelle de l'évolution humaine dans nos activités intellectuelles. Notre travail à Hueyatlaco a été rejeté par la plupart des archéologues parce qu'il contredit cette théorie, point final.

Leur raisonnement est circulaire. Homo sapiens sapiens est apparu il y a environ 30 000 à 50 000 ans en Eurasie. Par conséquent, toute découverte d'Homo sapiens sapiens vieux de 250 000 ans au Mexique est impossible. Avec cette façon de penser, on a peut-être des archéologues satisfaits, mais aussi une science pouilleuse !"

Au moins les choses sont clairement exprimées, et il ne fait aucun doute que Virginia Steen-McIntyre en a ressenti un soulagement, mais malheureusement pour elle, elle n'en avait pas fini avec cette histoire. Elle a dû faire face à des brimades et des vexations, tant sur le plan personnel que professionnel, allant jusqu'à la suppression des moyens qui lui étaient jusqu'alors mis à disposition.

Tous les chercheurs à l'origine de cette controverse allaient subir d'énormes pressions et des attaques virulentes de la part de scientifiques de tous bords, partisans et gardiens des thèses officielles. La publication de leurs données a été bloquée pendant des années, et ils ont été accusés de tous les maux : d'incompétence, d'opportunisme, de chercher à se faire de la publicité... En résumé, de tout ce qui pouvait nuire à leur réputation.

La communauté scientifique, gardienne du dogme, ne voulait pas entendre parler de ces publications. Peu importe qu'elles émanent d'autres scientifiques, peu importe les preuves... Les datations allant à l'encontre du consensus officiel devaient être rejetées. Autrement dit, puisque l'histoire officielle est contredite, il convient de contester les datations communiquées par les géologues. Drôle de conception de la science !

En 1978, le professeur Juan Armenda Camacho publie à son tour un livre dans lequel il détaille ses recherches et confirme l'authentification des ossements humains objet des polémiques.

En 1981, trois géologues, Harold E. Malde, Virginia Steen-McIntyre et Roald H. Fryxell, réaffirment dans un article que les ossements et les artefacts humains associés datent bien de plus de 250 000 ans ! Il n'y a aucune raison de douter de la validité des datations relevées sur le site de Hueyatlaco.

Les examens et les analyses ont été réalisés à partir de techniques de pointe, et ont été recoupés à plusieurs reprises.

Si les datations ne sont pas contestables, cela pose effectivement un sérieux problème de crédibilité concernant les thèses officielles en matière d'anthropologie et de toutes les sciences liées à l'histoire de l'humanité et de ses origines.

Cependant, les scientifiques restent campés sur leurs positions stériles et radicales.

Pour sauver les apparences, une version "officielle" a été publiée. Au début des années 2000, une équipe pluridisciplinaire comprenant des paléontologues, des archéologues et des géologues de l'Institut national d'anthropologie et d'histoire du Mexique a entrepris de nouvelles études et datations du site de Hueyatlaco, dans le but à peine voilé de réexaminer les conclusions tant critiquées. Leurs résultats sont beaucoup plus consensuels, avec une datation d'environ 40 000 ans ! L'honneur est sauf... mais personne n'est dupe de ce stratagème...

On peut déplorer cette attitude totalement opposée à ce que devrait être l'esprit de la science.

Virginia Steen-McIntyre, ainsi que quelques autres, se sont élevés contre ces méthodes arbitraires qui visent à discréditer tout ce qui va à l'encontre des thèses officielles. Selon eux, la pensée scientifique est manipulée par l'élimination de tout ce qui remet en cause le mode de pensée dominant. Toute découverte non orthodoxe est rejetée sans autre forme de procès.

On pourrait imaginer qu'à partir du moment où une donnée est soutenue par de nombreuses preuves, il est exclu de la rejeter sous prétexte qu'elle contredit les hypothèses en vigueur... Mais en réalité, la science n'est impartiale que dans l'esprit des scientifiques, en réalité, elle est sclérosée, idéologique et dogmatique.

Göbekli Tepe

Göbekli Tepe se situe en Turquie, à environ 15 kilomètres au nord-est de la ville de Şanlıurfa, près des frontières irakienne et syrienne. Le site, souvent présenté comme le plus ancien temple de l'humanité, culmine à 765 mètres d'altitude, sur les Monts Germuş.

On ignore qui en furent les constructeurs. Selon l'histoire officielle, il s'agirait de chasseurs-cueilleurs qui ont occupé le site aux Xe et XIe millénaires avant notre ère.

Göbekli Tepe a été identifié en 1963 grâce à une étude menée conjointement par les universités d'Istanbul et de Chicago. Cependant, à l'époque, la prospection superficielle des lieux n'a pas permis de révéler l'ampleur du site et des structures mégalithiques qui y étaient enfouies.

Faute de temps et d'argent, Göbekli Tepe est resté inexploré pendant 30 ans.

En 1994, un berger kurde nommé Savak Yildiz découvre par hasard une curieuse grosse pierre émergeant du sol, relançant ainsi l'intérêt pour Göbekli Tepe.

Un archéologue allemand, Klaus Schmidt, se déplace sur les lieux et se rend rapidement compte que le tertre couvert de silex n'est pas d'origine naturelle. La découverte d'une pierre monumentale émergeant du sol et d'une autre pierre plus modeste présentant des traces de sculpture le pousse à organiser une fouille plus approfondie.

En 1995, Adnan Misir, directeur du musée archéologique de Şanlıurfa, organise une expédition avec l'assistance d'Eyüp Bucak du Musée d'Urfa, de l'archéologue allemand Harald Hauptmann et de l'équipe dirigée par Klaus Schmidt. Ils entreprennent une prospection minutieuse du site.

Göbekli Tepe se révèle rapidement être un complexe d'une très grande ampleur avec plusieurs niveaux édifiés sur une butte artificielle de près de 9 hectares. La colline est couverte de structures de forme circulaire ou ovale, constituées de pierres sèches.

À ce jour, six enceintes composées d'énormes piliers pesant plus de 10 tonnes ont été dégagées, mais une prospection à l'aide d'un géo-radar a révélé l'existence de nombreux autres bâtiments, d'enceintes mégalithiques et pas moins de 250 pierres massives encore enterrées.

Les pierres levées, disposées en cercle, représentent principalement des personnages avec les bras allongés sur les flancs, les mains se rejoignant et se croisant. D'autres monolithes sont gravés de divers animaux.

Les plus grands monolithes mesurent environ 6 mètres de hauteur et semblent avoir été les piliers de bâtiments circulaires. Aucune trace d'habitat ni d'objet usuel n'a été trouvée, mais curieusement, de nombreuses statuettes d'animaux et de personnages anthropomorphiques ont été sorties du sol.

Une grande quantité de piliers massifs en forme de T a été exhumée. Ils pèsent de 15 tonnes pour les plus modestes à 50 tonnes pour les plus massifs, ce qui laisse supposer la nécessité d'une main-d'œuvre conséquente pour les extraire et les transporter. Ces piliers sont gravés d'animaux variés, tels que des vaches, des taureaux, des sangliers, des renards, des lions, des canards, des grues, des serpents, des scorpions, etc.

Göbekli Tepe intrigue également par un type de sculpture très particulier, représentant de nombreux personnages portant ce qui ressemble à un sac à main. Cette particularité est observée également sur d'autres sites à travers le monde, notamment au Proche-Orient, en Iran, en Syrie, en Amérique centrale et en Amérique du Sud. Certains de ces personnages sont visibles dans de nombreux musées. Ils appartiennent à diverses civilisations disparues et méconnues. La signification de ces "sacs" reste inexpliquée.

Officiellement, Göbekli Tepe est classé comme un site du Néolithique précéramique (entre -9600 et -7300 avant notre ère), mais certains doutent de cette datation et estiment qu'il remonte plutôt à -12 000 ou -14 000 avant notre ère, du moins pour les enceintes les plus profondes.

Quoi qu'il en soit, Göbekli Tepe est antérieur à la civilisation sumérienne. On sait que les cultures contemporaines de Göbekli Tepe pratiquaient déjà l'élevage des bovins, des caprins, des moutons et des porcs, ainsi que la culture du blé, de l'avoine et du seigle.

Il est intéressant de noter que Göbekli Tepe n'est pas un site isolé. Un autre site similaire appelé Karahan Tepe a été découvert à moins de 50 km à l'est. Ce complexe est beaucoup plus vaste que Göbekli Tepe, couvrant une superficie de 325 hectares. Les archéologues y ont mis au jour les mêmes piliers en forme de T et environ 250 blocs gravés d'animaux.

Pour ajouter au mystère, ces deux sites ont été abandonnés et volontairement ensevelis 7 500 ans avant notre ère. Les raisons pour lesquelles les descendants des constructeurs de Göbekli Tepe et de Karahan Tepe ont enterré leurs structures sous des milliers de tonnes de terre restent inconnues. Il fallait pourtant une sacrée bonne raison pour se livrer à un travail aussi titanesque !

Je vous épargne les explications officielles du type "le sol avait perdu de sa fertilité" ou "la terre était devenue trop aride". En quoi cela aurait-il incité les habitants à enterrer leurs temples ?

Le plus ancien site mégalithique au monde

Il serait situé en Afrique du Sud, c'est du moins ce que prétendent certains chercheurs. Ce site se trouve dans le Mpumalanga, la région orientale de l'ancienne province du Transvaal. Le Mpumalanga possède un riche héritage archéologique, avec des terrasses, des murs et des cercles de pierres disséminés dans le paysage, construits par un peuple dont nous ne savons rien.

Connue des anciens autochtones sous le nom d'"Inzalo y'Langa" (lieu de naissance du Soleil), ce site a été mis en lumière en 2003 par un pilote sud-africain nommé Johan Haine. Ayant survolé les montagnes du Mpumalanga pendant deux décennies, il avait remarqué les innombrables sites circulaires mystérieux. Ce n'est qu'après le crash d'un de ses pilotes qu'il a eu l'occasion de découvrir l'un de ces cercles depuis le sol. Haine remarqua alors que les grosses pierres qui le composaient semblaient disposées de manière intentionnelle, et pas simplement au hasard.

Dans sa quête pour en savoir plus, il a consulté des "experts" qui lui ont répondu que ces cercles n'étaient que les ruines d'anciens parcs à bétail abandonnés par les Bantous après leur départ de la région aux alentours du XIVe siècle... Cependant, cette théorie "officielle" s'avère douteuse, car les structures en question sont totalement différentes de celles construites par les Bantous, qui étaient traditionnellement composées uniquement d'arbustes épineux.

Alors qui étaient les véritables constructeurs de ces cercles mystérieux, qui se comptent par milliers sur des dizaines de milliers de kilomètres... ?

Initialement estimé à environ 4 000, puis à 20 000, le nombre de ces ruines est maintenant estimé à environ 100 000, voire plus, selon l'explorateur et écrivain sud-africain Michael Tellinger.

La plupart de ces cercles sont connectés par un immense réseau de canaux selon certains, ou de routes selon d'autres, sans que l'on sache réellement de quoi il ne s'agit, ni que l'on en comprenne l'usage

L'un de ces cercles suscite une attention particulière, il s'agit du célèbre "Calendrier d'Adam", surnommé le "Stonehenge africain", considéré comme le plus ancien site mégalithique au monde. Selon certaines datations, il serait plus ancien que Stonehenge de plusieurs dizaines de milliers d'années.

Le "Calendrier d'Adam" est un cercle de pierres dressées d'environ 30 mètres de diamètre, et la disposition de ces pierres correspondrait à des alignements astronomiques spécifiques. Certains considèrent qu'il s'agit du seul exemple connu d'un calendrier mégalithique quasiment intact et fonctionnel. Les pierres sont disposées de manière à marquer les mouvements du soleil grâce aux ombres qu'elles projettent. Ce "calendrier" fonctionne encore parfaitement de nos jours. Certains chercheurs pensent également que cette structure pourrait avoir été utilisée pour déterminer la position ou l'alignement de certaines étoiles.

Un astronome du nom de Bill Hollenbach prétend avoir identifié plusieurs de ces alignements astronomiques et suggère une datation d'au moins 75 000 ans, voire même jusqu'à 160 000 ans...

Il convient bien sûr de souligner que l'origine et la nature de ces cercles sont controversées, tout comme leur datation.

Mais malgré les controverses courantes dans ce type de dossier, les explications officielles contribuent à entretenir le mystère, car elles sont évasives et peu probables.

Les questions restent donc posées : qui a construit ces curieux cercles de pierres, quand et pourquoi ?

Ces cercles ne sont d'ailleurs pas les seuls mystères de cette région, où d'anciennes villes fortifiées de grande envergure ont été identifiées, notamment dans la région de Maputo au Mozambique, et à Badplaas et Waterval Boven en Afrique du Sud. Nous ne savons rien de leur histoire ni de leur origine, bien que certaines datations remontent à 200 000 ans... Il est évident qu'une culture locale inconnue est à l'origine de toutes ces constructions.

Il convient également de mentionner que l'Afrique du Sud est parsemée de mines d'or très anciennes, dont la période d'exploitation nous est inconnue.

On est tenté de faire le rapprochement avec les récits de certaines tablettes sumériennes qui parlent d'une région que Zacharia Sitchin situe précisément en Afrique du Sud, où les premiers peuples auraient extrait de l'or sous le contrôle des Annunakis…

4 CAVERNES ET GROTTES

Les grottes énigmatiques de Huashan

Elles se situent à 450 km au sud de Shanghai, dans la province de l'Anhui, à proximité du massif montagneux du Huangshan. Ces grottes mystérieuses suivent la rivière Xin'an sur 5 km et comptent parmi les plus grandes de Chine.

Elles auraient été découvertes vers la fin des années 1990 par un fermier de la région. Au printemps de 1999, le gouvernement municipal de Huangshan décide de les explorer, ce qui suscite l'intérêt de nombreux experts, dont ceux de l'université Qinghua et de l'université Tongji.

À ce jour, pas moins de 36 grottes ont été recensées, dont 34 dans l'arrière-pays montagneux et 2 sous le niveau de la rivière Xin'an. Elles s'étendent dans les montagnes au milieu d'une forêt dense, ce qui les rend particulièrement difficiles à localiser. Il n'est donc pas étonnant que même les anciens cueilleurs de plantes médicinales ne les aient jamais découvertes.

Contrairement aux autres grottes connues en Chine, celles de Huashan sont artificielles plutôt que naturelles. Il s'agit en fait d'un immense complexe souterrain creusé autrefois par des hommes, avec des galeries reliant les différentes grottes. La présence d'un aussi grand nombre au même endroit reste un mystère.

Selon les visiteurs, il s'agit d'un réseau impressionnant de tunnels soutenus par d'immenses blocs de pierre. Les parois semblent avoir été taillées au burin. À l'intérieur d'une des grottes, un pont en pierre a même été construit au-dessus d'une rivière souterraine, ainsi qu'une structure de deux étages ressemblant à un énorme balcon. Une autre grotte présente une immense caverne taillée dans la pierre avec d'innombrables niches. On y trouve également d'imposants piliers de pierre de forme rectangulaire soutenant des monolithes pesant près de 5 000 tonnes, selon les rapports.

Aucun signe d'une ancienne occupation humaine n'a été découvert. La grotte numéro 35 est la plus grande de toutes et l'une des 5 ouvertes au public. Elle abrite une vaste salle de 12 600 m², la plus grande connue en Chine, mesurant 170 mètres de long et 17 mètres de haut. Elle est ornée de 26 colonnes de pierre d'une circonférence d'environ 10 mètres et d'une hauteur équivalente. Des traces de forage sont clairement visibles sur les murs. Ce palais souterrain comprend également de nombreuses alcôves taillées dans la pierre et plusieurs bassins profonds contenant une eau d'une limpidité parfaite.

Les grottes de Huashan demeurent une énigme. Personne ne peut expliquer quand elles ont été creusées, encore moins pourquoi ni comment. Comment a-t-on pu extraire une telle quantité de roches ?

Pourquoi ces grottes ne sont-elles répertoriées dans aucun document historique ? Pourquoi n'existe-t-il aucun récit ni légende à leur sujet ? Comment ont-elles pu rester inconnues et inexplorées jusqu'au début des années 2000 ?

Elles témoignent de l'existence d'un peuple inconnu possédant un savoir et une technologie improbable remontant à une époque très lointaine. Si certains murs semblent avoir été taillés au burin, d'autres, ainsi que certains plafonds, parfaitement lisses, semblent avoir été découpés au laser...

Aucun géologue ne s'est prononcé sur le sujet. Il faut dire que le site de Huangshan est une énigme qui défie toute explication rationnelle.

Le plus extraordinaire est que le site a son pendant à environ 180 km à l'ouest, dans la province de Zhejiang. Il s'agit du site de Longyou, également caractérisé par des grottes totalement artificielles. On en a répertorié 24, dont les plus grandes couvrent une surface d'environ 1 000 m². Cinq de ces grottes possèdent des piliers en pierre mesurant 12 mètres de hauteur. On y trouve les seules représentations animales en relief, à savoir un cheval, un oiseau et un poisson.

Les souterrains de Huangshan et de Longyou seraient de la même période et dateraient de plusieurs milliers d'années.

En 2013, l'écrivain suisse Luc Bürgin, passionné d'archéologie, a écrit un livre intitulé "Chinas mysteriöses Höhlenlabyrinth : Die unterirdische Welt von Huangshan" (Le mystérieux labyrinthe des grottes de Chine : le monde souterrain de Huangshan) dans lequel il rapporte des photos inédites des grottes et fait part de son intrigue face à d'étranges marques ressemblant à des empreintes digitales de géants.

Curieusement, des légendes chinoises mentionnent précisément l'existence de géants dans cette partie septentrionale de la Chine...

Une fois de plus, ces grottes représentent des vestiges énigmatiques qui démontrent que notre préhistoire est un leurre servant à masquer notre ignorance.

C'est aussi une preuve de plus que des civilisations avancées ont existé bien avant la nôtre.

Mystérieuse Cappadoce

Qui ne connaît pas la Cappadoce, cette région historique et touristique de la Turquie située au centre du pays, délimitée au nord par la ville de Kayseri et au sud par celle d'Aksaray. La région se caractérise par ses paysages pittoresques, ses cheminées de fées et ses cités troglodytes.

Le paysage de la Cappadoce s'est formé il y a plus de 10 millions d'années, lorsque trois volcans ont projeté de grandes quantités de matériaux et de cendres. Une fois refroidis, ces matériaux ont donné naissance à une roche tendre et poreuse appelée tuf. Au fil du temps, l'érosion causée par la pluie a creusé les roches les plus tendres, laissant apparaître des formations rocheuses en forme de cheminées coiffées de chapeaux de basalte, les fameuses cheminées de fées.

Dans ce paysage de cinéma, il existe une centaine de villages troglodytiques répertoriés, creusés dans les massifs rocheux. Seuls quelques-uns de ces sites souterrains sont ouverts à la visite, notamment ceux de Nevsehir, Özhonak, Mazi, Kaymakli et Derinkuyu.

Les deux plus vastes et les plus visités sont Kaymakli et Derinkuyu. Kaymakli compte huit niveaux souterrains qui s'étendent sur plusieurs kilomètres, tandis que la cité souterraine de Derinkuyu est encore plus vaste, avec vingt niveaux souterrains aménagés sur des kilomètres carrés, et pouvait accueillir plus de 30 000 personnes.

Derinkuyu a été découverte par hasard en 1963 par un habitant local, Ömer Demir, qui en creusant est tombé sur un tunnel d'où s'échappait un courant d'air. Après s'y être aventuré et avoir descendu un escalier, il est arrivé dans une salle, puis une autre... L'homme venait de découvrir Derinkuyu !

Comme les autres cités troglodytes, Derinkuyu avait été abandonnée par ses habitants et était tombée progressivement dans l'oubli. Si elle a été redécouverte par hasard, combien d'autres cités sont encore enfouies et oubliées ?

Récemment, une nouvelle cité, encore plus importante, a été découverte sous l'ancien château de Nevşehir. Elle est actuellement en cours d'exploration, mais elle semble déjà plus vaste que Derinkuyu et daterait de plus de 5 000 ans avant notre ère, selon les chercheurs.

Les historiens nous disent que vers 4 000 avant notre ère, les Hittites, les premiers habitants de l'Anatolie, ont creusé ces habitations dans la roche tendre des falaises pour se protéger des éléments naturels et se réfugier en cas d'attaque. Bien plus tard, aux alentours du VIIe siècle, les habitants de la région ont entrepris la construction de cités souterraines pour échapper aux invasions perses et arabes.

Ces hypothèses sont probablement valables pour les habitations les plus récentes, souvent les plus modestes, mais qu'en est-il des immenses cités ? Leur origine reste très incertaine, ce qui soulève de nombreuses questions : qui a pu creuser ces kilomètres de souterrains, quand et pourquoi, et comment ont-ils pu créer de telles galeries sur vingt niveaux et évacuer une telle quantité de déblais ? De plus, pourquoi plus on descend, plus les plafonds des tunnels sont élevés ? Autant de questions qui restent sans réponse pour le moment.

Ces souterrains ont clairement été utilisés par de nombreuses populations successives, ce qui a entraîné une altération de leur véritable origine en raison des modifications, des aménagements et des équipements réalisés tout au long de leur longue histoire. La présence d'églises chrétiennes, par exemple, témoigne des ajouts ultérieurs.

Il s'agit de véritables villes reliées entre elles par des tunnels, certains pouvant être fermés à l'aide de pierres rondes spécialement conçues. Ces villes sont dotées de toutes les commodités, avec des habitations équipées de cuisines, des entrepôts, des commerces, des étables, des églises, des tombes et de vastes salles voûtées. L'ensemble est alimenté en eau par des canalisations et éclairé par des puits de lumière.

On pense aujourd'hui qu'il existe de nombreuses cités similaires à Kaymakli ou Derinkuyu. Pourquoi ces villes ont-elles été volontairement dissimulées au point d'être oubliées pendant si longtemps ? Une grande partie des puits et des galeries a été obstruée après leur abandon. Le plus curieux est qu'aucun récit n'en parle !

Ces kilomètres de villes souterraines continueront d'attirer les touristes, qui, tout comme nous, ignorent leur mystérieuse origine.

La mystérieuse structure de Kabardino- Balkarie

La Kabardino-Balkarie est l'une des 7 républiques autonomes du Caucase, située au nord de la Russie.

C'est dans cette région, à environ trois heures de marche du village de Zaïoukovo, et un peu au-dessus des gorges de Baksan, qu'un mystérieux puits artificiel a été découvert.

Curieusement, le chemin d'accès est balisé par trois pierres portant des dates de l'année 1942 et gravées de croix gammées. Les Nazis de l'Institut de recherches pluridisciplinaires "Ahnenerbe" se sont manifestement intéressés à ce mystérieux site.

Curieusement, les habitants de la région ignoraient l'existence de ce puits, il fut découvert par hasard par un spéléologue local nommé Artur Zhemukhov.

Initialement, seule une ouverture partiellement bloquée par des pierres était visible. L'accès se fait par un étroit passage de 43 cm par 120 cm, il faut ensuite descendre un puits vertical étroit formé de deux immenses dalles parallèles.

Neuf mètres plus bas, il existe un coude, suivi d'un nouveau puits de 23 mètres, puis un autre coude et encore un puits. Au total, cela représente environ 80 mètres de descente, ce qui prend environ une heure pour atteindre le fond.

Une immense salle aux murs et au plafond parfaitement polis apparaît enfin, après avoir franchi un dernier passage très étroit.

L'écrivain russe Vadim Chernobrov rapporte que les murs de cette salle sont constitués d'énormes blocs de pierre pesant chacun environ 200 tonnes. La montagne qui renferme cette structure mystérieuse semble être une sorte de pyramide, composée de gigantesques blocs de tuf. Certains observateurs pensent que les puits et la salle n'ont pas été creusés, mais aménagés à l'intérieur de la construction. Sinon, il serait difficile d'expliquer la présence de blocs de 200 tonnes au fond d'un puits aussi profond.

Vraisemblablement cette "pyramide" était à ciel ouvert avant d'être ensevelie au fil du temps sous des milliers de tonnes de terre, de roches et de matériaux divers. Les explorateurs du site pensent également que les cavités découvertes font partie d'un ensemble beaucoup plus vaste, et la découverte de deux autres entrées semble confirmer cette hypothèse.

Il est impossible de dater précisément cette structure, bien que certaines personnes avancent une estimation de 5 000 ans avant notre ère.

Malheureusement, aucune étude approfondie n'a été réalisée ni ne semble être envisagée pour le moment.

Qui étaient les mystérieux constructeurs qui n'ont pas hésité à manipuler des blocs mégalithiques de 200 tonnes ?

Quelle était la fonction d'une telle structure ?

Nous ne le saurons probablement jamais !

Gigantesque complexe souterrain en Israël

Ce site, appelé Kirbet Midras en arabe ou Horvat Midras en hébreu, se situe à 15 km au sud-ouest de Beit Shemesh, au sein de la réserve naturelle Adullam Grove, dans les collines de Judée.

Il s'agit d'un vaste complexe de constructions souterraines datant officiellement du Xème siècle avant notre ère. Le site comprend diverses ruines telles que des maisons, une pyramide, des grottes funéraires, des tunnels et un columbarium, qui ont été découverts lors de fouilles archéologiques. Des études ont été menées sur ces vestiges, les plus récentes datant de 2017.

Les galeries souterraines étaient autrefois accessibles par des trappes dissimulées dans les villages environnants. Ces tunnels sont extrêmement étroits, presque infranchissables par endroits, ce qui nécessite de ramper pour progresser.

Afin de faciliter la navigation dans ce labyrinthe, un système de balisage a été mis en place, bien que seule une petite partie du complexe soit accessible.

Les archéologues estiment que certaines parties de ces souterrains, celles les plus étroites, pourraient remonter au 1er siècle avant notre ère, ce qui est vraisemblable pour le réseau le plus récent. D'autres structures souterraines, qui comprennent une cinquantaine de grottes et de citernes, semblent être nettement plus anciennes, et sont d'une configuration différente, puisqu'elles permettent de se tenir debout.

Alexander Koltypin, docteur en géologie et ancien directeur du Centre de recherche en sciences naturelles à l'université internationale indépendante d'Écologie de Moscou, a étudié de nombreuses structures souterraines dans le bassin méditerranéen. Il a identifié de nombreuses similitudes entre ces sites, ce qui l'a amené à penser qu'il existait un lien commun entre eux. Il est probable que certains de ces sites étaient autrefois interconnectés.

Du point de vue géologique, la composition et l'état d'altération des structures ont convaincu Koltypin qu'elles ont été construites il y a des centaines de milliers d'années.

Cette datation diffère considérablement de celle des archéologues, qui se basent généralement sur les implantations supérieures pour dater les sites. Mais Koltypin soutient que ces constructions ont été érigées sur des structures préhistoriques bien antérieures.

Le géologue est également convaincu que le complexe était à l'origine enterré beaucoup plus profondément et que l'érosion naturelle l'a fait remonter à la surface.

Il pense que des mouvements géologiques similaires à ceux observés en Cappadoce et dans le centre et le nord d'Israël ont exposé ces sites et les ont ramenés au niveau du sol.

Koltypin pense par ailleurs que de tels complexes pourraient se trouver sous la mer Méditerranée, comme le suggèrent certaines structures visibles le long de la côte. Il ajoute que ces structures ont probablement été ramenés à la surface à la suite d'une orogenèse alpine survenue il y a entre 500 000 ans et 1 million d'années, ce qui est corroboré par la présence de basaltes d'origine volcanique. Le dernier volcan actif dans la région remonte en effet à cette période.

Ainsi, les mouvements géologiques au fil du temps ont fait remonter certaines parties de la région à la surface tandis que d'autres se sont retrouvées sous le niveau de la mer. Les études et le raisonnement d'Alexander Koltypin, en tant que docteur en géologie, sont fondés, ce qui suggère donc qu'un peuple inconnu a été capable de creuser ce vaste complexe souterrain bien avant l'apparition supposée de l'Homme moderne…

5   LES PIERRES GRAVEES

Les figurines d'Acámbaro

Acámbaro est une petite ville du sud de l'État de Guanajuato, au Mexique.

En juillet 1944, un ancien immigré allemand, marchand et archéologue amateur, Waldemar Julsrud, se promène à cheval au pied de la colline "El Toro", aux environs d'Acámbaro. À un moment donné, son regard est attiré par un objet curieux qui dépasse du sol. Une fois déterré, l'objet se révèle être une figurine en céramique couverte de gravures.

L'intérêt de Julsrud fut d'autant plus grand que quelques années auparavant, il avait déjà fait une découverte à quelques kilomètres de cette zone. En compagnie du père José Marie Martinez, ils avaient mis au jour un petit site archéologique renfermant des vases, des bols et des figurines de la culture indienne des Chupicuaros datant d'environ 1 000 ans avant notre ère.

Julsrud, curieux de savoir ce qui se cachait à l'endroit de sa nouvelle découverte, demanda à un fermier local nommé Odilon Tinajero de l'aider à creuser. Devant la quantité d'objets que semblait receler le site, il l'engagea avec ses deux fils pour poursuivre les fouilles, les rémunérant d'un peso pour chaque figurine rapportée intacte.

C'est ainsi, qu'au cours des années suivantes, plus de 30 000 figurines furent sorties du sol.

Ces figurines étaient toutes enfouies dans des fosses assez peu profondes, contenant chacune de 30 à 40 céramiques. Curieusement, ces statuettes n'étaient pas associées à des tombes, ce qui aurait pu justifier leur présence. Cette découverte était d'autant plus étonnante que la région ne connaissait pas l'artisanat de la poterie.

Mais la plus grande étrangeté de ces figurines était les gravures elles-mêmes. Elles représentaient une grande variété d'animaux, dont certains étaient inconnus, ressemblant à des dinosaures, souvent en interaction avec des hommes ! Comment cela pouvait-il être possible ?

Ces poteries furent rapidement associées au peuple Tarasque. Vers 8 000 avant notre ère, ils étaient de petits groupes de chasseurs-cueilleurs qui finirent par se sédentariser et pratiquer l'agriculture. Vers -1 200 à -1 500, ils commencèrent à maîtriser l'art de la céramique. Les poteries découvertes par Julsrud datent-elles de cette époque ? Beaucoup de spécialistes en doutent, car les poteries et sculptures Tarasque connues jusqu'alors diffèrent totalement de celles découvertes par Julsrud.

Les figurines sont presque toutes en céramique, et chaque exemplaire est unique. Leur taille varie de quelques centimètres à moins d'un mètre. Les analyses ont révélé que différents types d'argiles avaient été utilisés, sans que l'on ait d'indications sur leur provenance.

Les datations communiquées en 1968 par le Laboratoire d'Isotopes Inc. du New Jersey vont de -1 110 à -4 530 ans avant notre ère. Des datations ultérieures par thermoluminescence pratiquées par l'Université de Pennsylvanie sur deux poteries indiquent -2 500 ans.

L'authenticité des figurines d'Acámbaro fut très discutée dans les années 50 et 60 avant d'être définitivement rejetée. L'une des principales raisons invoquées était, bien évidemment, les représentations anachroniques qu'elles présentaient. Les reconnaître comme authentiques aurait remis en cause la chronologie officielle, voire l'aurait invalidée...

Afin de faire la lumière sur cette découverte, en 1954, le gouvernement mexicain dépêcha 4 archéologues, dirigés par Eduardo Noguera, directeur des Monuments Préhispaniques de l'Institut National d'Anthropologie et d'Histoire. Les archéologues sélectionnèrent un site qui n'avait pas encore été fouillé, proche de celui où les précédentes figurines avaient été découvertes. En peu de temps, ils mirent à jour un certain nombre de céramiques identiques aux précédentes, que Noguera qualifia dans un premier temps de découverte exceptionnelle. Pourtant, malgré ces déclarations et les preuves, le rapport officiel de l'équipe conclut qu'il s'agissait vraisemblablement... d'un canular !

Les datations réalisées sur ces artefacts ont également été écartées, considérées comme non fiables. On peut surtout soupçonner que cet argument arrangeait bien la communauté scientifique.

Waldemar Julsrud est décédé en 1964 sans avoir jamais exploité sa découverte. Sa seule volonté était de préserver et de protéger ce patrimoine qu'il estimait unique. Sa collection fut d'abord conservée par sa famille, puis offerte en 1987 à la municipalité d'Acámbaro. Ainsi, plus de 1 200 figurines sont aujourd'hui exposées dans le petit musée de la ville.

Encore une fois, la polémique créée par ces céramiques tient essentiellement à ce qu'elles représentent. Elles mettent en scène de façon assez disparate et dans un style naïf, des personnages, des animaux et des créatures très variés. À côté des animaux connus tels que le chien, le lapin, la vache, l'hippopotame, le dromadaire, l'éléphant, on trouve des animaux qui paraissent assez fantaisistes comme des dragons ou des griffons. Ce qui est beaucoup plus surprenant, c'est qu'un certain nombre d'entre elles, environ 10%, ressemblent étrangement à des dinosaures. Ils ont été identifiés comme étant des brontosaures, des stégosaures, des tricératops, des tyrannosaures, voire des ptérodactyles... Enfin, une proportion non négligeable de ces figurines représente des êtres humains de multiples ethnies. On a recensé des types africains, asiatiques, esquimaux, voire même caucasiens portant la barbe... Ce qui surprend également, c'est que ces personnages sont mis en situation avec des dinosaures, tantôt en tant que chasseurs ou chassés, tantôt en les utilisant comme animaux domestiques !

Les détracteurs des figurines se servent de ces singularités pour prétendre qu'il s'agit de faux fabriqués par des paysans locaux dans le but d'en faire commerce.

Les partisans de l'authenticité rétorquent qu'il aurait été fastidieux, voire impossible, pour Tinajero et ses deux fils, même avec l'aide de quelques paysans locaux, de fabriquer plus de 30 000 figurines en si peu de temps, d'autant plus que chaque figurine est unique. L'argument du prix payé par Julsrud aux paysans ne tient pas non plus, car un montant aussi faible ne les aurait pas incités à consacrer autant d'efforts. De plus, à cette époque, on connaissait peu de choses sur les dinosaures, et encore moins les paysans illettrés de la région. Il est donc absurde d'imaginer que ces personnes aient pu fabriquer de telles céramiques. Les autorités locales qui ont mené des enquêtes pour identifier d'éventuels faussaires n'ont d'ailleurs jamais pu en découvrir un seul.

En 1996, l'archéologue américain Neil Steede, par ailleurs membre éminent de la "Early Sites Research Society", examina les figurines conservées au musée d'Acámbaro. Précédé d'une réputation de scientifique impartial, son avis était très attendu. Steede réalisa une vidéo et un compte rendu détaillés, mais ni l'un ni l'autre ne fournissaient de réponse précise à la question de l'authenticité. Cependant, il évoque les implications et les controverses que peuvent susciter ces figurines. Selon lui, soit les fondements de notre histoire sont faux, soit tous les dinosaures n'ont pas disparu il y a 65 millions d'années, certains auraient survécu et coexisté avec les hommes qui les ont représentés pour la postérité...

Un autre archéologue, indépendant celui-là, John H. Tierney, qui a également étudié attentivement ces figurines pendant près de 40 ans, est d'avis qu'elles sont toutes authentiques. Il connaissait bien le découvreur du site, Waldemar Julsrud, et le tenait en haute estime. Il savait qu'il n'avait tiré aucun bénéfice financier de ses découvertes, bien au contraire, cette entreprise lui avait coûté de l'argent et causé de nombreux désagréments.

Charles Corradino Di Peso, un archéologue américain, fait également partie de ceux qui se sont exprimés sur le sujet.

En 1953, il s'est rendu au domicile de Waldemar Julsrud, où les figurines étaient stockées, et après un examen visuel rapide, il a conclu qu'il s'agissait d'une supercherie... Est-ce un avis éclairé ou préconçu ? En tous cas, cette brève visite, sans aucune analyse approfondie, fouille ou même simple visite du site de la découverte, laisse perplexe. Surtout que l'argument principal avancé par Di Peso était l'absence totale de figurines cassées parmi les découvertes de Julsrud, ce qui est un argument totalement fallacieux étant donné que de nombreuses poteries cassées ont été découvertes, elles n'étaient simplement pas exposées, mais entassées dans des caisses à l'écart.

Si des faux ont bien été réalisés ultérieurement par des locaux pour les touristes de passage, ils n'ont absolument rien à voir avec les figurines d'origine.

Au cours des années 60, l'écrivain américain Erle Stanley Gardner, accompagné de l'universitaire et écrivain Charles Hutchins Hapgood, se sont rendus à Acámbaro pour se forger leur propre opinion. En constatant que de nombreuses constructions avaient vu le jour au pied même de la colline où les fameuses figurines avaient été découvertes, Hapgood suggéra de creuser sous l'une des anciennes maisons. S'ils y trouvaient des poteries, cela prouverait qu'elles n'avaient pas été enterrées intentionnellement. Ainsi, ils obtinrent l'autorisation d'excaver le sol en terre battue d'une des maisons, et Hapgood découvrit 43 nouvelles figurines qui ressemblaient très exactement à celles initialement découvertes par Julsrud. Les deux hommes détenaient ainsi la preuve que les artefacts étaient bel et bien authentiques ! Ces nouvelles pièces rejoignirent celles du musée local, où elles sont toujours visibles.

Les partisans de l'authenticité avancent également un argument "technique", en soulignant que certaines figurines représentent des détails inconnus de la paléontologie au moment de leur découverte. En effet, certaines poteries montrent des dinosaures qui ressemblent à des sauropodes avec des excroissances en forme de piques sur le dos. Or, il a fallu attendre les années 90 pour que la réalité de ces épines dorsales chez les sauropodes soit démontrée. Comment les créateurs de ces figurines auraient-ils pu représenter cette particularité sans avoir pu observer ces animaux ?

Le créationniste Dennis Swift, fondateur et président de la "Creation Science Ministries of Oregon" et titulaire d'un doctorat en études archéologiques, souligne que les archéologues qui se sont intéressés au site d'Acámbaro ont d'abord reconnu le caractère antique et authentique des figurines, avant de se rétracter par la suite, craignant de compromettre leur carrière. Cet avis est assez généralement partagé par les partisans de l'authenticité des figurines. Il est évident qu'elles dérangent la communauté scientifique simplement parce qu'elles remettent en question leurs théories orthodoxes.

Des scientifiques, tels que le docteur Raymond C. Barber, minéralogiste, et le docteur Eduardo Noguera, directeur du service des Monuments préhispaniques à Mexico, ont assisté personnellement à la mise à jour de figurines sans constater de fraude. Cependant, tous deux ont conclu à un canular en raison de leur incapacité à expliquer les gravures représentant des hommes côtoyant des dinosaures !

Je vous laisse juger du caractère scientifique d'un tel raisonnement !

Quoi qu'il en soit, aujourd'hui, la communauté scientifique a définitivement classé les figurines d'Acámbaro au rang des canulars. Les moins extrémistes ne déclarant fausses que les figurines représentant des dinosaures… Leur credo reste toujours le même : les derniers dinosaures se sont éteints il y a 65 à 70 millions d'années, tandis qu'Homo sapiens sapiens est apparu il y a seulement 200 000 ans.

Hommes et dinosaures n'ont donc jamais pu cohabiter ! Fin du débat...

Les pierres d'Ica

Autant préciser les choses clairement dès le départ : les archéologues et la plupart des médias affiliés aux bonnes vieilles thèses dogmatiques ont classé les pierres d'Ica au rang de canular, n'omettant pas de préciser qu'il s'agit d'un fait avéré reconnu par son auteur...

Nous pourrions en rester là si le dossier était aussi simple, mais ce n'est pas le cas !

Ica est une ville du Pérou, située à environ 300 km au sud de Lima. C'est la capitale du département et de la province du même nom.

Vers la fin des années 1950, les fortes inondations qui ont eu lieu dans cette région ont entraîné des éboulements de pans de montagne, mettant à jour quelques orifices. Plus tard, des paysans locaux, pilleurs de tombes à leurs heures, vont s'y introduire et s'apercevoir qu'il s'agit en fait de l'entrée de grottes ensevelies depuis fort longtemps. Ils vont y découvrir progressivement une impressionnante quantité de galets couverts de gravures. C'est le début de l'affaire des pierres d'Ica.

Au début des années 60, ces paysans vendent quelques centaines de ces pierres à deux frères, Carlos et Pablo Soldi, qui vont ainsi se constituer une petite collection.

Curieux de connaître la nature et l'origine de ces étranges galets, ils demandent aux autorités scientifiques compétentes de les examiner, mais en vain... La seule vue des gravures suffit à dissuader les sommités officielles de pousser plus loin les investigations, et pour cause…

Au cours de l'année 1966, un nouvel intervenant va devenir le principal promoteur de cette affaire. Il s'agit d'un médecin péruvien et professeur de biologie, le docteur Javier Cabrera Darquea. Pour son 42ème anniversaire, il reçoit en cadeau l'une de ces fameuses pierres gravées, offerte par un ami qui connaît son intérêt pour l'archéologie précolombienne.

Cabrera est effectivement très intéressé, d'autant plus que cette pierre représente un poisson éteint depuis des millions d'années. Curieux, il se met à la recherche d'autres exemplaires et rencontre bientôt les frères Soldi, à qui il achète plus de 300 de ces curieuses pierres. C'est véritablement le début du dossier des pierres d'Ica.

Cabrera apprend que toutes ces pierres sont issues d'un site situé près d'Ica, où des pilleurs de tombes en ont trouvé un très grand nombre. Il finit par rencontrer deux de ces huaqueros, dont l'un est précisément le fournisseur des frères Soldi, un paysan nommé Basílio Uschuya.

À partir de ce jour, Cabrera va acquérir plusieurs milliers de pierres gravées. Ainsi, au début des années 80, sa collection compte plus de 11 000 pièces.

Ces galets sont en andésite, une roche volcanique abondante dans la région. La plupart sont noirs, mais il existe également d'autres teintes allant du gris au rose.

La grande majorité de ces pierres sont de gros galets, leur taille et leur poids varient de 20 g pour les plus petits à des rochers de 200 kilos pour les plus grosses, mais la moyenne tourne autour de 1 à 2 kg.

La particularité de ces pierres est qu'elles sont gravées, certaines de manière assez basique, tandis que d'autres le sont avec une grande finesse. Les gravures constituent une sorte d'encyclopédie lithique, traduisant les scènes variées d'une époque lointaine.

Mais que représentent donc ces fameuses gravures pour être aussi controversées ?

En fait, ces milliers de galets sont gravés de thèmes totalement improbables, tels que des hommes côtoyant des animaux préhistoriques, d'autres mis en scène avec des dinosaures. Parfois, ils sont chassés, parfois utilisés comme monture. On trouve également des hommes avec des longues-vues observant des astres ou des comètes, d'étranges personnages dans des machines volantes, des objets volants dans le ciel, des scènes d'opérations chirurgicales, ainsi que de très nombreux dinosaures tels que des brontosaures, des stégosaures, des tyrannosaures, des tricératops, des iguanodons, des ptérodactyles...

D'autres pierres représentent des animaux actuels, tels que des autruches, des kangourous, des chameaux, des pingouins, etc. Sauf que ces animaux ne vivent pas en Amérique du Sud...

On y voit aussi des paysages curieux, des cartes du ciel, des cartes de continents inconnus ou disparus...

Rien d'étonnant donc que dès leur découverte, les pierres d'Ica aient été considérées comme un vaste canular. Admettre qu'elles puissent être authentiques impliquerait une fois de plus, une sacrée remise en cause de notre vision de l'histoire.

Ces pierres prouveraient que non seulement des hommes, à une époque inconnue, ont côtoyé des dinosaures, mais qu'en plus, ils possédaient des connaissances scientifiques et une technologie très avancée.

Il est évident qu'une telle collection de pierres gravées aussi énigmatiques a fini par alerter la communauté officielle. La presse s'empare de l'affaire, des articles et des documentaires paraissent, provoquant polémiques et controverses sur l'origine de ces pierres, alors que d'autres crient au pillage archéologique.

La communauté scientifique va donc trancher par a priori. Comme il n'existe aucune explication plausible pour justifier ces gravures, la conclusion est sans appel : elles ne peuvent être que fausses ! Dès le départ, l'affaire des pierres d'Ica est considérée comme un canular, et la presse ne se prive pas de tourner en dérision les partisans d'une autre vérité.

En parallèle, et curieusement, les archéologues s'indignent du fait que le gouvernement péruvien ne prenne pas de mesures de protection contre les pilleurs de sites. En fait, la principale préoccupation de ces archéologues est de faire cesser cet afflux de pierres gravées, qui constitue autant de "pièces à conviction" susceptibles de mettre en doute leur crédibilité.

Face à ce tapage, les autorités péruviennes finissent par se saisir de l'affaire, et sous couvert de protection du patrimoine, elles mettent fin à ce commerce en arrêtant celui qui est considéré comme l'instigateur local. Il s'agit de Basílio Uschuya, le paysan pourvoyeur de Cabrera, lequel est directement incarcéré à Lima pour pillage archéologique.

Lors de son interrogatoire, il confirme avoir trouvé les pierres dans une grotte dont il refuse cependant de révéler l'emplacement. Les autorités lui annoncent qu'il risque une lourde peine s'il refuse de coopérer. S'il maintient sa version, il sera immédiatement condamné pour fouilles illégales sur un site archéologique et détournement d'objets.

Basílio Uschuya comprend vite qu'il n'a pas trop le choix et accepte sans difficulté le compromis proposé. Sous la dictée, semble-t-il, il revient sur ses déclarations et reconnaît avoir lui-même gravé les fameuses pierres.

Il n'est donc plus question de fouilles illégales ni de détournement, plus aucune charge ne pouvant désormais être retenue contre lui, Uschuya est libéré sur-le-champ.

Bien qu'il s'agisse d'un aveu de circonstance, l'affaire est entendue. Les autorités et les scientifiques sont satisfaits, le dossier est classé. Officiellement, les pierres d'Ica ne sont qu'un vaste canular, fin de l'histoire… Enfin pas tout à fait.

Cet épisode fait néanmoins oublier tous les articles de presse et toutes les enquêtes préalables qui avaient validé l'authenticité de ces pierres.

Pourtant, l'affaire d'Ica n'est pas complètement enterrée. Quelques irréductibles ont bien compris que la manœuvre un peu grossière des autorités n'a en rien résolu les nombreuses questions sur ce dossier.

En 1977, pour faire taire les rumeurs, des journalistes de la BBC décident de tourner un documentaire. Ils invitent le fameux paysan Uschuya et, après avoir rappelé ses aveux, l'incitent à fabriquer en une journée et sous l'œil de la caméra une fausse pierre gravée. Uschuya s'exécute à l'aide d'une fraise de dentiste et d'un simple couteau, puis place la pierre dans de la bouse de vache avant de la cuire. Enfin, il la fait vieillir en la passant au cirage pour donner l'illusion de la patine.

Bien évidemment, Uschuya a été rémunéré pour se livrer à ce pseudo-documentaire de circonstance.

Cette mise en scène très contestable ne prouve rien, on s'en doute, si ce n'est qu'elle conforte le fait qu'il existe bien des fausses pierres, ce que personne ne conteste.

Depuis quelques années en effet, la demande des touristes a incité les faussaires à se lancer sur ce nouveau marché. Cependant, l'aspect de ces pierres ne trompe personne. D'une part, les gravures ne sont pas comparables, il est facile de les reconnaître, souvent des traces du dessin préalable au crayon sont encore visibles, et les marques caractéristiques laissées par les outils modernes apparaissent clairement. D'autre part, les techniques employées pour les patiner ne permettent pas de recréer l'ancienneté de la patine observée au microscope sur les pierres originales.

Il est évident que le seul fait qu'il existe de fausses pierres ne peut pas servir de prétexte pour discréditer celles découvertes initialement.

De nos jours, de nombreuses boutiques touristiques de la région d'Ica continuent de vendre ces fausses pierres souvenirs. Elles sont fabriquées dans des ateliers artisanaux qui ne font que reproduire celles conservées dans la collection de Cabrera. Pour autant, les moins honnêtes de ces commerçants n'hésitent pas à affirmer qu'il s'agit d'authentiques pierres ramassées par les Huacqueros.

Dans ce dossier, le seul constat flagrant qui puisse être fait est le manque de rigueur scientifique dans l'examen des pièces originales et le manque d'objectivité évident des autorités officielles !

Malgré tout, un grand nombre de ceux qui se sont intéressés de près à cette affaire sont persuadés de l'authenticité des pierres gravées découvertes initialement, et cela inclut le docteur Cabrera.

Pendant des années, il a harcelé son fournisseur pour connaître l'origine des pierres qu'il lui fournissait. Il était bien évidemment persuadé que ce paysan inculte n'avait ni les compétences ni le temps de fabriquer autant de gravures en aussi peu de temps.

Finalement, le paysan a fini par accepté de lui révéler une partie de son secret. Il lui a expliqué qu'à la suite d'une crue importante de la rivière Ica, un pan de la montagne s'était effondré, dévoilant ainsi une grotte à l'intérieur de laquelle il avait fait ses découvertes. Néanmoins, il a refusé d'en communiquer l'emplacement, probablement par peur de perdre l'exclusivité de sa source et, par conséquent, ses revenus.

Un jour pourtant, le docteur a fini par le convaincre de l'emmener sur le site. À l'issue de sa visite, Cabrera a affirmé avoir vu de ses propres yeux de nombreuses pierres entassées à l'intérieur de la grotte. Pour prouver ses dires, il s'est déclaré prêt à révéler cet emplacement, mais uniquement à une équipe de scientifiques officiels, s'engageant à mener des recherches objectives. Malheureusement, selon lui, personne ne s'est jamais manifesté. Ces pierres étant réputées fausses, aucun scientifique n'a voulu prendre le risque d'authentifier leur site d'origine et de mettre en jeu son crédit et sa carrière.

Cabrera a émis quelques hypothèses concernant ces fameuses pierres. Les hommes qui apparaissent sur les gravures, qu'il a baptisés "hommes glyptolithiques", auraient disparu en même temps que les dinosaures, suite à un ou des événements cataclysmiques d'envergure planétaire. Les survivants ayant tout perdu, dont leur technologie, se sont retrouvés quasiment à l'âge de pierre. Avant que leurs connaissances ne disparaissent pour toujours, Ils auraient gravé les pierres retrouvées à Ica en témoignage de leur existence et de leur histoire.

Il existe une autre hypothèse selon laquelle les dinosaures n'ont pas tous disparu il y a 65 millions d'années, certains auraient survécu jusqu'à une époque beaucoup plus récente. Selon cette hypothèse, les pierres gravées confirmeraient que des hommes ont bien cohabité avec des dinosaures et autres animaux préhistoriques, mais il y a quelques milliers d'années seulement...

La datation des gravures pourrait permettre de clore la polémique, malheureusement aucune méthode de datation radiométrique ne permet de déterminer leur âge. Ces analyses permettent au mieux de déterminer l'ancienneté de la roche elle-même, mais pas l'époque à laquelle les gravures ont été réalisées.

Les méthodes de datation par stratigraphie, c'est-à-dire par l'étude de l'âge des couches géologiques où les pierres ont été trouvées, sont également impossibles à réaliser puisque les pierres ont été trouvées à la surface et non pas enterrées in-situ.

Il existe cependant des indices susceptibles d'apporter la preuve de l'ancienneté de ces pierres. Ils consistent à étudier la patine d'oxydation qui les recouvre et qui ne peut se former qu'après une très longue période. La nature et l'ancienneté de cette patine donnent une indication approximative sur l'âge des gravures.

Javier Cabrera rapporte avoir fait réaliser en 1967 une expertise sur quelques dizaines de ses pierres, dont celles montrant des dinosaures. L'étude, menée par un géologue du nom d'Eric Wolf, a confirmé que les pierres et les gravures étaient bien recouvertes d'une fine patine d'oxydation, preuve évidente de leur ancienneté.

Des études menées à l'Université de Bonn indiquent que l'andésite constituant les pierres d'Ica a été formée durant l'ère Mésozoïque, c'est-à-dire entre -230 et -65 millions d'années. Cependant, cette étude n'apporte aucune réponse sur la datation des gravures elles-mêmes.

En 1974, un journaliste allemand du nom d'Andreas Fischer a réalisé un reportage sur cette affaire et une interview sans artifice de Basílio Uschuya. Ce dernier a confirmé que les pierres gravées, initialement commercialisées, avaient bien été découvertes dans des grottes, et que s'il a effectivement déclaré en être l'auteur devant la justice, c'était uniquement pour échapper à une condamnation, ce dont personne n'avait douté.

Le Docteur Dennis Swift, titulaire d'un doctorat en études archéologiques et indiennes, a réalisé des recherches en Bolivie, au Pérou et dans le sud-ouest des États-Unis. Il est l'auteur de « Secrets of the Ica Stones et Nazca Lines ». À l'issue de ses recherches, il s'est dit fermement convaincu que des hommes vivaient au temps des dinosaures.

En 1976, le biologiste américain Ryan Drum a étudié quelques-unes des pierres au microscope et n'a décelé aucune trace d'intervention récente.

La même année, un ingénieur travaillant pour la NASA du nom de Joseph Blumrich a également procédé à des analyses et a confirmé que la patine d'oxydation recouvrait non seulement les pierres mais aussi les gravures.

Deux laboratoires allemands ont authentifié les gravures comme étant extrêmement anciennes.

Compte tenu du nombre impressionnant de pierres gravées et du laps de temps relativement court pendant lequel elles furent collectées, il aurait été totalement impossible de les "fabriquer". Le temps moyen nécessaire pour graver les plus petites pierres est d'une journée. Cela signifie que pour concevoir les 15 000 gravures de la collection Cabrera, à ce même rythme, il aurait fallu plus de 40 ans de travail à temps complet, en abandonnant ainsi la culture des terres !

Pourquoi se donner la peine de produire une telle quantité de galets et y consacrer autant de temps, pour en tirer un profit aussi ridicule ?

Si ces gravures avaient été de fabrication récente, pourquoi le(s) paysan(s) se seraient-ils compliqué la vie en choisissant un type de galet aussi dur ?

Comment Basílio Uschuya, ou tout autre paysan illettré de la région, aurait-il pu graver ces pierres avec une telle diversité de sujets et autant d'exactitude ?

Comment aurait-il procédé pour oxyder les gravures et leur donner un aspect patiné capable de tromper les laboratoires qui les ont étudiées ?

Comment expliquer que l'une de ces pierres représente un Titanosaure, alors même que ce type de dinosaure était inconnu à l'époque de la découverte de ces pierres ?

Sur la pierre gravée offerte au Dr Cabrera, figure une sorte de baleine préhistorique similaire à celle présente sur le géoglyphe de Nazca. Ce mammifère est représenté avec quatre pattes... Or, récemment, on a découvert le squelette fossile d'un tel cétacé quadrupède mesurant 4 mètres de long sur la côte pacifique au sud de Lima...

Comment expliquer la série de 12 pierres représentant en détail les différentes étapes d'une greffe cardiaque ? D'autres scènes montrent des trépanations crâniennes, des césariennes et d'autres actes chirurgicaux tout aussi improbables !

Aussi incroyables que ces scènes puissent paraître, elles existent bel et bien ! Je reconnais volontiers que tout ceci est extrêmement troublant...

Quelles conclusions peut-on en tirer ?

Toutes ces gravures révèlent des connaissances impossibles à expliquer au regard de ce que nous croyons savoir de notre passé. La connaissance d'animaux depuis longtemps disparus, dont certains nous sont connus depuis peu, des connaissances avancées en médecine, telles des scènes de greffes que nous ne sommes capables de réaliser que depuis très peu de temps.

Aucune réponse n'a été apportée à ces questions.

Encore une fois, comment pouvez-vous envisager qu'un pauvre paysan illettré ait pu monter un tel canular ? Personne ne peut sérieusement le croire.

Même si Basílio Uschuya n'avait pas agi seul, cela ne changerait rien à l'impossibilité d'une telle supercherie.

En janvier 2002, un archéologue du nom de J.J. Benitez a décidé de réaliser un documentaire sur les pistes de Nazca ainsi que sur les fameuses pierres d'Ica. Ce documentaire est toujours visible en plusieurs parties sur YouTube, sous le titre : "La Huella De Los Dioses - Planeta encantado". Un livre portant le même titre a été publié l'année suivante. Basilio Uschuya a accepté d'emmener Benitez et son équipe de tournage sur le site où une grande partie des pierres avait été découverte trois décennies plus tôt. En quelques heures de fouilles, l'équipe a pu mettre au jour quatre nouvelles pierres gravées, identiques à celles du musée Cabrera...

Difficile de présenter de meilleures preuves ! Mais les archéologues et les médias ont soigneusement évité de reprendre l'information...

L'existence de ces galets suggère de nombreuses théories, notamment celle d'une ancienne civilisation très développée.

C'est d'ailleurs la théorie exposée par Javier Cabrera dans son livre intitulé "The Message of the Engraved Stones of Ica" (Le Message des pierres gravées d'Ica).

En 1996, Cabrera a pris sa retraite alors qu'il était à la tête du département de médecine de l'Université de Lima. Il a consacré le reste de sa vie à l'étude exclusive des pierres de sa collection. Il est décédé en 2001, et ses pierres sont tombées dans un quasi-oubli. Sa collection est toujours visible et exposée dans son musée à Ica, aujourd'hui géré par sa fille Maria Eugenia.

Le Docteur Javier Cabrera a attendu une grande partie de sa vie que la communauté scientifique veuille bien prendre la peine d'étudier sa découverte. Malheureusement, ses attentes ont été déçues car la communauté en question s'est contentée de dénigrer sa collection sans même l'avoir vue.

Il est vrai que la perspective d'être confronté à de telles gravures n'enthousiasme aucun scientifique, sachant d'avance qu'une reconnaissance officielle est impossible, car elle entrainerait de facto la remise en cause de toute l'histoire de l'humanité.

Quelles conclusions pouvons-nous tirer de cette affaire ? Les faits restent les faits, et en dehors des pierres gravées modernes fabriquées pour les touristes, l'énorme collection d'origine du Docteur Cabrera reste une énigme, voire un témoignage édifiant sur le passé d'une humanité inconnue.

Peut-être que ceux qui ont gravé ces pierres font partie d'une civilisation disparue dont parlent de nombreux récits et légendes... Peut-être ont-elles été anéanties lors d'une catastrophe planétaire.

Il est possible que les survivants, repartant de zéro, ont voulu laisser à la postérité un témoignage de leur existence et de leurs connaissances en gravant ces galets, Sans doute ferions-nous la même chose si une telle mésaventure arrivait à notre civilistion…

Les artéfacts de la grotte de Los Tayos

La Cueva de los Tayos est un vaste réseau souterrain situé en Équateur, dans la province de Morona-Santiago, sur le versant oriental de la cordillère des Andes. L'entrée principale de la grotte se trouve au sein d'une forêt tropicale, au fond d'une vallée, à 2 km au sud de la rivière Santiago et à 800 mètres à l'est de la rivière Coangos. Mais il existerait plusieurs autres entrées donnant accès à des galeries annexes.

Pour atteindre la grotte, c'est un long voyage de 3 jours depuis Quito. Une fois sur place, il faut descendre 87 mètres en rappel jusqu'au premier niveau, puis encore de 25 mètres pour accéder à l'entrée principale. Il est également important de choisir la bonne saison, car les fortes précipitations fréquentes dans ce secteur inondent régulièrement une partie des tunnels, rendant impossible toute exploration.

Une fois l'entrée atteinte, la grotte se révèle être un véritable dédale qui s'enfonce profondément sous terre sur plus de 5 km, et dont les galeries n'ont été que très partiellement explorées à ce jour.

On sait que ces grottes ont été utilisées depuis des millénaires. Les plus anciennes traces d'habitat remontent à la période du Paléolithique supérieur (soit environ de -45 000 à -12 000 avant notre ère). Pour les Indiens locaux Shuars, elles revêtent un aspect sacré, et ils leur vouent un grand respect.

Il semble que la Cueva soit connue des explorateurs depuis les années 1915, mais c'est à partir des années 1965-1970 que va débuter l'histoire polémique autour de ces grottes. Un certain Juan Moricz (1923-1991), explorateur d'origine hongroise, arrivé en Équateur au cours de l'année 1964, décide de se lancer dans l'exploration du bassin amazonien. Au cours de ses pérégrinations, il entre en contact avec le peuple Shuars et finit même par acquérir leur confiance, ce qui lui permet d'explorer leur territoire.

Guidé par les Indiens, ou tout à fait par hasard, nul ne le sait, Moricz accède un jour à une entrée de la grotte de Los Tayos. Il parcourt alors une partie de l'immense réseau souterrain et tombe, selon ses dires, sur une immense salle dont les murs sont gravés de signes hiéroglyphiques inconnus et de représentations animales. Cette salle renfermait un véritable trésor, dont des objets en or logés dans de petites alcôves taillées dans la roche, mais surtout une très grande quantité de plaques métalliques gravées, empilées comme les pages d'un livre...

C'est à peu près à cette époque qu'entre en scène le deuxième personnage clé de ce dossier. Le personnage en question est un missionnaire d'origine italienne, le père Carlos Crespi (1891-1982). Bien qu'il résidât à Cuenca, le prêtre s'aventurait régulièrement dans la forêt équatorienne à la rencontre de la population indienne Shuar, qu'il assistait et à qui il rendait quelques services. Les Shuars avaient fini par le prendre en amitié, et en remerciement de ses efforts, ils lui avaient offert de nombreux présents, et en particulier des plaques gravées identiques à celles découvertes par Moricz. Les Indiens lui expliquèrent que ces objets provenaient d'une grotte connue de leur peuple depuis toujours.

Avec le temps, Crespi avait fini par accumuler un très grand nombre de ces pièces, qu'il exposait dans un petit musée personnel.

Un auteur inconnu relate sa visite au musée du père Crespi et déclare : "J'ai pu admirer des tas de feuilles de métal qui étaient empilées dans un coin. Le père Crespi m'a expliqué que les Indiens les avaient arrachées des murs intérieurs de grottes oubliées dans la jungle. Ces feuilles de métal étaient faites de trois métaux différents : de l'or, de l'argent et un métal inconnu qui ressemblait à de l'aluminium. L'entière surface de ces feuilles était décorée avec des dessins complexes. Certaines montraient des cérémonies, d'autres des scènes de vie."

Nul ne sait non plus quand et comment Juan Moricz rencontra le père Crespi, mais a priori un lien de confiance s'établit entre les deux hommes, puisque Moricz lui confia les artefacts qu'il avait lui-même extraits de la grotte de Los Tayos, en attendant de savoir quelle suite les autorités gouvernementales équatoriennes allaient donner à la découverte de ce trésor. La collection du musée Crespi s'enrichit donc d'une grande quantité d'objets, des plaques, mais aussi des pierres gravées, certaines représentant des animaux exotiques tels que des éléphants, des dinosaures... Il y avait aussi des objets curieusement semblables à ceux d'autres cultures, tels que des personnages à tête d'oiseau, des taureaux ailés, des pyramides...

Les plaques quant à elles étaient couvertes de signes inconnus, d'animaux, de pyramides, de serpents, mais aussi d'étoiles, de comètes, de traînées dans le ciel... La collection Crespi comptait semble-t-il des centaines de ces curieuses plaques.

Qui avait bien pu entasser un tel trésor dans cette grotte ? Quelle pouvait être l'origine de ces objets... ? Ceux qui les avaient fabriqués devaient forcément posséder une technologie et des connaissances avancées.

Que penser de cette forme d'écriture inconnue couvrant des plaques entières ? Il aurait été intéressant de connaître la teneur des messages inscrits depuis des temps sans doute extrêmement anciens.

Selon Juan Moricz, tous les objets semblaient avoir sciemment été entassés méticuleusement dans ces salles. On peut donc imaginer qu'ils l'avaient été afin de transmettre aux populations futures le témoignage d'un lointain passé.

Revenons à la suite de l'histoire : À l'issue de sa découverte, Juan Moricz se rend à Guayaquil pour prévenir les autorités, mais aussi pour faire officialiser sa découverte et s'attribuer tous les droits. C'est ainsi que le 24 juin 1969, il fait établir un acte notarié dans lequel il se déclare être le seul découvreur de Los Tayos et de tout ce que le complexe souterrain renferme. Il fait préciser que, conformément à l'article 665 du Code civil, il est légalement propriétaire de tous les objets découverts. Il convient toutefois que si les trésors découverts sont bien sa propriété personnelle, ils restent néanmoins sous le contrôle de l'État. Par ailleurs, il se déclare prêt à se soumettre à une commission d'enquête qui pourrait vérifier ses déclarations et juger de la valeur de ses découvertes, et il s'engage également à révéler la position précise des galeries souterraines explorées par ses soins...

Il semblerait qu'aucune suite n'ait été donnée à sa proposition. Cependant, les autorités lui facilitent la mise sur pied d'une nouvelle expédition qui aura lieu en juillet 1969, soit quatre ans après la première. Juan Moricz repart donc, mais cette fois-ci accompagné par un groupe d'explorateurs équatoriens, un journaliste, un photographe et quelques assistants. On ne sait pas grand-chose des éventuelles découvertes réalisées par cette expédition, mais a priori son retentissement suffit à attirer l'attention de la communauté internationale.

C'est ainsi que se manifesta l'écrivain suisse Erich von Däniken, auteur de livres à succès et promoteur de la théorie des anciens astronautes. Von Däniken se rendit en Équateur, plus précisément à Guayaquil, où il commença à compiler des photos, tant de la grotte que des objets trouvés et des fameux documents notariés, afin d'illustrer le livre qu'il projetait d'écrire, "El oro de los dioses" (l'or des dieux), qui rencontra plus tard un immense succès. Von Däniken déclara avoir rencontré Moricz, qui l'emmena jusqu'à une entrée secondaire de la grotte de Los Tayos, celle qui permettait d'accéder à la fameuse salle au trésor, qu'il ne fut pourtant pas autorisé à visiter. Cependant, par la suite, Moricz nia cet épisode...

En 1976, le gouvernement britannique décida de créer une expédition scientifique d'envergure, dirigée par un ingénieur écossais, Stanley Arthur Hall (1936-2008). L'équipe disposait d'un budget conséquent et réunissait 102 personnes au total, dont 62 Britanniques, 40 Équatoriens et une personnalité de marque, puisqu'il s'agissait de l'ancien astronaute Neil Armstrong. Juan Moricz avait été personnellement invité à participer à cette expédition, mais les conditions qu'il exigeait pour en faire partie, notamment d'en être l'unique chef de file, ne lui furent pas accordées.

L'armée équatorienne offrit son assistance et mit même à disposition une piste d'atterrissage proche du site, créée spécialement pour l'occasion. Plusieurs dizaines de rotations aériennes permirent ainsi l'acheminement de l'équipement, du matériel et des hommes.

Préalablement à l'expédition, Juan Moricz avait déclaré qu'il était fort possible que l'équipe découvre des choses intéressantes, mais qu'il était peu probable qu'elle découvre la fameuse salle bibliothèque où étaient stockées les plaques métalliques si convoitées.

A priori, la ou les salles mentionnées par Moricz ne furent effectivement pas découvertes. On sait cependant que des caisses dont le contenu ne fut pas dévoilé furent extraites des galeries souterraines. Les Indiens Shuars, n'en ayant d'ailleurs pas été informés, en prirent ombrage et un conflit éclata entre les parties.

À l'issue de cette expédition, nombreux sont ceux qui ont rejeté la véracité des supposés vestiges stockés dans la Cueva de los Tayos. On pourrait en être convaincu s'il n'existait pas un film et de nombreuses photos des objets si décriés.

Et la collection du père Crespi, me direz-vous ? Malheureusement, plusieurs vols, puis un mystérieux incendie en 1962, eurent raison de cette collection, ce qui fait qu'aujourd'hui, pour crédibiliser cette histoire, il ne reste que le film et des photos sur lesquels apparaissent le missionnaire et une partie de son trésor.

Quelques objets ont bien été récupérés et sont visibles au Pumapungo Museo à Cuenca, mais ils sont de moindre intérêt. Le père Crespi est décédé en 1982 sans laisser aucun autre élément. On peut se demander si les vols et l'incendie furent l'œuvre de véritables malfaiteurs ou s'ils avaient été commandités afin de faire disparaître les artefacts gênants...

Contrairement aux spéléologues de l'expédition anglaise, qui avaient déclaré que les grottes de Los Tayos étaient d'origine naturelle, Juan Moricz était de son côté persuadé que les galeries qu'il avait empruntées et la salle au trésor étaient d'origine artificielle. Et d'ajouter : "Il n'y a rien dans la nature qui puisse ressembler à cette partie de la grotte, dont le plafond est complètement plat avec un angle de 90 degrés par rapport au mur..." Moricz décrit d'immenses tunnels paraissant taillés au laser et étayés par des linteaux parfaitement rectilignes.

Un architecte et historien équatorien, Melvin Hoyos, qui a occupé pendant 28 ans le poste de directeur de la culture de la municipalité de Guayaquil, a fait une déclaration au sujet de Los Tayos. Selon lui, l'entrée principale est impressionnante et s'aborde par un puits de 65 mètres de profondeur qui conduit à diverses galeries s'étendant sur environ 5 km et descendant jusqu'à 240 mètres de profondeur. Il précise que l'entrée principale n'est pas celle qui donne accès à la salle du trésor, qu'il en existe plusieurs autres et que certaines parties du réseau souterrain sont cloisonnées. Il indique également qu'une entrée se situerait près ou sous le niveau du fleuve Pastaza, ce qui pourrait être celle par laquelle le jeune Mario Petronillo Jaramillo est entré en 1946, à l'âge de 16 ans. Ce jeune homme serait en fait le premier homme connu à avoir aperçu et identifié une partie du fabuleux trésor. Pour des raisons inconnues, Jaramillo avait des relations avec les Indiens Shuars, qui lui auraient permis de visiter la grotte. Il aurait ainsi lui aussi vu une sorte de bibliothèque contenant des milliers de plaques métalliques, couvertes de dessins, de figures géométriques et d'inscriptions, le tout stocké en compagnie de centaines de statuettes représentant des animaux, des insectes, des hommes...

On ne sait pas comment Juan Moricz a eu connaissance de cette histoire. Peut-être a-t-il rencontré Jaramillo, et c'est sans doute la raison pour laquelle il a décidé de lancer son expédition en 1969.

En 1996, Stan Hall rencontre à son tour Jaramillo, assuré de pouvoir enfin accéder par la bonne entrée. Hall projette une nouvelle expédition pour 1998. Malheureusement, Mario Jaramillo meurt assassiné peu de temps avant le départ. Hall décide néanmoins de partir avec le fils de l'Équatorien, mais si ce dernier connaît bien l'histoire rapportée par son père, il n'a jamais vu la fameuse entrée, et l'équipe revient bredouille de son expédition. Stan Hall repart en 2000 puis en 2005, sans plus de succès. Il est mort sans avoir pu réaliser son rêve.

Si Moricz a consacré une partie de sa vie à cette recherche, si les Anglais ont monté une expédition aussi coûteuse, si les autorités équatoriennes ont prêté leur assistance, c'est que tous étaient bien convaincus de l'authenticité et de la véracité des faits.

Nul ne peut imaginer que Moricz ou le père Crespi aient fabriqué toutes ces pièces. Ni l'un ni l'autre n'avait les moyens et les compétences nécessaires, et dans quel but l'auraient-ils fait ? Aucun n'en a tiré profit.

Alors, que faut-il penser de cette histoire et de tous ces objets ? Où sont réellement passés les artefacts volés de la collection Crespi ?

De nombreuses photographies et un film sont aujourd'hui les seuls éléments factuels témoins de cette histoire.

On peut déplorer que les archéologues ne s'y soient jamais intéressés, mais pour eux le dossier n'est qu'un canular...

Les mystérieuses pierres d'Ojuelos

Ojuelos de Jalisco est une petite ville perchée à 2 200 mètres d'altitude, au cœur de l'Altiplano, dans la région Altos Norte de l'État de Jalisco, au Mexique.

En 1999, l'étrange découverte d'un médecin, Pablo Enrique Garcia Sanchez, va être l'élément déclencheur d'une affaire qui va faire couler beaucoup d'encre.

Alors qu'il était parti seul en camping, dans un secteur éloigné et semi-désertique d'Ojuelos de Jalisco, appelé El Toro, tout près du confluent des États de Jalisco, Zacatecas et Aguascalientes, le docteur García va découvrir par hasard une curieuse pierre gravée.

Les gravures semblent très anciennes, sans qu'il puisse leur attribuer une origine précise.

Une fois de retour à Ojuelos, Pablo Garcia va montrer sa fameuse pierre à quelques personnes averties. Certaines lui expliquent que les agriculteurs et les éleveurs de la région connaissent bien ces pierres depuis des décennies et qu'ils les ramassent à l'occasion de leurs trouvailles pour les vendre aux touristes et autres amateurs de passage. Certains lui indiquent même que plusieurs centaines de pierres sculptées auraient été trouvées dans une grotte, tout près de l'endroit où il avait campé.

Quelques personnes avaient d'ailleurs conservé des pierres gravées qu'elles lui montrèrent. Intrigué par sa découverte et les nombreuses autres faites dans le même secteur depuis des lustres, Garcia décida donc d'approfondir cette énigme. Il rassembla quelques personnes intéressées pour fouiller plus amplement le secteur concerné, où ils collectèrent effectivement plus de 400 pièces, toutes différentes.

Une telle découverte aurait pu et aurait dû susciter un intérêt archéologique évident, si ce n'est que les gravures figurant sur les pierres provoquèrent au contraire une réaction de rejet immédiat de la part des archéologues... Raison pour laquelle les artefacts allaient même devenir les plus controversés du Mexique.

Il est vrai que les gravures dérangent, tant elles représentent des sujets totalement incongrus. La profusion de styles différents n'était déjà pas de nature à rassurer les enquêteurs. Quant au contenu, au premier coup d'œil, il semble effectivement relever du canular... On y voit des objets volants ressemblant aux ovnis actuels, des personnages habillés de combinaisons spatiales, d'autres avec des yeux allongés ou des bouches minuscules, des scènes se déroulant dans l'espace, des cartes stellaires, mais aussi des animaux imaginaires et des glyphes inconnus.

Il n'en fallait pas plus pour que ces artefacts soient immédiatement classés comme des contrefaçons par les archéologues, d'autant plus qu'ils étaient régulièrement vendus aux touristes depuis de nombreuses années avant que le docteur Garcia ne s'y intéresse.

Qu'importe que le groupe constitué par le médecin ait trouvé in situ plus de 400 de ces pièces. Le discrédit officiel avait définitivement scellé le sort de ces artefacts.

Pour autant, Pablo Garcia refuse de baisser les bras et, en 2015, il publie un livre intitulé "Aztlán y los Aztecas - Una historia más completa de la humanidad" (Aztlán et les Aztèques - une histoire plus complète de l'humanité), dans lequel il fait le point sur ses propres études et celles menées par son équipe. Ce livre a été suivi de nombreuses conférences et même d'une émission diffusée via Internet intitulée "Aztlán, Paraíso Perdido" (Aztlán, paradis perdu).

Mais rien n'y a fait, et Garcia et son équipe ont été abondamment critiqués, ne serait-ce que du fait qu'aucun archéologue ne figurait parmi eux et que leurs méthodes d'investigation n'étaient pas très professionnelles. Aucune méthode de datation n'étant en mesure de dater les gravures elles-mêmes, il ne fallait rien attendre de ce côté-là pour établir une quelconque vérité. Les quelques tests réalisés en laboratoire ont donné des dates allant de -8 200 à -8 700 ans, mais elles ne peuvent être considérées que comme des estimations.

Par ailleurs, aucun archéologue n'a voulu examiner les artefacts, partant du principe qu'il ne pouvait s'agir que d'un canular. Difficile pourtant d'imaginer que les paysans du coin se soient adonnés à la gravure à grande échelle, sachant que le nombre total des pierres trouvées est estimé entre 30 000 et 35 000 pièces ! Il aurait fallu ensuite qu'ils les enterrent plus ou moins profondément sur un vaste secteur, sinon comment expliquer la récolte in situ de l'équipe du docteur Garcia...

Le docteur Garcia a créé une association qui a collecté un grand nombre de ces pierres. Elles ont été exposées dans un petit musée pendant quelques décennies.

Il existe peu d'articles sur le sujet, et pratiquement aucun en français, à part de mauvaises traductions d'articles en langue espagnole. Les plus curieux pourront cependant découvrir une abondante collection de photos sur Internet, même si celles-ci ne permettent pas de se faire une idée objective de ce dossier.

Les pierres d'Ojuelos conservent donc leur mystère, et sans doute le conserveront-elles encore longtemps...

L'Institut national d'anthropologie et d'histoire du Mexique ne leur a d'ailleurs jamais reconnu une quelconque valeur archéologique...

Glozel, un site français méconnu

Lorsque démarre cette histoire en 1924, son principal acteur, Emile Fradin, est un jeune paysan de 17 ans. Il habite le hameau de Glozel dans la montagne bourbonnaise, un peu à l'écart du petit village de Ferrière-sur-Sichon, dans le département de l'Allier.

Début mars 1924, Émile et son grand-père labourent une parcelle récemment débroussaillée. Le jeune homme guide la charrue, tirée par deux vaches, lorsque soudain, les pattes de l'une d'elles s'enfoncent dans le sol. Les deux hommes libèrent l'animal et mettent à jour du même coup une excavation de laquelle ils dégagent quelques fragments de poterie et de briques. Le travail reprend, sans plus attendre, les hommes pensant être tombés sur l'emplacement d'une ancienne maison effondrée depuis longtemps.

Au cours du repas de midi, l'épisode alimente les conversations. Le grand-père se souvient que le père Guillonnet, ancien exploitant du fameux « champ Duranthon », avait un jour creusé un trou pour enterrer un animal mort et avait découvert un vase. Les Fradin se disent qu'il serait peut-être intéressant de fouiller un peu plus, pour voir... Après le repas, c'est donc armés de pelles et de pioches qu'ils retournent sur le site. Ils dégagent rapidement une fosse d'à peu près 3 mètres carrés, qui devait être une ancienne tombe, puisqu'ils y trouvent des ossements et un crâne, mais également 2 vases en parfait état.

Imaginant sans doute que les vases pouvaient contenir un trésor monétaire, ils les brisent aussitôt, pour découvrir qu'ils ne contenaient rien d'autre que de la terre.

Les hommes rêvant d'un trésor enterré quelque part, continuent de creuser aux abords du premier trou. Ils mettent à jour d'autres vases et une première brique recouverte de signes bizarres. Les vases sont tous brisés pour identifier leur contenu. Par bonheur, le jeune Emile récupère la brique pour la nettoyer. Les fouilles vont durer plusieurs jours sans qu'aucun trésor, autre que de nombreuses poteries et quelques briques, ne soit découvert.

Emile a néanmoins collecté les modestes objets qu'il a ramenés à la maison familiale. Le bruit de la découverte se répand petit à petit jusqu'à Vichy, distant d'une vingtaine de kilomètres, et ainsi va démarrer l'affaire qui va déclencher de vives polémiques dans le monde de l'archéologie et de la préhistoire.

Le premier notable à s'intéresser au site de Glozel sera un médecin vichyssois, le docteur Antonin Morlet. C'est un généraliste très connu à Vichy, quadragénaire très actif, il s'intéresse depuis longtemps à la préhistoire et a déjà participé à des fouilles. On lui attribue d'ailleurs quelques publications sur le sujet et en particulier sur l'époque gallo-romaine.

Le docteur Morlet se lie rapidement d'amitié avec la famille Fradin. Il leur demande de lui louer le champ afin de pouvoir diriger lui-même des fouilles un peu plus méthodiques. Le contrat prévoit qu'il sera seul à décider de ce qu'il sera opportun de faire sur le site, en contrepartie, tous les objets des fouilles resteront la propriété des Fradin.

Les fouilles officielles démarrent au mois de mai 1925. Chaque après-midi, Antonin Morlet se rend sur le site pour donner ses consignes à quelques ouvriers chargés de sonder çà et là le terrain pour localiser les emplacements à fouiller. À chaque fois qu'une fosse recèle des objets, le docteur Morlet se charge lui-même du travail de finition et les dégage méticuleusement. Toutes les trouvailles sont immédiatement nettoyées et répertoriées.

Petit à petit, Emile Fradin constitue un modeste musée avec les objets découverts au cours des deux premières années. En août 1926, le premier visiteur de marque sera le roi de Roumanie, Ferdinand 1er.

À cette époque, un personnage très en vue dans le milieu de la préhistoire, Denis Peyroni, par ailleurs conservateur du musée des Eyzies, prend ombrage de Glozel, qui commence à faire sérieusement concurrence à son propre musée. Peyroni se révèle dès le départ un farouche « anti-glozélien » et va même jusqu'à intenter un procès en justice contre Emile Fradin pour escroquerie.

Au mois de septembre 1925, le site de Glozel fait l'objet d'une première publication conjointe du docteur Morlet et du découvreur Emile Fradin. Il s'agit du premier numéro d'un modeste fascicule intitulé « Nouvelle station néolithique » traitant des découvertes faites sur le site de Glozel. C'est à ce moment que démarre la polémique sur Glozel !

Antonin Morlet n'est pas un professionnel de l'archéologie et Emile Fradin, modeste paysan, encore moins. Les potentats en matière d'archéologie et de préhistoire n'ont aucunement l'intention de se faire voler la primeur d'une quelconque découverte d'importance. Ils s'emploient donc avec ardeur à minimiser et même à rejeter la valeur de ce nouveau site, et ce d'autant plus que la nature des objets découverts à Glozel révolutionne complètement le schéma officiel de la préhistoire.

L'inventaire de Glozel est constitué de poteries, de pointes de flèche, de haches en pierre taillée, d'os ouvragés, d'anneaux, de statuettes bisexuées, mais aussi de briquettes et de galets couverts de signes ou sculptés de divers animaux exotiques !

Parmi les représentations d'animaux figurent des rennes, disparus de ces latitudes depuis environ 10 000 ans, ce qui attesterait de l'ancienneté du site.

Mais les tablettes d'argile restent les objets les plus dérangeants, puisqu'elles sont recouvertes d'une sorte d'écriture totalement inconnue.

Un archéologue de l'époque, Emile Espérandieu, prend le risque d'écrire : « Est-il vraiment obligatoire que l'écriture soit d'origine phénicienne ? Pourquoi ne pas admettre que des hommes assez développés intellectuellement, assez artistes pour tracer les gravures magdaléniennes et glozéliennes aient pu en avoir l'idée ».

L'abbé Henri Breuil, surnommé à l'époque le Pape de la préhistoire, se déclare lui aussi convaincu de l'authenticité du site. Cependant, le docteur Morlet, refusant de l'associer à ce nouveau site, Breuil finit par renier son propre avis sur Glozel.

En septembre 1927, le congrès de l'Institut international d'anthropologie souhaite étudier le site de Glozel et crée une commission internationale spécifique. Au cours des fouilles, les membres de la commission découvrent plusieurs objets, dont une tête de renne gravée sur un galet, ainsi qu'un poinçon en bois de renne et une tablette couverte de caractères.

Un soir, à l'issue de la journée de fouilles, le docteur Morlet surprend une archéologue anglaise, Dorothy Garrod, membre de la commission, en train de maquiller le chantier pour laisser croire en l'intervention d'un faussaire. Elle ne peut d'ailleurs nier sa tentative de fraude. Cet épisode reflète de façon flagrante l'état d'esprit des membres de la commission.

Pas étonnant donc que leurs intentions préconçues se traduisent quelques temps plus tard par un rapport négatif sur Glozel, sans même faire état ni tenir compte de leurs propres découvertes sur le site.

Un Maître de conférences à l'Université de Louvain, Joseph Tricot-Royer, qui a assisté aux travaux de la commission, est lui convaincu de l'authenticité du site.

Fin 1927, à l'issue d'un colloque, la communauté scientifique déclare que les objets découverts à Glozel sont des faux. Dans la foulée, la société préhistorique française dépose plainte à l'encontre du jeune Emile Fradin.

Le jeune homme sera plusieurs fois interrogé et une perquisition sera organisée dans la ferme familiale, sans que jamais ne soit découvert le moindre élément permettant de remettre en cause l'authenticité des découvertes.

En avril 1928, Joseph Tricot-Royer revient à Glozel comme membre d'un nouveau comité d'études composé d'un groupe de douze scientifiques. Parmi eux, le président de l'Association de préhistoire et de paléontologie humaine de Lyon, Fabien Arcellin, un membre de l'Académie Royale Belge de médecine, le docteur Adrien Bayet, le doyen de la faculté des sciences de Lyon Charles Deperet, l'épigraphiste et papyrologue anglais F.G.W. Foat, un professeur au Collège de France, Joseph Loth, le conservateur des musées nationaux Salomon Reinach, le professeur de géologie à la faculté des sciences de Lyon Frédéric Roman...

Ils procèdent de nouveau à une série de fouilles en aveugle qui révèlent les mêmes types d'objets que précédemment. Les scientifiques ont cette fois-ci la déontologie de reconnaître les faits et se déclarent convaincus de l'authenticité du site de Glozel, tout en les datant du début du néolithique.

Tricot-Royer réalise par ailleurs un inventaire des fouilles, savoir : « Une quinzaine de briques avec empreintes de main, une véritable bibliothèque néolithique de plus de cent tablettes à caractère alphabétiforme, des objets en pierre éclatée, d'autres en pierres polies, une céramique curieuse, tant par sa variété que par sa nature, et dont le type le plus intéressant porte un masque muet et des signes d'écriture, des symboles sexuels avec ou sans masque muet, des galets gravés de signes avec des représentations animales, dont certaines témoignent d'un art consommé, défiant toute imitation, des objets en verre, enfin, la série des objets en os ou en bois de cervidé, que l'on rencontre dans tous les musées de préhistoire ».

Adrien Bayet, membre de l'Académie de médecine de Belgique et professeur à l'Université de Bruxelles, a lui aussi été un ardent défenseur de Glozel. Il a donné de nombreuses conférences et a publié plusieurs articles, dont en 1929 : « Découvertes scientifiques nouvelles fournissant la preuve irréfutable de l'ancienneté du gisement de Glozel et de l'authenticité de l'écriture glozélienne ».

C'est également en 1929 que la plainte déposée à l'encontre d'Emile Fradin est jugée devant la Cour d'Appel de Riom, dans le Puy-de-Dôme. À l'issue des débats, un non-lieu définitif est prononcé en faveur d'Emile Fradin, qui est définitivement blanchi de tout soupçon de fraude.

Dans ce dossier, le bon sens aurait dû prévaloir dès le départ. Car en dehors de la communauté scientifique, il ne serait venu à l'idée de personne de soupçonner les Fradin. Le jeune Emile et sa famille, de petits agriculteurs de montagne sans instruction particulière, étaient bien incapables de mettre sur pied un canular de cette ampleur. Ils ne disposaient pas de la moindre connaissance leur ayant permis d'imaginer, et encore moins de concevoir, un seul des objets trouvés. Alors fabriquer un gisement archéologique d'une telle richesse et d'une telle diversité leur aurait été bien évidemment totalement impossible !

Certes, la preuve de l'ancienneté des artefacts n'avait pas encore été apportée. Mais on pouvait néanmoins l'imaginer sans peine par l'état de fossilisation évident des objets et par la patine inimitable du temps qui les recouvrait. De nombreuses poteries avaient d'ailleurs été transpercées par les racines de la végétation, ce qu'aucun faussaire, aussi habile soit-il, n'est capable de réaliser.

Ce n'est qu'après la guerre 39-45 que des méthodes de datation nouvelles vont enfin permettre de confirmer l'ancienneté de Glozel. La technique de la thermoluminescence permet de situer l'époque à laquelle les céramiques ont été passées au feu et donne des dates se situant aux alentours de -300 à -700 avant notre ère.

Un mystère non résolu concerne la datation obtenue pour les poteries. En utilisant le même procédé, certaines sont datées de -700 ans avant notre ère, tandis que d'autres remonteraient entre -2 500 à -2 000 ans avant notre ère... Les os gravés seraient encore plus vieux et dateraient de plus de 15 000 ans ! Les gravures ont pu être faites postérieurement, mais à quelques dizaines ou centaines d'années près, leur ancienneté reste importante, ce qui expliquerait du même coup les représentations de rennes, puisqu'à cette lointaine époque, ils occupaient encore ces latitudes.

Pourtant, aux yeux des archéologues, le site de Glozel n'existe pas. Les découvertes qui y ont été faites sont si embarrassantes pour les thèses officielles qu'elles demeurent totalement ignorées. Cette attitude est malheureusement un standard de la profession, qui est incapable d'imaginer d'autres hypothèses que celles, souvent éculées mais officielles et immuables, auxquelles ils s'accrochent coûte que coûte.

Reconnaître les découvertes de Glozel obligerait les gardiens du dogme à revoir les chronologies officielles, à reculer l'invention de l'écriture de plusieurs millénaires et à attribuer la primeur à un peuple inconnu du centre de la France.

Dans ce dossier, l'honnêteté et la vérité sont deux vertus à mettre au crédit des Fradin, et certainement pas à celui du monde scientifique, qui préfère la désinformation.

Pour l'instant, les artefacts trouvés dans le champ Duranthon, rebaptisé « Champ des Morts », plus de 3 000 au total, n'existent pas officiellement...

Cette histoire est facile à vérifier pour les lecteurs curieux ou incrédules. Le petit musée existe toujours dans l'ancienne ferme familiale des Fradin au hameau de Glozel. De plus, de nombreuses publications parfaitement documentées et détaillées existent sur le sujet.

C'est aussi une histoire simple à comprendre, qui reflète parfaitement l'attitudc du monde scientifique face à tout ce qui dérange les dogmes.

Emile Fradin est décédé à l'âge respectable de 103 ans, sans avoir eu le bonheur de voir son site reconnu.

Le disque de Nebra

Il s'agit d'un disque de bronze d'environ 32 centimètres de diamètre, pour un poids d'un peu plus de 2 kilos. Il a été découvert au mois de juillet 1999 lors de fouilles illégales près de Nebra-sur-Unstrut, une ville d'Allemagne située dans le Land de Saxe-Anhalt près de Naumburg, sur les bords de la rivière Unstrut.

Sur la surface de ce disque, se détachent de petits cercles supposés représenter des corps célestes, tels que le soleil ou la lune en disque central et en croissant, ainsi que la constellation des Pléiades, représentée par sept étoiles groupées. Tous ces motifs sont incrustés en feuilles d'or.

Selon les astronomes qui ont étudié cet artefact, il semble être une représentation du ciel vue par un observateur situé en Europe, à l'apparition des Pléiades il y a 3 600 ans.

Pour certains, il s'agirait de la représentation la plus ancienne de la voûte céleste jamais retrouvée. En réalité, d'autres représentations existent, mais elles sont volontairement ignorées car elles repoussent exagérément les limites de notre connaissance.

Ne serait-ce qu'en Europe, et non loin du lieu de découverte du disque de Nebra, une ancienne gravure rupestre est aussi assimilée à la constellation des Pléiades. Elle est figée dans la roche du mont Bégo, dans l'arrière-pays niçois, et elle daterait de 4 000 à 6 000 ans.

Ce disque fait partie des objets qui dérangent, et certains archéologues ont d'ailleurs avancé l'hypothèse qu'il aurait été fabriqué par un faussaire. Cependant, une étude microscopique de sa patine a permis de confirmer de manière incontestable qu'il est extrêmement ancien. La taille des cristaux d'oxydation qui apparaissent sur le disque est beaucoup trop importante pour être d'origine artificielle, ils correspondent proportionnellement à la lenteur de leur formation.

De plus, une étude isotopique du plomb radioactif contenu dans le cuivre du disque correspond à celui de la région de sa découverte. D'autres objets en bronze ont été mis au jour au même endroit que le disque et présentent les mêmes caractéristiques.

Selon les archéologues, le disque aurait été enterré au sommet du Mittelberg près de Nebra avec d'autres objets et des bijoux, il y a environ 3 600 ans.

Selon Wolfart Schlosser, astronome spécialisé en astro-archéologie, ce disque pourrait être un calendrier.

Bien évidemment, cet objet suscite de nombreuses questions. Sa conception demande des connaissances astronomiques avancées. Or, à cette lointaine époque, nos ancêtres n'étaient pas censés les posséder, ni observer scientifiquement la voûte céleste, et encore moins être capables d'établir de savants calculs.

Le disque de Nebra fait partie de ces découvertes exceptionnelles qui chamboulent les idées reçues. Sans lui, jamais les astronomes et les archéologues n'auraient pu imaginer trouver une telle représentation céleste datant de l'âge du bronze.

Cet artefact, qui conserve son mystère, est aujourd'hui visible au Musée régional de Préhistoire de Halle, en Allemagne.

Le disque Embryologique

Il s'agit d'un artefact improbable mis au jour en Colombie. Le lieu de sa découverte reste inconnu, et il provient très probablement du pillage d'une tombe ou d'un site archéologique. Le huaquero qui l'a trouvé et vendu ne donne aucun détail sur la localisation de sa trouvaille. Le disque a été acquis par un passionné d'objets précolombiens nommé Jaime Gutierrez-Lega, professeur de design dans une université en Colombie.

L'objet a la forme d'un disque d'environ 27 centimètres de diamètre et pèse 2 kilos. Il est sculpté dans de la lydite, une variété de jaspe noir très dur. Malgré sa grande dureté, le disque est structuré en couches, et la manière dont il a été fabriqué reste un mystère, rendant sa reproduction impossible de nos jours.

Certains attribuent cet artefact à la culture des Muisca, qui s'est développée en Colombie entre l'an 1000 et 1550. Les Muisca étaient réputés pour leur expertise en orfèvrerie, et leurs œuvres sont remarquables. D'autres estiment que le disque est beaucoup plus ancien, remontant à au moins 6 000 ans.

Ce qui est particulièrement étonnant avec ce disque, en plus du travail de sculpture extraordinaire, ce sont les représentations présentes sur chacune de ses faces, qui démontrent un niveau de connaissance inimaginable, quelle que soit l'époque.

Les deux faces sont divisées en plusieurs sections qui semblent décrire le cycle complet de la fécondation de l'ovule jusqu'à la naissance. On y observe un embryon, un fœtus à différentes étapes de son développement, jusqu'à l'état de nouveau-né. Dans une autre section, on trouve un couple et un bébé doté d'une tête étrange qui semble appartenir à une autre espèce que la nôtre. Une section semble représenter l'évolution d'un amphibien vers un être humain. Des symboles mystérieux impossibles à déchiffrer complètent ce disque.

En 2001, l'écrivain autrichien Klaus Dona a demandé une étude de cet objet au département de minéralogie et de pétrologie du Musée d'Histoire Naturelle de Vienne. L'ancien directeur, spécialiste de la pétrologie, a indiqué que cette pierre pouvait être de la lydite ou fabriquée à partir de ce matériau.

Le Dr Vera M.F. Hammer, chef de la collection des minéraux et directrice de l'Institut de Gemmologie, précise qu'elle n'a jamais classé le disque dans une période culturelle spécifique ni tenté de le dater, car cela ne relève pas de son domaine d'expertise. Ainsi, les interprétations des symboles et des signes présents sur le disque dépendent uniquement de son propriétaire.

Il est inutile de préciser que, pour la communauté scientifique, cet artefact est considéré comme un faux, bien que cette affirmation n'ait aucun sens, étant donné que nous sommes incapables de reproduire une telle structure en lydite de nos jours.

La manière dont cet objet a été fabriqué ainsi que sa datation demeurent des questions sans réponse.

Des géologues de l'Université de Bogota qui ont examiné le disque pensent qu'il est véritablement ancien et qu'il remonte à l'époque préhistorique. Cependant, aucune étude approfondie n'a été menée sur ce disque.

Une seule certitude subsiste, il est impossible de reproduire un tel objet de nos jours.

Alors, quand a-t-il été fabriqué ? Par qui ? Avec quelle technologie ? Le mystère demeure sur tous ces points.

La pierre de Dashka

La découverte de cette pierre a été annoncée par le quotidien "La Pravda" le 30 avril 2002.

Des scientifiques de l'Université de la République de Bachkirie, dont Alexandre Chuvyrov, docteur en sciences physiques et en mathématiques, ainsi que son assistant chinois Huan Hun, se sont lancés dans l'étude de l'hypothèse d'une migration ancienne des Chinois en Sibérie et en Oural.

Lors de leurs investigations en Bachkirie, ils ont effectivement découvert quelques gravures rupestres en vieux chinois qui ont confirmé leur hypothèse. Une recherche dans les archives du Gouverneur général d'Ufa a révélé l'existence de documents datant du XVIIIe siècle faisant mention de l'existence de quelque 200 tablettes de pierre gravées, non loin du village de Chandar, dans la région de Nurimanov.

Le Professeur Chuvyrov et son petit groupe de recherche ont donc décidé d'enquêter sur le terrain, mais sans succès jusqu'en 1999. Finalement, Chuvyrov a eu l'idée de se rapprocher du plus ancien habitant du village, ce qui s'est avéré fructueux puisque l'homme possédait lui-même l'une des pierres gravées recherchées. La pierre servait en réalité de fondation à un escalier, mais elle commençait à s'enfoncer dans le sol en raison de son poids. Chuvyrov a donc proposé au propriétaire de l'extraire en échange du renforcement des fondations de l'escalier.

Ainsi, la dalle fût-elle déterrée, non sans difficulté d'ailleurs, car elle s'est avérée être relativement imposante, mesurant 1m48 de hauteur, 1m06 de largeur et 16 cm d'épaisseur, pour un poids d'environ une tonne. La pierre a ensuite été transportée à l'Université d'Ufa pour être nettoyée en profondeur et étudiée attentivement.

C'est ainsi que commence l'histoire de la pierre de Dashka. Au premier abord, l'équipe de scientifiques a pensé que les motifs présents sur la dalle n'étaient que des fissures naturelles, courantes sur les vieilles pierres au fil du temps. Cependant, un examen plus approfondi a révélé tout autre chose, puisqu'il s'agissait en réalité d'une sorte de carte en trois dimensions, et quelle carte !

Des spécialistes ont été appelés en renfort et ont identifié des rivières et des reliefs bien connus, correspondant à ceux de la Bachkirie dont la cartographie générale n'a pas beaucoup changé au cours des derniers millions d'années. Ils ont facilement identifié la montagne d'Ufa et son canyon, ainsi que les différentes rivières de l'Oural et d'autres caractéristiques géographiques. De plus, une échelle de reproduction de l'ordre de 1 cm pour 1,1 km était présente. Une particularité étonnante est la présence d'un vaste système d'irrigation comprenant deux canaux de grande largeur ainsi que de nombreux barrages, dont 12 de très grandes dimensions. La rivière Belaya, qui existe encore aujourd'hui, serait donc à l'origine une rivière artificielle.

Ce complexe hydrographique hors normes aurait nécessité des travaux gigantesques, ne serait-ce qu'en termes de quantité de terre déplacée.

La deuxième surprise majeure a été de découvrir que cette dalle était artificielle, composée de trois couches distinctes : une base de dolomite d'environ 14 cm d'épaisseur, une couche de diopside noble sur laquelle étaient gravés les signes et motifs, et enfin une couche de recouvrement et de protection en fondant de porcelaine.

Des investigations ont été entreprises pour comprendre la nature de cette structure particulière. Le premier mystère a été de constater, après analyses, que les échantillons de dolomite prélevés dans la région de Chandar étaient totalement différents de ceux présents dans la dalle.

Le deuxième mystère concerne la manière dont la liaison entre la couche de dolomite et celle de diopside a pu être réalisée. Les deux couches semblent être fusionnées, ce qui relève d'une technologie incompréhensible. De plus, le diopside en question semble être d'origine artificielle, sa nanostructure diffère de celle que l'on trouve à l'état naturel. Cela suppose des connaissances techniques et chimiques avancées, d'autant plus que la température de fusion du diopside est de 2 650°C.

La dernière couche de protection implique également une connaissance et une maîtrise technique difficilement explicables compte tenu de l'âge avancé de la dalle. Il est évident que cette dalle a été usinée à l'aide d'outils de précision, et l'assemblage des trois couches superposées reste techniquement complexe à réaliser.

Il est à noter que pour fabriquer une carte en 3D, il est nécessaire que la surface soit blanche et précisément sculptée pour éviter toute confusion. C'est précisément le cas de la carte figurant sur cette dalle. Cette connaissance technique est une fois de plus surprenante compte tenu de l'âge de cette carte.

Ces constatations conduisent à une conclusion incontournable : les concepteurs de cette dalle maîtrisaient une technologie très avancée.

Comment expliquer l'existence de cette carte ? Comment et par qui a-t-elle été fabriquée ? De quand date-t-elle ? Ce sont autant de questions pour lesquelles les scientifiques n'ont pas de réponses.

Par ailleurs, il parait évident que cette carte n'est qu'une partie d'une carte beaucoup plus grande, et il devrait donc exister d'autres morceaux pour compléter le puzzle.

Les scientifiques ont d'abord pensé que cette carte pouvait être l'œuvre des anciens Chinois, compte tenu de la présence d'inscriptions verticales non déchiffrées. Cependant, diverses analyses et comparaisons avec des cartes chinoises d'époque, ont infirmé cette hypothèse. D'autre part, comme il ne subsiste aucune trace du vaste réseau hydraulique artificiel, il ne fait aucun doute que cette carte est très antérieure à cette époque. Chuvyrov a évoqué la possibilité qu'elle ait plusieurs dizaines de millions d'années.

Ce qui semble corroborer un article de presse que je vous livre intégralement : "Nous disposons de mesures archéomagnétiques qui fournissent les indications suivantes : le bord de la carte est orienté vers le pôle magnétique, tandis que la direction du pôle géographique dessiné sur la carte forme un angle de 22 degrés par rapport au pôle magnétique. Grâce à la courbe d'Hiebert, qui permet de déterminer la position du pôle magnétique à un moment donné, nous pouvons estimer l'âge du bloc de pierre. Si les calculs sont corrects, le pôle magnétique se trouvait sur la péninsule de Yamal en Russie au moment où la carte a été réalisée. Cela remonte à 120 millions d'années."

Il n'est donc pas étonnant que les tentatives de datation au radiocarbone n'aient pas abouti à des résultats concluants, car cette technique est approximative au-delà de 35 000 ans et incapable de remonter au-delà de 50 000 ans.

Alexandre Chuvyrov, n'étant pas en mesure d'identifier l'auteur ou les auteurs de cette étrange carte, a décidé de la nommer "la carte du créateur".

Cette dalle est à mettre au nombre des nombreux artefacts découverts dans le monde pour lesquels il n'existe aucune explication rationnelle.

Son existence perturbe les scientifiques, car elle ne devrait tout simplement pas exister.

Chuvyrov en était bien conscient, mais il était également conscient que son existence démontrait la nécessité de réviser nos connaissances sur notre passé.

L'existence de cette carte est une preuve supplémentaire de l'existence d'une civilisation passée maitrisant des connaissances et des moyens technologiques insoupçonnés.

La communauté scientifique ne s'est jamais intéressée à cet artefact, sauf pour le discréditer et accabler son promoteur, même s'il est lui-même scientifique.

Vous ne serez donc pas étonné d'apprendre que la pierre de Dashka est décrite comme un canular sur Wikipédia.

6 CRANES ET SQUELETTES

Des ossements qui ne devraient pas exister

Qui dit évolution, dit origine, mais on ignore quel est ce point de départ.

L'histoire de l'évolution humaine fait intervenir de nombreuses disciplines scientifiques : l'archéologie, la paléontologie, l'anthropologie, la primatologie, l'embryologie et la génétique. Depuis longtemps, ces scientifiques tentent de reconstruire l'origine et l'arbre évolutif de l'Homo sapiens.

Cette recherche est centrée sur l'histoire évolutive des primates, en particulier du genre Homo, jusqu'à l'émergence de l'Homo sapiens en tant qu'espèce distincte des hominidés.

Selon les chercheurs, les primates auraient divergé des autres mammifères il y a environ 85 millions d'années. La séparation des grands singes de la lignée humaine se serait produite il y a environ 8 ou 9 millions d'années, bien que cette date soit régulièrement repoussée en raison de nouvelles découvertes.

L'arbre généalogique de l'homme est plutôt complexe, et son évolution ne semble pas très linéaire. Il y a environ 7 millions d'années, lorsque notre lignée s'est séparée des grands singes, nous rencontrons plusieurs branches, voire de nouvelles espèces d'hominidés. On ignore ce qui s'est réellement passé, car ces branches semblent s'écarter, se rapprocher et s'interrompre assez brusquement. Il est en fait très difficile de s'y retrouver dans cet enchevêtrement. Quoi qu'il en soit, à la fin, une seule espèce demeure : Homo sapiens, une espèce plutôt jeune puisque la science officielle ne lui attribue que 300 000 ans environ.

Mais quelle est la fiabilité de cette théorie ?

En fait, de nombreuses controverses ont marqué l'anthropologie ces dernières décennies. Cette discipline a pour ambition de reconstruire notre arbre généalogique, un objectif louable, mais particulièrement difficile lorsqu'on reste enfermé dans le dogme. Par exemple, pourquoi s'acharner à ne rechercher des fossiles d'hominidés que dans des secteurs où l'on est sûr que les sédiments correspondent aux dates en accord avec la théorie officielle ? Il est pourtant évident que si d'autres hominidés ont existé avant, on ne pourra les trouver que dans des couches plus anciennes.

De plus, ces fossiles existent bel et bien, et il ne s'agit pas d'anomalies isolées. Cependant, leur existence dérange tellement qu'ils sont délibérément ignorés, écartés, négligés, dénoncés, voire même détruits par les scientifiques gardiens du dogme.

Les scientifiques prétendent qu'une bonne théorie repose sur un vaste éventail de preuves, et non sur quelques exceptions. Pourtant, c'est souvent à partir des exceptions que naissent les nouvelles théories. Ce qu'ils semblent oublier, c'est que Darwin n'a fait que proposer une théorie de l'évolution. Pourtant, avec le temps, cette théorie s'est transformée en dogme, et aujourd'hui, le dogme est même devenu un diktat.

Ces fossiles "impossibles", ignorés par la science officielle, vont en revanche tout à fait dans le sens de la théorie créationniste. Certains États américains vont même jusqu'à enseigner cette théorie à l'école en la présentant comme plus fiable que la théorie de l'évolution. Pendant ce temps, les darwinistes s'acharnent à défendre leur position, se contentant timidement de réviser leurs datations, ce qui prouve l'absence de certitude dans ce domaine.

Bien qu'elle constitue une contradiction majeure avec les thèses officielles des paléoanthropologues, l'extrême ancienneté de l'homme est une hypothèse qui semble de plus en plus plausible. Pourquoi ne mentionne-t-on jamais les nombreux fossiles humains découverts dans des couches géologiques datant de plusieurs centaines de milliers, voire de plusieurs millions d'années ? Tout simplement parce qu'ils ne correspondent pas à la chronologie officielle et ne s'accordent avec aucune connaissance existante.

Cependant, la liste des exceptions troublantes, des fossiles impossibles remettant en question l'âge de l'humanité, ne cesse de s'allonger au fil du temps.

En voici une liste non exhaustive :

En 1842, un crâne humain a été découvert dans une couche de lignite datant estimée à 50 millions d'années. Il est conservé à l'Académie Minière de Freiberg. Ce crâne avait été initialement déclaré comme faux, mais des études et analyses plus récentes ont confirmé son authenticité.

En 1866, le propriétaire d'une mine américaine, nommé Mattison, a extrait un crâne humain relativement complet d'une couche de basalte. Le Dr L. Wyman du Collège de Harvard, qui l'a étudié, a déclaré qu'il s'agissait d'un crâne d'homme "moderne" et qu'en raison de son environnement, il devait avoir environ 12 millions d'années.

En 1867, dans l'édition du 10 avril du "Saturday Herald of Iowa City", il est mentionné la découverte, au fond de la mine de Rocky Point à Gilman, dans le Colorado, d'ossements humains ainsi que de pointes de flèches en métal. Le filon d'argent où a eu lieu la découverte est situé à une profondeur d'environ 400 mètres et date d'environ 135 millions d'années.

En 1870, on a découvert en Italie, dans une mine de charbon, un hominidé fossilisé âgé d'environ 12 millions d'années, du type oréopithèque. Il est aujourd'hui exposé au musée de Florence. Les fossiles d'oréopithèques sont assez nombreux, et on en a découvert en Europe, en Afrique occidentale, en Chine et en Inde. Ils sont suffisamment complets pour observer les caractéristiques de l'adaptation à la bipédie, une adaptation totalement inconnue chez les autres espèces de primates contemporaines ou immédiatement postérieures.

En 1880, le "Scientific American" rapporte une découverte faite dans le comté de Franklin, dans le Missouri, plus précisément dans une mine de fer près de Dry Branch. À une profondeur d'environ 50 mètres, des pointes de flèches en silex, du charbon de bois ainsi que différents ossements humains tels qu'un crâne, des vertèbres, des débris de côtes et une clavicule ont été trouvés.

Un fémur et des vertèbres furent mis au jour un peu plus profondément, ainsi que des morceaux de bois carbonisés. L'article de presse rapporte que l'âge estimé du minerai est d'environ 425 millions d'années... !

En 1926, dans le puits numéro trois d'une mine de charbon située à Bear Creek, dans le Montana, un archéologue du nom de J.C.F. Siegfried découvrit une dent humaine dont l'émail s'était transformé en carbone. La couche de charbon abritant cette découverte est datée d'environ 30 millions d'années.

En 1958, le paléontologue suisse Johannes Huerzeler découvrit une mâchoire humaine à 180 mètres de profondeur dans une mine de charbon en Toscane. Cette mâchoire a été étudiée par plusieurs experts qui ont déclaré qu'elle était d'origine humaine et avait appartenu à un enfant de type moderne âgé de cinq à sept ans. Ce qu'ils ignoraient, c'est que lors de sa découverte, cette mâchoire était emprisonnée dans une strate datée de 20 millions d'années. Bien qu'il s'agisse d'une découverte faite par un scientifique, on en a plus entendu parler.

En 1971, au lieu-dit Big Indian, au sud-ouest de Moab, dans l'Utah, un collectionneur amateur de roches du nom de Lin Ottinger découvrit près d'une mine de cuivre des morceaux d'os et des dents. Il soumit sa découverte au Dr J.P. Marwitt, professeur d'anthropologie à l'Université de Salt Lake City. Ce dernier décida de mener des recherches approfondies et mit ainsi au jour les restes de deux squelettes humains inclus dans une couche datant de plus de 100 millions d'années.

Au début des années 1980, un certain Edward Conrad de Shenandoah, une ville du comté de Schuylkill en Pennsylvanie (USA), fit une découverte étonnante. Alors qu'il explorait une mine de charbon à ciel ouvert totalement désaffectée dans la région de Mahanoy, il trouva un bloc de roche dont les contours ressemblaient étrangement à un crâne vu de dessous. Puis, il trouva un autre bloc rocheux ayant également l'aspect d'un crâne d'hominidé, et enfin, un dernier bloc incluant un crâne de profil. Il ramassa également divers fragments pétrifiés d'os de fémur et de tibia.

Conrad souhaita soumettre ses trouvailles au Smithsonian Institute, mais l'institut refusa d'examiner ces fossiles. Selon eux, étant donné que les roches avaient environ 280 millions d'années, il était scientifiquement impossible qu'elles puissent renfermer un crâne d'hominidé. Cependant, Conrad réussit à faire réaliser des examens et des radiographies qui révélèrent effectivement la forme d'un crâne, avec une cavité marquée à l'emplacement du palais, une prémolaire apparente, et même les traces des canaux de Havers. D'autres études corroborèrent ces résultats, confirmant qu'il ne s'agissait en aucun cas d'un fragment d'un bloc de roche. Les mêmes caractéristiques précédemment observées étaient clairement visibles, la taille et la forme correspondaient parfaitement à celles d'un crâne humain, tout comme la capacité crânienne. Des experts en médecine légale ont finalement confirmé qu'il s'agissait bien d'un fossile du calvarium, c'est-à-dire un crâne sans mandibule.

Ces ossements pouvaient-ils dater du Carbonifère ? Le fait que le calvarium se soit partiellement transformé en charbon en certains points plaide en ce sens. La méthode utilisée pour confirmer l'âge de ces fossiles était celle de la datation absolue, qui utilise des phénomènes de transformations physico-chimiques dont la vitesse est connue. La mesure du degré de transformation permet de dater le début du processus considéré. En l'occurrence, cette méthode indiquait que l'âge des roches exposées dans cette carrière de Pennsylvanie variait de 185 millions d'années pour les plus jeunes à 300 millions d'années pour les plus anciennes.

Certains ont émis l'hypothèse que ces calvaria pourraient appartenir à une autre espèce qu'à un hominidé. Cependant, on sait que tous les crânes sont distincts et identifiables, et les fossiles des calvaria en question ne correspondent à aucun crâne d'animal connu, mais ils ressemblent en tous points à un crâne humain. Ces calvaria ne peuvent être que ceux d'hominidés évolués, ce qui implique de facto l'existence perturbante d'une telle race à cette époque lointaine, malgré les réticences de la science officielle !

En 2005, au Maroc, un certain Mohammed Zaraouit a découvert dans une carrière de marbre à Tafilalet un crâne fossilisé attribué à un bipède âgé d'environ 360 millions d'années.

Puisqu'il est impossible de remettre en cause les datations des couches géologiques dans lesquelles ces découvertes ont été faites, il faut donc admettre que les ossements en question sont vieux de plusieurs dizaines, voire plusieurs centaines de millions d'années.

Malheureusement, ces ossements improbables sont aujourd'hui enterrés, oubliés, égarés dans les sous-sols des musées. Heureusement, ils ont fait l'objet de quelques articles de presse lors de leur découverte, ce qui a évité qu'ils tombent définitivement dans l'oubli.

Nous ne pouvons que regretter, une fois de plus, qu'ils n'aient pas suscité plus d'intérêt de la part des scientifiques.

Mais il est tellement plus facile de détourner le regard que de remettre en question la sacro-sainte théorie de l'évolution...

Le mystère des cranes dolichocéphales

L'archéologie est un domaine riche en mystères non élucidés, parmi lesquels figurent des crânes hors normes découverts sur tous les continents.

Les anthropologues ne sont d'ailleurs pas très loquaces sur le sujet.

Nous savons que de nombreux crânes déformés sont le résultat de pratiques culturelles ou religieuses propres à certaines communautés. D'autres peuvent être interprétés comme des malformations d'origine génétique. Bien que ces explications couvrent un grand nombre de cas, nous constaterons que beaucoup échappent totalement à ce postulat.

Le terme "dolichocéphale" signifie littéralement "crâne allongé". Selon l'archéologie officielle, les dolichocrânes seraient apparus relativement nombreux à l'aube du Néolithique, soit vers -10 000 avant notre ère. Cette caractéristique aurait ensuite diminué en fréquence pendant le Néolithique. Cependant, de nombreux crânes allongés datant d'époques plus récentes ont été découverts en grand nombre.

Cette particularité ne concerne pas seulement quelques peuplades ou régions spécifiques. Des dolichocrânes ont été retrouvés dans toutes les régions du monde : en Amérique centrale, en Amérique du Sud, en Égypte, en Afrique, en Asie, en Europe, en Australie, etc.

Il semble également que, pour certains peuples, cette particularité soit la norme. Les Paracas, en particulier, une ancienne civilisation précolombienne du Pérou, sont célèbres pour la forme dolichocéphale de leurs crânes.

L'explorateur et naturaliste suisse Johann Jakob von Tschudi, ainsi que le scientifique péruvien Mariano Eduardo de Rivero y Ustariz, ont recensé plusieurs races pré-incas dolichocéphales au Pérou, notamment les Chinchas qui vivaient dans la région côtière autour de l'actuelle ville de Lima, les Aymaras de la région du lac Titicaca et les Huancas du centre du Pérou. On trouve également au Musée de

Tiahuanaco des crânes dolichocéphales appartenant à l'ancienne civilisation de Tiwanaku ou Tiahuanaco.

Les scientifiques nous expliquent que les civilisations précolombiennes déformaient volontairement les crânes dès la naissance des enfants. Il s'agissait apparemment d'une pratique assez barbare consistant à comprimer le crâne d'un nouveau-né à l'aide de bandages ou de morceaux de bois, jusqu'à obtenir cette forme allongée si caractéristique.

Il est avéré que certains peuples ont effectivement modifié artificiellement la forme des crânes. Cependant, une question préoccupe les chercheurs : comment cette pratique s'est-elle répandue à travers le monde entier ?

Un autre élément qui interpelle est l'uniformité des méthodes et des techniques utilisées à travers le monde. Il est difficile de ne pas admettre que cette pratique provient d'une source commune. Les similitudes entre les crânes sont si nombreuses qu'il est impossible d'imaginer que le scénario initial de ce rituel puisse s'être produit de manière autonome.

Sur tout le continent américain, de nombreuses tribus ont développé cette coutume, notamment les Mayas et les Incas. En Amérique du Nord, on retrouve des exemples chez les Chinookan de la côte pacifique, les Choctaw du sud-est, les Chehalis et les Nooksack du nord-ouest. Tous ont pratiqué l'aplatissement ou l'allongement du crâne. Aux Bahamas, le peuple Lucayan a également pratiqué la déformation crânienne.

En Australie, de très anciens crânes allongés ont été découverts sur le site de Coobool Creek en Nouvelle-Galles du Sud et à Kow Swamp, au nord de Melbourne, avec des datations allant de -13 000 à -6 500 avant notre ère.

En Eurasie, les Alans ou Alains, un peuple des steppes situé au nord du Caucase, ont également pratiqué cette déformation crânienne. En Asie centrale, plus précisément en Bactriane et en Sargdiane, des crânes dolichocéphales ont été retrouvés. D'autres ont été découverts sur le site préhistorique de Shanidar, au Kurdistan, dans le nord-est de l'Irak. En Europe, les Huns, originaires d'Asie centrale, sont connus pour avoir pratiqué cette déformation crânienne particulière. Les Gépides, les Ruges, les Hérules, les

Ostrogoths ainsi que les Burgondes ont également adopté cette coutume.

Plusieurs hypothèses ont été avancées concernant ces déformations volontaires, souvent réservées à l'élite, aux rois ou aux prêtres :

Certains avancent que cette pratique avait pour objectif de marquer l'appartenance à un groupe ou de mettre en valeur un statut social.

D'autres pensent qu'il s'agissait d'une coutume esthétique.

Ces déformations étaient également censées conférer un certain pouvoir, les personnes dolichocéphales étaient à la fois craintes et respectées.

Pour certains peuples, il s'agissait d'une tentative d'identification aux anciens dieux descendus du ciel. De nombreux peuples anciens prétendaient d'ailleurs que les dieux eux-mêmes avaient recommandé cette pratique.

Le plus ancien témoignage écrit de déformation crânienne semble avoir été rapporté par le médecin grec Hippocrate dans un traité intitulé "Airs, Eaux, Lieux". Il fait référence aux Macrocéphales (-400 avant notre ère), un peuple asiatique qui pratiquait l'utilisation de bandelettes pour allonger les crânes des jeunes enfants. Hippocrate prétend que, au fil des générations, les enfants finissaient par naître naturellement avec un crâne allongé, ce qui suggère que cette particularité artificielle deviendrait innée avec le temps. Cependant, cette hypothèse n'a jamais été vérifiée.

Outre ces pratiques artificielles, certains crânes dolichocéphales seraient également le résultat d'une pathologie spécifique, telle que l'hydrocéphalie.

Pour autant, il existe de nombreux cas de crânes dolichocéphales qui ne peuvent être attribués ni à une pathologie ni à une pratique volontaire, ce qui demeure une énigme non résolue. Certains chercheurs sont convaincus qu'il a existé une race pré-diluvienne possédant naturellement des crânes coniques allongés.

Plusieurs fœtus ont été découverts avec des crânes allongés in utero, excluant ainsi toute possibilité de déformation artificielle. Le médecin américain Samuel George

Morton (1799-1851), professeur d'anatomie, a rassemblé des centaines de crânes provenant du monde entier, y compris des crânes de bébés péruviens présentant naturellement une forme allongée. Dans son livre intitulé "Crania Americana", Morton décrit des crânes allongés qui diffèrent considérablement de ceux obtenus par déformation artificielle. Il est également d'avis que le Pérou et la Bolivie étaient autrefois habités par une race présentant cette particularité.

En 1851, dans l'ouvrage espagnol "Antigüedades peruanas", deux auteurs, l'explorateur et naturaliste suisse Johann Jakob von Tschudi et le scientifique péruvien Mariano Eduardo de Rivero y Ustariz, abordent l'histoire et les aspects de la vie péruvienne, y compris les crânes déformés. Ils affirment que l'hypothèse de la déformation volontaire ne suffit pas à expliquer tous les cas observés et citent également la découverte de fœtus présentant un crâne allongé, comme celui trouvé dans une grotte à Huichay, dans la région de Tarma. Ce fœtus, estimé à environ sept mois de développement, était momifié.

Deux crânes allongés de bébés ont été rapportés en Angleterre en 1838 par le capitaine Blankey à l'issue de son voyage autour du monde. Ils ont été présentés au Musée de la Société d'Histoire Naturelle du Devon et sont actuellement exposés au Royal Cornwall Museum. Un autre crâne similaire est visible au musée archéologique de Lima.

Le docteur et chercheur autrichien Hans Schindler Bellamy (1901-1982), tout comme Tschudi et Rivero, suggère également que ces crânes déformés appartenaient à une race disparue depuis longtemps, et que les populations voisines ont perpétué cette particularité en déformant artificiellement les crânes.

Outre les crânes allongés, il existe d'autres formes de crânes tout aussi étranges qui ont été régulièrement découverts.

Le journaliste et producteur de documentaires canadien Robert William Connolly a recensé et photographié un grand nombre de ces crânes lors de son voyage autour du monde. Il les a classés en fonction de leurs différentes formes.

Certains types de crânes sont si fréquents, affirme-t-il, qu'ils semblent appartenir à une espèce complètement différente de la nôtre. Peut-être appartiennent-ils à ces anciens dieux qui auraient peuplé la Terre ?

La plupart des mythes des anciennes cultures font référence à ces êtres supérieurs venus du ciel à bord de vaisseaux volants. Il est vrai que de nombreux "dieux" sont représentés avec des crânes dolichocéphales. Ces êtres supérieurs au crâne allongé ont sans aucun doute marqué suffisamment les peuples de la Terre pour que certains décident d'adopter cette pratique barbare afin de leur ressembler.

Akhenaton, le dixième pharaon de la XVIIIe dynastie, présentait également la particularité d'avoir un crâne dolichocéphale très marqué.

La statue d'Akhenaton exposée au Musée du Caire le représente avec un cou long et fin, de grandes oreilles et bien sûr un crâne très allongé sous sa coiffe. Sa physionomie générale diffère des standards classiques. Il est difficile d'imaginer que cela soit uniquement dû à une pathologie quelconque. En réalité, on a l'impression qu'Akhenaton appartient à une race différente. Certains affirment même que pendant longtemps, une race distincte de l'humanité a dirigé l'Égypte, en se basant notamment sur l'assimilation de Pharaon à un Dieu.

L'égyptologue anglais Walter Bryan Emery (1903-1971) a découvert dans la région de Saqqarah des tombes renfermant des squelettes très différents de ceux des hommes classiques. Ces corps étaient plus lourds, plus grands et plus larges que la moyenne, et surtout ils possédaient tous un crâne dolichocéphale. Emery considérait que ces restes appartenaient à un peuple pré-diluvien.

Le mystère entourant cette race si différente de l'humanité demeure entier. Qui étaient-ils ? D'où venaient-ils ? Le sujet est souvent passé sous silence parmi les égyptologues, qui délibérément ignorent ces squelettes et autres artefacts, se contentant d'affirmer que les pharaons-divins relèvent du domaine des mythes.

Il est évident que des découvertes et des artefacts égyptiens concernant ce lointain passé nous sont sciemment dissimulés. Un exemple récent témoigne de ces manipulations : tous les crânes dolichocéphales ont été retirés du Musée archéologique de La Valette à Malte !

Environ 700 crânes dolichocéphales avaient été découverts dans le cimetière préhistorique de Ħal Saflieni, ainsi que dans des tombes à Tarxien et Ġgantija. Ces crânes, qui semblaient appartenir à une race spécifique d'hommes, n'ont jamais été réellement étudiés ni analysés, mais simplement écartés de la vue du public.

Aujourd'hui, seuls leur souvenir et quelques photos subsistent.

Il est regrettable que tout ce qui dérange soit systématiquement écarté et dissimulé !

Les crânes allongés des Paracas

L'archéologue péruvien Julio César Tello (1880 - 1947) est l'auteur d'une curieuse découverte. En 1928, il a mis au jour un cimetière qui renfermait plus de 300 squelettes, tous possédant un crâne dolichocéphale. Cette découverte a eu lieu sur la péninsule de Paracas, dans la province de la région de Pisco, au sud du Pérou.

Aujourd'hui, une collection d'une quinzaine de crânes est exposée au musée Juan Navarro de Paracas. Ces crânes remonteraient au premier millénaire avant notre ère.

Selon Brien Foerester, chercheur indépendant et auteur du livre intitulé "Une brève histoire des Incas", les dolichocrânes des Paracas seraient naturels et non le résultat d'une manipulation. La déformation artificielle modifie l'apparence du crâne, mais jamais son volume ni son poids. Or, les crânes de Paracas sont les plus grands connus et ont un volume 20 à 25% plus important que la moyenne, leur poids est également nettement plus élevé. Une autre particularité concerne le trou occipital, également appelé foramen magnum, qui est un orifice naturel par lequel la moelle épinière et le cerveau sont connectés. Or, le trou occipital est plus petit sur les crânes des Paracas et sa position diffère de celle d'un être humain normal. Enfin, dernier point, un crâne humain classique présente deux os pariétaux qui forment les parois latérales de la voûte crânienne, tandis que les crânes de Paracas n'ont qu'une seule plaque continue sans suture.

Ces constatations renforcent la conviction selon laquelle la tête allongée des Paracas n'est pas due à une déformation artificielle, mais est bien d'origine génétique.

Lynn A. Marzulli, auteur et conférencier, qui s'est également penché sur l'étude des crânes de Paracas, fait remarquer que leurs orbites sont différentes et qu'en outre, ils ne présentent aucune suture sagittale, contrairement aux crânes humains classiques.

Il existe bien une pathologie appelée craniosténose, qui se caractérise par la fusion des deux plaques pariétales, mais elle ne concerne que très peu d'individus et en aucun cas une population entière.

Seules des analyses ADN sont susceptibles d'apporter une réponse claire concernant les Paracas. C'est précisément dans ce but que Juan Navarro, ancien directeur du "Musée Archéologique de Paracas", a autorisé le prélèvement d'échantillons sur trois crânes allongés de sa collection. Il s'agissait de prélèvements capillaires et d'extraits osseux envoyés à trois laboratoires indépendants, l'un au Canada et les deux autres aux États-Unis.

Les généticiens ignoraient la provenance précise de ces échantillons afin d'éviter toute influence sur leurs conclusions.

Les résultats des analyses sont assez étonnants. Les échantillons de cheveux ont révélé la présence d'un haplotype particulier. Un haplotype est un groupe d'allèles provenant de différents locis situés sur un même chromosome et utilisé pour déterminer un groupe de population génétique. Or, cet haplotype particulier est le plus fréquent en Europe de l'Est et plus rare en Europe occidentale. Quant aux extraits osseux, ils ont révélé une particularité propre aux populations originaires de Mésopotamie.

Les origines des Paracas pourraient-elles être en Europe ou au Moyen-Orient... ?

Les traces de cheveux roux trouvées sur les crânes Paracas sont un élément supplémentaire qui soutient cette hypothèse, étant donné qu'elles ne sont pas naturellement présentes en Amérique du Sud, mais relativement courantes au Moyen-Orient et en Europe.

Bien évidemment, ces résultats d'analyses ont immédiatement déclenché une importante polémique...

Et que dire des analyses de l'ADN mitochondrial qui ont révélé des mutations inconnues jusqu'à présent chez tous les êtres humains et mammifères connus... ! Cela renforce les spéculations sur l'origine des Paracas.

Lynn A. Marzulli soutient en tout cas l'hypothèse selon laquelle les résultats des analyses ADN prouveraient que les Paracas sont de la même souche que les Nephilim mentionnés dans la Bible, c'est-à-dire des hybrides que les "anges" déchus auraient engendrés avec les femmes de la Terre...

Pourquoi pas !

Quoi qu'il en soit, les résultats des tests ADN interpellent, et la question de l'origine des Paracas reste pour le moment sans réponse.

D'autres tests sont en cours. Connaîtrons-nous un jour les résultats ?

D'étranges momies à trois doigts

De quoi s'agit-il ?

L'histoire démarre avec un français, Thierry Jamin, né à Chartres en 1967.

Après des études universitaires en histoire et en géographie, puis un bref cursus en archéologie, l'homme se rend au Pérou, à la fin des années 90, pour organiser différentes expéditions archéologiques. En 2009, il crée une structure associative spécifique dédiée à ses recherches.

Cependant, ne faisant pas partie du sérail, ses découvertes comme ses méthodes semblent avoir suscité quelques inimitiés dans le milieu archéologique.

Vers la fin de l'année 2016, alors que Thierry Jamin est en train de mettre sur pied une nouvelle campagne de recherche de la légendaire cité de Païtiti, il est contacté par un homme qui lui dévoile les restes d'un être desséché particulièrement énigmatique. Son anatomie ne correspond à rien de connu, les mains et les pieds ne possèdent que trois doigts, le crâne est allongé, la peau de couleur grise. Ce n'est évidemment pas un animal, mais plutôt un humanoïde inconnu.

Jamin a déjà vu des momies péruviennes très anciennes, telles que les Paracas ou les Nazcas, mais celle-ci est totalement différente. L'homme qui lui a présenté cette étrange momie s'appelle Paul. Il lui a dit que cette découverte avait été faite par des huaqueros (des pilleurs de tombes), dans une sorte de grotte dissimulée dans le désert, proche des lignes de Nazca, et que la momie n'est en fait pas unique.

Paul n'est donc qu'un intermédiaire à qui le véritable découvreur, un certain Mario, a confié le squelette afin qu'il se renseigne auprès d'un spécialiste. Cette curieuse découverte ne serait en fait que le premier élément d'un site susceptible d'en contenir beaucoup d'autres, et peut-être même des artefacts inconnus.

Pour Mario, le découvreur, le raisonnement est beaucoup plus basique. Il est habitué à déterrer et à revendre des artefacts précolombiens, mais cette fois-ci, il ignore de quoi il s'agit et si sa découverte présente une quelconque valeur marchande.

Pour Thierry Jamin en revanche, si cette "chose" est bien réelle, il s'agit d'un véritable scoop archéologique, mais c'est aussi un sujet à risque qui pourrait lui causer préjudice s'il s'agissait d'un faux.

Il n'a donc d'autre choix que d'essayer de remonter patiemment jusqu'à la source de cette curieuse découverte. En parallèle, il va publier régulièrement sur internet l'état d'avancement de ses investigations avec de nombreuses photos et vidéos, de manière à ce que ce dossier ne soit pas enterré. Il est aujourd'hui évident que sans le réseau internet, cette affaire serait restée confinée à sa région d'origine.

Grâce à ses relations locales et surtout à quelques enveloppes judicieusement distribuées, Thierry Jamin va finir par accéder au fameux Mario, lequel va lui relater sa découverte en détail. À l'automne 2015, Mario et quelques huaqueros explorent la région du désert de Nazca. À un moment donné, ils découvrent une petite dalle de pierre mise au jour par les récentes précipitations. Le petit groupe s'emploie donc à creuser et va rapidement tomber sur l'entrée d'une grotte, puis accéder à une première salle, et à un escalier qui les conduit à une vaste pièce. C'est là qu'ils découvrent deux momies humaines à même le sol, en bon état de conservation. La première est une fillette de la noblesse inca, étant donné son habillement luxueux et ses bijoux. À côté, un homme encore jeune, portant une moustache, sans habits ostentatoires. Mais cette première salle n'est en fait qu'une étape d'une immense structure souterraine.

Les hommes décident de pousser plus loin leurs investigations et s'emploient à dégager les éboulis sur le parcours, jusqu'à déboucher sur d'autres pièces, des couloirs, des portes fermées... Leur deuxième découverte est surprenante : il s'agit de deux sarcophages scellés, de grandes dimensions, qu'ils ont beaucoup de difficultés à ouvrir. Dans le premier, se trouvent entassés un grand nombre d'objets de toutes natures, dont des pierres sculptées, ressemblant disent-ils à des soucoupes volantes, mais aussi des ossements, des crânes, des mains tridactyles...

Dans le second sarcophage se trouve une vingtaine de petits corps humanoïdes mesurant de 30 à 80 cm de long. Leurs mains sont toutes tridactyles, et certaines sont munies d'implants métalliques au niveau des tendons.

Les huaqueros sont abasourdis par leur découverte, totalement différente de tout ce qu'ils ont pu voir jusqu'à présent. Ils racontent avoir vécu plusieurs épisodes inexplicables, dont une pause-café qu'ils pensaient avoir duré une demi-heure, mais qui a en fait duré huit heures !

Ils ont également fait une rencontre éphémère avec une créature aux yeux brillants, ce qui leur a causé une grande frayeur ! Par ailleurs, les huaqueros ont toujours eu l'impression d'être épiés au cours de leurs investigations.

Les fouilles de la grotte vont se poursuivre pendant une année, tellement elle est immense. En dehors des momies, les huaqueros remontent à la surface quelques artefacts d'une technologie qui leur est inconnue, tels que de curieuses feuilles métalliques à mémoire de forme, malheureusement disparues, puisque vendues à un touriste.

Thierry Jamin, s'étant lié d'amitié avec Mario, celui-ci lui confie quelques momies afin qu'il puisse les faire étudier en laboratoire.

Jamin informe le ministère de la Culture péruvien de cette découverte, ainsi que le Président de la République du pays. Cette démarche aura pour effet de déclencher une enquête à son encontre pour manipulation.

Heureusement pour lui, Thierry Jamin avait pris la sage précaution de réaliser plusieurs vidéos présentant les squelettes des humanoïdes, et il les avait largement diffusées sur Internet. Ainsi, le monde entier avait accès au dossier, et rien ni personne ne pouvait désormais étouffer cette étrange affaire.

Jamin a reçu en retour énormément de correspondances et de prises de contact, mais curieusement, aucun scientifique ni archéologue ne figurait au rang des personnes intéressés par ces momies ! Ce qui n'a rien d'étonnant étant donné le caractère particulier de cette découverte…

Quelques-uns se sont cependant courageusement manifestés à travers des médias complices pour dénoncer l'œuvre d'un faussaire, sans même savoir précisément de quoi il s'agissait.

Heureusement, Jamin peut compter sur les études et les analyses de plusieurs laboratoires. Des fragments d'ADN ont même été envoyés dans différents pays.

Parmi les momies, nous avons celle qui a été nommée Alberto. Il s'agit d'une entité inconnue sur Terre, qui possède une peau grisâtre, une tête et un cou allongés, de grands yeux en amande, une petite bouche et pas d'oreilles du tout, ni de cheveux ni de poils. Ses clavicules sont très proéminentes, contrairement aux humains, et ses bras et avant-bras ne sont constitués que d'un seul os. Mais le plus extraordinaire a été de découvrir deux implants chirurgicaux, l'un dans sa hanche droite, réalisé à partir d'un métal non identifié, et l'autre sur le crâne.

Les différents examens ont conclu qu'il devait s'agir d'un être jeune en pleine croissance. L'imagerie médicale à laquelle le squelette est soumis ne révèle aucun montage, tout est cohérent. Jamin se rassure, à priori, il ne s'agit pas d'une mystification, mais bien de la découverte d'entités inconnues.

Qui sont-elles, d'où viennent-elles ? Mystère !

Pourrait-il s'agir d'une ancienne présence non humaine ayant vécu sur notre planète dans un passé reculé ? Pourrait-il s'agir de visiteurs venus d'une autre planète et s'étant échoués sur la nôtre ?

Après Alberto, c'est au tour de Josefina d'entrer en scène. Un prénom féminin lui a été attribué parce que son ventre proéminent laisse penser qu'elle puisse être enceinte.

Mesurant 58 cm, Josefina est manifestement de la même espèce qu'Alberto. La seule différence notable est qu'elle possède neuf paires de côtes, plus deux flottantes, alors qu'Alberto n'en a que six, plus deux flottantes. Josefina porte un curieux implant métallique sur la poitrine dont la nature et la fonction sont inconnues.

L'examen aux rayons X révèle effectivement que Josefina était enceinte, mais le plus extraordinaire est qu'il ne s'agit pas d'un fœtus, comme on aurait pu s'y attendre, mais de trois œufs en gestation !

À partir de ce moment-là, tous les scientifiques intervenant dans les examens prennent conscience de l'extraordinaire découverte que représentent ces momies.

Au cours de l'année 2017, l'affaire des momies est médiatisée par plusieurs chaînes de télévision étrangères. L'une d'entre elles conclut un accord avec Jamin : des scientifiques pourront intervenir et faire des prélèvements, mais en contrepartie, tous les résultats devront être communiqués à l'association qui supervise le dossier.

L'étude devait se concentrer sur Alberto et Josefina, mais un scoop de dernière minute vient perturber les plans... Mario a une nouvelle découverte à présenter, et quelle découverte ! Il s'agit d'une nouvelle momie, mais de taille humaine...

Maria, tel est son nom, mesure 1,68 m et possède une apparence vaguement humaine, mais avec un crâne très allongé, de grandes orbites... et bien sûr, des mains et des pieds tridactyles ! Les examens ne révèlent aucune fraude, aucun assemblage, aucun arrangement. Les organes internes sont bien présents.

D'autres momies vont venir s'ajouter à la collection, dont une sans tête qui sera prénommée Victoria et mesure environ 56 cm. Enfin, Wawita, un bébé recroquevillé en position fœtale, sera également découvert. Finalement, trois momies supplémentaires seront provisoirement prêtées à l'association de Thierry Jamin.

Leur nombre est maintenant suffisant pour pouvoir constater qu'ils sont tous de la même espèce, bien qu'il existe quelques différences minimes.

L'intervention de nombreuses chaînes de télévision étrangères a eu pour effet de mobiliser un certain nombre de scientifiques qui ne se seraient sans doute jamais intéressés au sujet de leur propre initiative. Les moyens mis en œuvre ont également permis de réaliser tous les examens et analyses possibles afin d'obtenir des données fiables et incontestables, et de se forger un avis objectif sur ces momies.

Les conclusions sont unanimes : les entités ne sont pas d'origine humaine, et elles sont bien authentiques. Aucune tricherie, aucun montage ou manipulation n'a été décelé.

Les méthodes de datation estiment l'âge de Maria à environ 1 700 ans. La poudre blanche qui recouvre tous les corps s'est révélée être de la diatomite, un type de roche sédimentaire composée des squelettes fossiles d'algues aquatiques appelées diatomées. Réduite en poudre, cette matière possède des propriétés qui expliquent l'état de conservation des corps. Elle est antiseptique et insecticide, et elle absorbe l'humidité. En d'autres termes, les corps ont subi une sorte de momification naturelle et ont conservé leur intégrité malgré leur âge.

Malgré les reportages, les études et les comptes-rendus scientifiques, un tel dossier ne peut pas susciter l'unanimité, loin de là. Jamin est abondamment critiqué et traité de tous les noms d'oiseaux, et même accusé d'escroquerie...

Pour de nombreux scientifiques, de telles découvertes ne peuvent tout simplement pas exister, car elles contredisent toute logique. Les plus virulents crient à l'imposture scientifique et prétendent à une mise en scène, sans même prendre la peine d'étudier le dossier... en oubliant au passage que l'aveuglement idéologique ne constitue pas une approche scientifique !

Curieusement, on trouve sur Wikipédia le même réquisitoire à charge, énonçant les noms et les qualités de quelques scientifiques, ainsi que leurs conclusions péremptoires, alors même que ces personnages n'ont mené aucune investigation scientifique sur le sujet...

Wikipédia n'a pas eu l'honnêteté intellectuelle de citer les noms des scientifiques qui ont réellement participé aux études sur les momies, ni publié leurs conclusions, pourtant les qui soient objectives !

Contrairement à ce que l'on aurait pu penser, les médias n'ont pas montré un grand intérêt pour le sujet et l'ont même totalement ignoré en France, de telle sorte que dans notre pays, peu de gens connaissent cette histoire pourtant exceptionnelle.

Les plus curieux peuvent se rendre sur le site internet de Thierry Jamin, riche de l'historique complet, de comptes rendus scientifiques et de très nombreuses photos.

Ce qu'il faut retenir, c'est qu'à ce jour, la multitude d'examens scientifiques, de radiographies, de scans, d'analyses, etc., n'a révélé aucune fraude de quelque nature que ce soit ! Ce qui va à l'encontre des déclarations péremptoires des sceptiques de tous bords, et en particulier des scientifiques qui ont conclu à la fraude sans jamais avoir vu les corps autrement qu'en photos, sans avoir procédé à un quelconque examen ni à une quelconque analyse...

Bien évidemment, leurs avis arbitraires sont totalement infondés et indignes du corps scientifique, mais ils suffisent à discréditer cette affaire auprès du grand public, souvent peu regardant des détails.

Les laboratoires qui ont effectué l'ensemble des divers examens réalisés jusqu'à présent auraient depuis longtemps découvert toute trace de supercherie et ne se seraient pas compromis en délivrant leurs conclusions s'ils avaient eu le moindre doute.

En revanche, les examens et les analyses réalisés à maintes reprises par différents laboratoires dans de nombreux pays, notamment sur "Maria", "Victoria" et "Josefina", ont tous confirmé l'authenticité indiscutable de ces momies, ainsi que leur appartenance à deux espèces inconnues, distinctes de l'Homo sapiens, avec lesquelles elles ne partagent que 19 à 35 % d'ADN commun.

Certaines découvertes défient la science et les théories officielles, et cela, nos chers scientifiques ne veulent pas en entendre parler...

Sans pouvoir formuler de conclusion sur la nature de ces momies, un minimum d'honnêteté implique de reconnaître leur existence. Les débats ne sont pas clos, bien au contraire. Jamin et ses collègues continuent de travailler sur ces momies, de réaliser tous les examens et toutes les analyses possibles.

Pour l'instant, il nous est permis de nous poser quelques questions : d'où viennent ces fameuses momies ? Ont-elles vu le jour et vécu sur notre planète ? En existe-t-il d'autres ?

Les momies tridactyles, tout comme les Paracas au crâne allongé, proviennent d'une zone pleine de mystères, celle où l'on trouve les fameuses lignes et géoglyphes de Nazca...

Les découvertes de « Table Mountain »

Dans les années 1850, des ouvriers travaillant dans les mines d'or à Table Mountain, près de la ville d'Oroville en Californie, ont fait une série de découvertes totalement improbables.

Tout d'abord, ils ont mis au jour des os de mastodontes disparus depuis longtemps, ainsi que des os de mammouths, de bisons, de tapirs, de chevaux, de rhinocéros, d'hippopotames et même de chameaux. Tous ces ossements ont été datés du Pliocène, soit entre 5,3 millions et 1,8 million d'années avant notre ère.

Plus tard, en 1853, un certain Oliver W. Stevens y a trouvé un grand bol en pierre. La même année, à l'intérieur du puits Valentine, un certain Paul Hubbs a découvert une partie de crâne humain.

Albert G. Walton, l'un des propriétaires exploitants, a également découvert à une profondeur de 180 pieds, dans des graviers aurifères sous la couche latitique, un mortier en pierre de 15 pouces de diamètre.

En 1855, le capitaine David B. Akey, ancien commandant d'une compagnie de volontaires de Californie, a été conduit par des ouvriers sur le site d'une autre découverte. Entre 180 et 200 pieds sous la surface, un squelette humain complet reposait parmi les graviers, près d'un pin pétrifié.

En 1856, un certain Winslow a récupéré des fossiles humains et un fragment de crâne, qu'il a envoyés au Musée de la Société d'Histoire Naturelle de Boston. Ces fossiles avaient été trouvés dans l'une des mines de Table Mountain, à environ 180 pieds sous la surface.

Un mineur du nom de Llewellyn Pierce a également trouvé un mortier en pierre sous le basalte, à environ 200 pieds de profondeur. Les deux mortiers étaient incontestablement d'origine humaine.

En 1858, un certain James Carvin a découvert une hache de pierre de quatre pouces de diamètre et d'environ six pouces de longueur. Elle était percée d'un trou, sans doute pour y insérer un manche.

Au cours de l'année 1862, d'autres ossements ont été découverts, notamment une grande mâchoire complète avec de nombreuses dents, ainsi que des os des membres inférieurs. Ils se trouvaient à 340 pieds de profondeur. Près de ces restes humains, quelques objets en pierre ou fossilisés ont été trouvés, dont ce qui semblait être un pendentif. Tous ces objets diffèrent de ceux utilisés par les Indiens natifs ayant vécu dans la région.

En 1863, un certain R. Snell a récupéré une sorte de meule de broyage parmi les fossiles.

En février 1866, M. Mattison, l'un des propriétaires des mines, a déterré sous une couche de basalte ce qu'il a d'abord pris pour un morceau de bois pétrifié. Après décapage et un examen plus approfondi, il s'est avéré qu'il s'agissait en réalité d'un crâne humain complet. Ce crâne a été examiné par le Dr L. Wyman et le Professeur Whitney du Harvard College, qui l'ont identifié comme étant de type moderne. De plus, ils ont constaté que des fragments de coquilles, de graviers et d'or étaient totalement imbriqués dans les cavités du crâne, ce qui signifiait que ledit crâne était contemporain de la couche dans laquelle il avait été trouvé, et qu'en conséquence, il avait au moins 12 millions d'années !

En 1877, le mineur J.H. Neale a découvert à son tour, entre 200 et 300 pieds de profondeur, plusieurs pointes de lance, puis un petit mortier de forme irrégulière, et enfin un grand pilon.

En 1862, dans le même puits, Llewellyn Pierce a mis au jour un mortier en pierre à une profondeur de 200 pieds.

En 1880, le Dr Josiah Dwight Whitney, géologue d'État de Californie, a publié un article détaillé concernant ces découvertes.

À Table Mountain, pendant la période de l'Éocène, les rivières ont creusé des canaux dans le socle rocheux de la Sierra Nevada, et petit à petit, ces canaux se sont remplis de gravier aurifère. Vers la fin de l'Oligocène, le lit de la rivière Éocène s'est retrouvé recouvert d'un épais dépôt de cendre volcanique, qui s'est solidifié en une roche rosâtre appelée latite. Les géologues ont obtenu des datations au potassium-argon d'environ 9 millions d'années pour la latite.

Table Mountain est constitué de 300 pieds de latite du Miocène qui recouvrent des tufs rhyolitiques de l'Oligocène, lesquels chapeautent à leur tour les anciens canaux de la rivière Éocène qui contiennent les graviers aurifères. Ces graviers, qui appartiennent à l'Éocène, ont donc entre 40 et 55 millions d'années.

Sachant que les découvertes d'ossements et autres artefacts humains proviennent des niveaux les plus bas des graviers aurifères, ils ont forcément le même âge. Ces découvertes, qui avaient initialement attiré l'attention des scientifiques, ont finalement été rejetées sous le seul motif qu'elles contredisaient la théorie de l'évolution humaine. En effet, une présence humaine à l'époque du Tertiaire est considérée comme impossible selon nos théories actuelles.

Pourtant, ces artefacts existent bel et bien !

Plusieurs d'entre eux sont aujourd'hui conservés dans les collections du Phoebe A. Hearst Museum of Anthropology, un musée d'anthropologie situé sur le campus de l'Université de Californie à Berkeley.

Les découvertes de Table Mountain fournissent un flagrant contre-exemple à la théorie de l'évolution, qui affirme que les humains modernes sont apparus il y a tout au plus 300 000 ans. Des artefacts et des squelettes humains anatomiquement modernes avaient déjà été mis au jour dans des dépôts datant du Tertiaire, et plus précisément de l'Éocène (entre -56 et -34 millions d'années).

De l'avis même des géologues, il est tout à fait impossible que ces artefacts et ces ossements aient atteint la position où ils ont été trouvés autrement qu'au moment du dépôt du gravier. Ce dépôt a ensuite été recouvert par une calotte de lave, que rien n'est venu perturber avant l'intervention des mineurs. La position des objets dans le gravier indique donc de manière incontestable qu'ils datent de l'Éocène et qu'ils ont au moins 33 millions d'années !

Les scientifiques, dans leur grande majorité, se sont totalement désintéressés de ce dossier embarrassant, tandis que d'autres ont oser dénoncer un canular sans même se donner la peine d'examiner les preuves.

Pour justifier leur opposition à ces découvertes, pourtant particulièrement nombreuses et documentées, les scientifiques ont simplement déclaré qu'il s'agissait de fraudes, sans jamais fournir la moindre preuve en ce sens. Autrement dit, puisque les faits ne correspondent pas à la théorie, ils sont forcément faux !

Quel argument scientifique...

Parmi les objections émises par les scientifiques, la plus courante est : "La découverte d'ossements humains dans d'aussi vieux graviers aurifères impliquerait de déplacer l'origine de la race humaine à une période géologique beaucoup trop éloignée." Ou encore : "Admettre de telles découvertes signifierait qu'un homme de type moderne était contemporain de formes primitives du Miocène supérieur et du Pliocène inférieur, une thèse à laquelle bien évidemment, toute évidence géologique et biologique est opposée."

Un archéologue écossais, Robert Munro, est même allé jusqu'à déclarer que les chercheurs qui ont admis les conclusions selon lesquelles les humains anatomiquement modernes existaient à l'époque du Tertiaire ont accepté des opinions subversives de l'évolution humaine... Et que, par ailleurs, si on devait accepter ces ossements comme preuves, on devrait revoir la chronologie évolutionniste ! En d'autres termes, il est inenvisageable d'accepter ces découvertes comme datant du Tertiaire, puisqu'elles vont à l'encontre des théories admises.

Ces découvertes n'ont d'ailleurs jamais fait l'objet d'études poussées ou de publications scientifiques, du simple fait de leur nature inclassable.

Il n'est donc pas étonnant que les découvertes de la mine d'or de Table Mountain soient à peine connues aujourd'hui. Une toute petite minorité de scientifiques, plus consciencieuse et plus intellectuellement honnête sans doute, a admis que le matériel retrouvé avait forcément été déposé en même temps que les graviers, mais se déclarait dans l'impossibilité de fournir la moindre explication.

L'un d'eux, le géologue Clarence King du United States Geological Survey, a effectué personnellement des recherches au printemps 1869 et a trouvé sous la couche latite un pilon de pierre totalement incrusté dans un dépôt de gravier aurifère. Il est donc difficile d'imaginer une preuve plus satisfaisante que la découverte in situ faite directement par un scientifique.

Ces découvertes s'ajoutent à d'autres tout aussi énigmatiques qui mettent en relief non seulement les preuves de l'extrême antiquité de l'homme, mais également la manière dont les potentats scientifiques excluent les faits controversés de toute ouverture ou discussion scientifique.

Ce procédé relève du filtre de la connaissance qui élimine les preuves susceptibles de faire progresser la recherche scientifique.

Les découvertes de Table Mountain, et d'autres similaires, ont été rapportées dans le livre "Forbidden Archaeology" de Michael Cremo et Richard L. Thompson et présentées dans une émission télévisée de la NBC intitulée "The Mysterious Origins of Man" (Les mystérieuses origines de l'homme). Pour enrichir le tournage, il avait été décidé de filmer quelques-uns des artefacts en pierre découverts dans les mines. Ces artefacts sont conservés en partie au Phoebe Hearst Museum of Anthropology de l'Université de Californie à Berkeley, il convenait donc d'obtenir l'autorisation des responsables concernés. Quelle ne fut la surprise de l'équipe de tournage quant aux réponses desdits responsables... Tout d'abord, ils ont répondu "qu'ils ne pouvaient pas prendre le temps pour cette recherche", a déclaré le producteur Bill Cote, qui a répliqué en disant que le temps n'était pas un problème et que la production pouvait attendre quelques mois. Les responsables du musée ont alors affirmé qu'ils manquaient de personnel et de fonds. Les producteurs ont alors proposé d'assumer tous les frais liés à l'entreposage des artefacts pour le tournage, y compris le paiement des heures supplémentaires pour les employés. Le musée a néanmoins refusé cette proposition.

Les producteurs n'ont pas baissé les bras et ont cherché à obtenir l'autorisation par divers canaux. Cependant, le directeur du musée n'a jamais cédé, et les producteurs de l'émission ont donc été obligés de se rabattre sur les photos originales datant du XIXe siècle.

Il est clair que l'attitude des responsables du musée est édifiante, elle met en relief le jusqu'au-boutisme des scientifiques gardiens du dogme. Par ailleurs, le film final, qui présentait un certain nombre de matériaux et de preuves remettant en cause l'évolution humaine, a provoqué une véritable tempête de protestations de la part des scientifiques gardiens du dogme. Et plutôt que d'argumenter sur le fond, ces scientifiques se sont contentés de traiter les producteurs de crétins et de menteurs, allant même jusqu'à souhaiter leur bannissement des ondes... Belle attitude scientifique !

Systématiquement, lorsque les scientifiques se heurtent à des preuves qui contredisent radicalement leurs attentes, en particulier sur les origines de l'homme, ils décident simplement et arbitrairement que ces preuves sont frauduleuses et ne peuvent pas être retenues comme "pièces à conviction". Les preuves archéologiques de l'extrême antiquité humaine sont donc systématiquement éliminées, simplement parce qu'elles contredisent les théories officielles en cours.

Ces preuves et ces faits vont certes à l'encontre des théories officielles, mais leur existence suggère une vision alternative à ces théories. Plutôt que de bloquer les éléments de preuve ou de répondre par des diatribes d'indignation, les scientifiques auraient tout intérêt, ne serait-ce que pour leur propre crédit, à traiter le problème de fond, c'est-à-dire à considérer ces preuves comme un matériel scientifique, à les discuter et à les récuser le cas échéant, mais avec des traitements et des arguments scientifiques.

Nous pouvons regretter que les défenseurs du darwinisme ne voient pas les choses de la même manière, et cela est bien regrettable.

7   LES GEANTS

Les géants ont-ils peuplé la Terre ?

Nous pouvons légitimement nous poser la question, tant leur souvenir est ancré dans la mémoire de tous les anciens peuples de la Terre.

Aujourd'hui, aux yeux de la science, leur existence relève du mythe, ce que traduit Wikipédia de la manière suivante : « les géants sont un genre d'hominidé cryptide, dont l'existence est suggérée par des témoignages ou des éléments matériels ». Et plus loin : « L'hypothèse de leur véritable existence a perduré tardivement sur la foi de témoignages et d'éléments matériels ambigus ou mal interprétés ». Sous-entendu, ils n'ont jamais existé que dans la tête des plus crédules !

Ça, c'est pour la version officielle, s'il était besoin de le préciser. Mais ce n'est pas parce que c'est officiellement affirmé qu'il s'agit d'une vérité établie.

Nous allons passer en revue les données qui permettront à chacun(e) de se faire sa propre idée. Ces données se répartissent en trois catégories qui, chacune de manière différente, contribuent à cerner le sujet, Ce sont :
Les récits et légendes,
Les empreintes,
Les ossements.

Les récits et les légendes

Les récits concernant les géants sont souvent assimilés à des mythes, mais est-ce vraiment le cas, ou sont-ils des relations d'événements passés ? Là réside toute la question.

Toute légende peut reposer sur un événement réel, mais il est impossible de l'affirmer, tandis que les récits peuvent être historiques et se baser sur des éléments factuels.

Le classement des récits et légendes en relation avec les géants en tant que mythes par les sources dites "officielles" relève donc de l'arbitraire. Il repose uniquement sur une approche subjective du sujet par rapport aux dogmes en vigueur.

N'oublions pas que les mythes contiennent souvent des éléments de vérité, comme l'avait bien compris Heinrich Schliemann, découvreur de Troie et de Mycènes.

D'après d'innombrables récits et légendes, les géants auraient réellement régné sur Terre et vécu parmi les hommes pendant des milliers d'années.

Ainsi, l'épopée de Gilgamesh, le célèbre récit épique de l'époque de Sumer datant du XVIIIe siècle avant notre ère, rapporte l'existence de ces êtres de très grande taille.

Plus tard, la Bible fera également partie des plus anciennes sources à en faire mention, et ce à diverses reprises.

En fait, il est fait mention de deux générations différentes de géants, l'une ayant vécu avant le Déluge et l'autre après.

Dans la Genèse, au chapitre III du "Livre de Baruch", un livre apocryphe, nous découvrons l'histoire d'une civilisation mondiale primitive composée d'une race de géants dotés de pouvoirs étendus.

Dans la Genèse 6.4, il est dit : "Les géants étaient sur la terre en ces temps-là. Il en fut de même après que les fils de Dieu furent venus vers les filles des hommes, et qu'elles leur eurent donné des enfants, ce sont ces héros qui furent fameux dans l'antiquité."

Le livre d'Amos rapporte qu'après le déluge, les géants, faisant partie de peuplades païennes, vivaient parmi les hommes.

Dans le livre des Nombres 13.33, il est dit : "Nous vîmes des géants, les fils d'Anak... et à nos yeux nous étions devant eux comme des sauterelles."

Dans le Livre de Josué, il est fait référence à "la Terre des géants".

Dans le premier livre de Samuel, il est question de Goliath appartenant à une tribu de Réfaïm. Il mesurait 6 coudées et 1 palme, soit plus de 2,80 mètres. Il est précisé que le poids de sa cuirasse était de 5 000 sicles d'airain, soit plus de 70 kg !

Égypte

L'histoire de l'Égypte ancienne reste très mystérieuse. Cette civilisation semble être sortie de nulle part. La première dynastie possédait déjà une somme considérable de connaissances, et la suite s'apparente plutôt à une décadence progressive. Cette histoire est également jalonnée de références aux géants qui, à certains moments, étaient en guerre contre les hommes.

Grèce

Les Grecs, grâce à qui nous possédons un important fonds de littérature mythologique, étaient manifestement persuadés de l'existence passée des géants. Plusieurs récits relatent des guerres ayant opposé les dieux aux géants vivant sur Terre, ainsi que les géants aux hommes.

Selon leurs écrits, la Terre a connu différents cycles qui se sont tous achevés par une destruction. Lors de certains de ces cycles, les géants vivaient parmi les hommes. Certains paraissent être assimilés à des dieux civilisateurs, tandis que d'autres étaient les ennemis des hommes. Les deux camps se seraient livrés à des guerres dévastatrices, et les derniers "mauvais géants" auraient été éliminés par les humains.

L'abbé Pegues, ancien missionnaire, révèle dans son livre imprimé en 1842, "Histoire et phénomènes du volcan et des îles volcaniques de Santorin. Suivi d'un coup d'œil sur l'état moral et religieux de la Grèce moderne", que des squelettes de géants aux crânes énormes furent découverts non loin de la ville de Théra (Santorin). Ils étaient enterrés sous d'énormes blocs de pierre, que seuls des géants auraient pu manipuler.

Liban
Selon certains récits, le premier Temple de Baalbek aurait été édifié par une race de géants sur les ordres de Nimrod, descendant de Noé et premier roi ayant régné après le Déluge.

Scandinavie
Beaucoup plus au nord, les populations étaient persuadées que les premiers êtres à avoir peuplé la Terre étaient des géants, et que leur patrie était la mythique contrée de Thulé. La mythologie nordique évoque souvent les combats qui opposèrent Thor et Odin aux géants.

Grande-Bretagne
Dans "l'Histoire des rois de Bretagne", qui date du XIIe siècle, il est question de Gogmagog, un géant habitant Albion (ancien nom de la Grande-Bretagne). Il aurait été jeté du haut d'une falaise à l'issue d'une lutte avec un guerrier légendaire appelé Corineus. La victime était le dernier des géants encore en vie.

Un vieux livre figurant au catalogue de l'Université d'Oxford fait état de la découverte d'un squelette mesurant 4 mètres, découvert dans le comté de Cumberland.

Amérique centrale
Le livre sacré des Mayas, le "Popol Vuh", parle des géants qui ont peuplé le monde. La "légende des soleils" est un mythe cosmologique selon lequel la Terre vit des cycles successifs de création et de destruction. Ainsi, les Mayas déclarent que les géants auraient régné sur Terre lors de l'un de ces cycles. Ce sont d'ailleurs eux qui auraient construit les cités colossales d'Amérique du Sud et d'Amérique centrale.

Mexique

Fernando de Alva Ixtlilxochitl (1578-1650), historien mexicain, a rédigé plusieurs ouvrages regroupés sous le nom de "Relations" ainsi que "La Historia de la Nacion chechimeca". Ses écrits constituent une excellente source d'informations concernant les peuples Toltèques et Chichimèques, qui ont constitué des civilisations très méconnues. Selon les Toltèques, les Mayas et les Aztèques, la Terre a connu différents cycles, et pendant le deuxième cycle, ou "deuxième Soleil", le monde était peuplé de géants appelés "Quinametzin" dotés d'une stature et d'une force exceptionnelles. Lors du troisième cycle, ou "troisième Soleil", il est dit que les hommes ont massacré les géants qui avaient survécu à la destruction précédente.

Au XVIe siècle, le missionnaire dominicain Pedro de los Rios, qui a contribué à faire connaître la culture aztèque, a écrit qu'avant le Déluge, la Terre d'Anahuaca, c'est-à-dire le Mexique, était peuplée de géants appelés les Tzocuillixeo.

Il est à noter que le conquistador Hernan Cortès a envoyé au roi d'Espagne un fémur de géant comme preuve de leur existence passée, comme l'ont raconté les tribus autochtones.

Pérou

Au Pérou également, les traditions font état d'un peuple de géants qui seraient les auteurs des constructions cyclopéennes disséminées dans les Andes. Reginaldo de Lizarraga, évêque tour à tour du Paraguay et de Concepcion au Chili, qui a également vécu au Pérou vers la fin du XVIe siècle, est l'auteur de l'ouvrage "Descripcion y poblacion de las Indias" dans lequel il rapporte le mythe d'une population d'une stature incroyable ayant vécu dans la région par le passé.

Équateur

Le conquistador espagnol Pedro Cieza de León, a rapporté un récit fait par les indiens autochtones de la région de Santa Elena en Équateur : "De la mer arrivèrent sur des bateaux de balsa et de paille aussi grands que des vaisseaux, des hommes si immenses qu'un homme ordinaire de bonne stature atteignait la hauteur de leurs genoux. Comme ils n'avaient pas de femmes et que les indigènes ne voulaient pas d'eux à cause de leur taille, ils pratiquaient la sodomie entre eux, sans honte ni crainte de Dieu... Les Indiens affirment que Dieu leur infligea une punition appropriée à l'énormité de leur crime. Alors qu'ils étaient ensemble, s'adonnant à leurs pratiques, un terrible feu descendit du ciel avec un énorme bruit, et un ange resplendissant apparut, une épée acérée et brillante à la main. D'un seul coup, il les tua tous et le feu les consuma."

De la Bolivie à l'Argentine

Les indiens qui vivent autour du lac Titicaca affirment que la cité mégalithique de Tiahuanaco a été édifiée par des géants à la peau claire. Tous les anciens peuples, jusqu'en Patagonie, possèdent de nombreuses légendes de géants, dont certains devaient être encore en vie à l'époque, puisque le marin et chroniqueur italien Antonio Pigafetta, qui a rapporté de nombreuses notes de ses voyages avec Magellan, raconte qu'un jour, en Patagonie, un homme d'une stature gigantesque s'est présenté à eux, "Nos têtes arrivaient à peine à sa ceinture."

Dans son ouvrage "Relacion del primer viaje alrededor del mundo" écrit en 1521, on apprend que Magellan et son équipage ont découvert en Terre de Feu un peuple de haute stature, descendant d'une très ancienne civilisation. Il les a nommés Les Patagons, d'où le nom de Patagonie. Il est également mentionné qu'ils ont rencontré d'autres géants dans des contrées plus au sud qu'ils croyaient inhabitées.

Des récits universels

Sur tous les continents, les histoires sont les mêmes : les géants ont longtemps régné sur Terre et vécu parmi les hommes.

Ces récits émanent aussi bien de peuplades sauvages et isolées que de civilisations anciennes de tous les continents. Comment expliquer cette uniformité de récits s'il n'existait pas une base bien réelle ?

On nous explique que depuis l'apparition de la science, ce genre de théorie n'a plus cours et que les géants relèvent définitivement du simple mythe.

Autrement dit, « au diable les légendes et les chroniques du passé », les scientifiques modernes sont au-dessus de ces considérations !

Grand bien leur fasse, mais nombreux sont ceux qui ne partagent pas leurs convictions.

Si, de tous temps et partout sur la planète, les peuples anciens ont évoqué ces races de géants, je doute qu'ils aient tout inventé, et je pense que qu'ils ont bel et bien existé...

Des ossements pour preuves

Les géants ne peuplent pas seulement les récits et les légendes, ils ont laissé d'innombrables preuves physiques de leur existence. Ces traces se traduisent par des ossements, des squelettes, des tombes... et de nombreux articles de presse font état de ces découvertes, photos à l'appui.

Curieusement, dès que l'on retrouve un bout d'os de Néandertal, tous les médias en parlent. En revanche, s'il s'agit d'un squelette de géant, pas un mot, rien, le blackout total ! Les scientifiques détournent le regard et refusent de s'y intéresser de quelque manière que ce soit, puisque, selon eux, les géants n'ont jamais existé !

Pour autant, malgré le déni, ces ossements existent bel et bien. Je vous livre un inventaire non exhaustif des découvertes réalisées au cours des siècles passés. Si certaines sont difficiles à vérifier en dehors des articles de presse de l'époque, d'autres, au contraire, sont parfaitement documentées.

En 1594, en Allemagne, près de la ville de Greifswald, des tailleurs de pierre ont découvert deux tombeaux de géants. Les ayant ouverts, ils ont trouvé à l'intérieur deux squelettes mesurant respectivement 3,63 m et 5,28 m.

En 1821, dans le Tennessee, deux squelettes mesurant plus de 2,15 m ont été trouvés sous les ruines d'un mur.

En 1833, à Lompock Rancho, dans l'actuel comté de Santa Barbara, en Californie, des soldats ont découvert le squelette d'un homme de 12 pieds, soit 3,65 m, en creusant le sol pour enfouir de la dynamite.

En juillet 1870, l'hebdomadaire "The Oil City Times" a annoncé la découverte d'un squelette de géant. Les dénommés William Thompson et Robert Smith étaient en train de réaliser un puits de forage dans un lieu situé à environ un demi-mile au nord de West Hickory, dans le comté de Forest, en Pennsylvanie, lorsqu'ils ont mis au jour un impressionnant casque métallique en partie détruit par la rouille. En poursuivant la fouille, ils ont excavé une épée de 3 mètres de long, puis des ossements énormes. Finalement, ils ont dégagé un squelette humain entier, appartenant à un géant mesurant près de 6 mètres... L'ensemble de la découverte a été acheminé à la petite ville de Tionesta.

En juillet 1877, dans le Nevada, à Spring Valley près d'Eureka, des prospecteurs ont découvert ce qu'ils ont tout d'abord pris pour un morceau de roche de quartzite brune. Après décapage, il s'est avéré qu'il s'agissait d'une partie de fémur, ainsi que des os du genou, de la jambe et du pied, d'un hominidé. Proportionnellement à la taille de ces os, leur propriétaire devait mesurer pas moins de 3,5 mètres. Le plus étonnant est que le bloc de quartzite dans lequel cet os était emprisonné est estimé à environ 185 millions d'années !

En 1879, selon un journal local du Wisconsin, une partie du crâne et des vertèbres appartenant à un géant ont été découverts lors de travaux.

En 1890, en France, à Castelnau-le-Lez, l'anthropologue Georges Vacher de Lapouge a déterré le bras et un os de la jambe d'un homme mesurant 3,5 m. Les ossements ont été étudiés à l'Université de Montpellier, qui a confirmé que malgré sa taille, il s'agissait bien d'un être humain. Un article a même été publié dans l'ancienne revue de vulgarisation "La Nature".

En 1893, le journal hebdomadaire canadien "Le Courrier des provinces maritimes" annonce que le gardien du phare de l'île de Caraquet, au Nord-est du Nouveau-

Brunswick, a découvert un squelette géant mesurant près de 3 mètres.

En 1894, la presse américaine relate la découverte de 3 gigantesques crânes humains en France, à Montpellier, par des ouvriers travaillant sur un réservoir d'eau. Ces crânes mesuraient 71, 79 et 81 centimètres de circonférence, ce qui indique qu'ils devaient appartenir à des hommes mesurant entre trois et quatre mètres...

En 1895, le colonel irlandais William Gregory Wood-Martin (1847 - 1917), antiquaire, écrivain et archéologue, a publié un livre intitulé "Traces des Géants de la religion en Irlande". Il fait état d'un géant fossilisé découvert par un mineur du nom de Dyer lors d'une opération d'extraction de minerai de fer dans le comté d'Antrim.

La taille exceptionnelle et le poids du géant ont nécessité le concours de 6 hommes pour l'extraire de la mine, puis d'une petite grue pour l'installer sur un wagon. Après avoir exposé le géant à Dublin, Dyer l'a ensuite exposé à Londres, dans le dépôt de la société de chemin de fer London and Northwestern Railway Company, où il a d'ailleurs été photographié in situ. Cette photo a été publiée par The Strand Magazine et est encore visible sur internet aujourd'hui. Dyer a poursuivi ses expositions à Liverpool puis à Manchester. Il demandait la somme de 6 pence (environ 8 centimes d'euro) à chaque visiteur. Un grand nombre de personnes ont ainsi eu l'occasion de le voir, et même de le toucher, parmi lesquelles des scientifiques et des anthropologues, mais curieusement, aucun d'eux ne s'est proposé d'étudier ce géant hors normes. Jugez-en par vous-même, il mesurait 12 pieds, soit 3,65 mètres. Son tour de poitrine faisait 6 pieds, soit 1,82 mètre de circonférence. La longueur de ses bras était de 4 pieds, soit 1,21 mètre, et curieusement, son pied droit possédait 6 orteils... On ne sait pas ce qu'est devenu ce géant.

Le 19 décembre 1897, à Maple Creek, dans le Wisconsin, le squelette bien conservé d'un homme mesurant 2,70 m a été découvert.

Le 7 juin 1908, le quotidien "The Salt Lake Tribune" relate la découverte d'un géant dans la région de San Diego.

Il s'agit d'un corps momifié d'environ 3,30 m, retrouvé dans une grotte par une équipe de prospecteurs. La dépouille a été examinée par des scientifiques de la Smithsonian Institution, qui l'ont ensuite acquise. Curieusement, cette dépouille, bien qu'ayant été achetée à prix fort, a été déclarée fausse par ces mêmes scientifiques, qui l'ont fait disparaître de la circulation... !

En 1931, un article publié dans le "Lovelock Review-Miner" fait état de deux très grands squelettes découverts dans le lit d'un lac asséché, non loin de la grotte Lovelock, dans le Nevada. L'un de ces squelettes mesurait environ 2,60 mètres et était enveloppé dans un tissu semblable à celui des momies égyptiennes. Le deuxième squelette mesurait près de 3 mètres...

En 1936, l'anthropologue Ludwig Kohl-Larsen a découvert, sur la rive du lac tanzanien Eyasi, 12 squelettes humains mesurant entre 3,50 m et 3,75 m. Dans un livre paru en 1956, il établit un lien avec les mythes de l'ancien peuple local, les Hadzabe, concernant les géants.

En 1936, le capitaine R. Lafanechere a exhumé des outils préhistoriques dans le sud du Maroc, pesant de 4,15 kg à plus de 8 kg, ce qui laisse supposer que leurs utilisateurs devaient être des géants.

En 1937, un paléontologue allemand, Franz Weidenreich, a publié un livre dans lequel il déclare avoir effectué des fouilles en Chine avec Gustav Heinrich Ralph von Koenigswald et avoir découvert des ossements humains d'une taille impressionnante.

En 1950, l'archéologue français Louis Burkhalter, ancien délégué de la Société française de préhistoire, a lui-même écrit que l'existence des géants pendant la période acheuléenne (de -1 600 000 ans à -200 000 ans avant notre ère) est un fait scientifiquement établi. Il va sans dire que ses collègues n'ont pas manqué de dénoncer cette affirmation comme fausse.

En 1950, lors de la construction d'une route en Alaska, un engin de chantier a mis au jour 2 crânes, ainsi que divers ossements, vertèbres et os du pied, appartenant manifestement à des géants. Les crânes mesuraient plus de

55 cm de haut et 30 cm de large, et les tibias mesuraient plus de 1,50 m.

À la fin des années 1950, lors de travaux de construction d'une route dans le sud-est de la Turquie, plusieurs tombes de géants ont été découvertes. Des os humains gigantesques ont été extraits, dont un fémur mesurant 1,20 m, ce qui laisse supposer qu'il devait appartenir à un individu mesurant environ 5 m. Il existe une photo d'un homme posant à côté de ce fémur, ce qui donne une idée de la taille du géant.

En 1964, dans une grotte d'Alguetca située près du village de Manglisi, dans la région de Kvemo Kartli en Géorgie, des archéologues ont mis au jour des squelettes de géants mesurant de 2,80 mètres à 3 mètres.

En 1965, en Équateur, un prêtre de la petite ville de Gonzanamá, dans la province de Loja, s'est fait connaître grâce à une exposition très particulière. Le père Carlos Vaca a conservé et exposé pendant plus de quarante ans, jusqu'à sa mort en 1999, dans son musée connu sous le nom de "Musée du père Vaca", les restes de squelettes de très grande taille. La plupart des hommes à qui appartenaient ces ossements mesuraient environ 7 mètres... ! Ces os provenaient d'un site proche appelé "Changaiminas", qui peut se traduire par "Cimetière des dieux". Plusieurs fragments ont été étudiés par le Smithsonian Institute, un institut américain, qui a analysé leur consistance, leur densité, leur âge et leur poids. Les études ont confirmé que ces ossements faisaient bien partie d'un squelette humain, dont la taille devait être plusieurs fois celle d'un humain contemporain. Les sédiments remplissant les pores des os ont permis de déterminer qu'ils dataient de plusieurs dizaines de milliers d'années.

En 1971, en labourant un champ, un agriculteur du Queensland, Stephen Walker, a soulevé un gros fragment de mâchoire avec des dents mesurant cinq centimètres.

En 1976, le squelette d'un être humain géant aurait été découvert près du château Trezzo d'Adda, dans la province de Milan, en Italie. Le squelette a été identifié comme étant celui de Rodchis, le fils du roi de Lombardie Poto au VIIIe siècle. Son squelette était trop grand pour le tombeau de deux mètres de long, ses genoux et sa tête ont été pliés pour s'adapter à sa taille, qui était d'environ 2,5 mètres.

En 1982, un mineur du nom d'Ed Conrad a dégagé un crâne de géant dans la mine de charbon où il travaillait. Il a été daté d'environ 280 millions d'années.

En 2008, la chaîne de télévision russe 1TV a rapporté que des ossements de géants avaient été trouvés en Géorgie, dans les gorges de Borjomi. En fonction de la taille des os, il a été estimé que l'individu devait mesurer entre 2,5 et 3 mètres.

En 2005, le quotidien La Pravda a annoncé que le professeur Ernst Rifgatovich Muldashev, chirurgien et écrivain renommé, avait découvert en Syrie des tombes de très grande taille contenant des géants impressionnants.

En 2008, des archéologues géorgiens ont découvert un squelette géant de trois mètres près de la station thermale de Borjomi.

En 2014, en Australie, le journal "Adelaide East Herald" a rapporté que des archéologues de l'Université d'Adélaïde avaient exhumé des squelettes mesurant plus de 5 mètres de hauteur. La découverte a été faite sur un site proche de l'Ayers Rock, ainsi que des ruines de la seule civilisation mégalithique australienne connue. L'équipe semble établir un lien avec un énorme bloc de basalte présent sur place, estimé à 80 tonnes, et dont l'origine a été localisée à environ 200 km du site. Selon les géologues, des traces d'impact et de vitrification laissent supposer qu'une explosion d'une nature inconnue a frappé cette zone il y a environ 3 500 ans. Les relevés de radioactivité effectués sur les squelettes et les ruines d'Uluru suggèrent que les populations locales n'ont pas survécu à cette catastrophe. Cependant, cela n'explique en rien la présence des squelettes de géants, à moins de supposer qu'ils représentaient la norme locale à cette époque...

Cette découverte australienne constitue le dernier cas connu. Malheureusement, il existe une tendance bien réelle à vouloir tourner en dérision ces sujets controversés. Les photos et les vidéos qui circulent actuellement sur le net sont manifestement des montages plus ou moins grossiers. Il est légitime de se demander s'il n'existe pas une volonté délibérée de ridiculiser le sujet afin de l'occulter une bonne fois pour toutes.

J'ai rapporté un certain nombre d'articles s'étalant sur deux siècles, précisément pour mettre en évidence la réalité du phénomène. Le nombre et la période couverte ne laissent que peu de doutes quant à la véracité des faits. Ces squelettes appartenaient bien à des géants, certaines découvertes ont même été faites par des scientifiques, des archéologues ou des paléontologues. À aucun moment, ces personnes n'ont douté de l'authenticité de leurs trouvailles.

Les scientifiques, soucieux de parer à cet argument, déclarent que oui, il y a bien eu quelques cas de gigantisme, mais qu'il s'agit d'une maladie liée à des perturbations hormonales, à l'instar du cas connu de l'Américain Robert Pershin Wadlow. Ce géant de l'ère moderne, né en 1918 et mort à l'âge de 22 ans, mesurait 2,72 mètres !

Ils précisent également qu'il a existé quelques espèces d'hominidés, dont le fameux gigantopithèque, un genre de singe ayant vécu il y a 2 millions d'années en Asie du Sud-Est. Et ils concluent le dossier en déclarant que l'hypothèse de géants humains n'est pas recevable pour des raisons purement biomécaniques... Mais en réalité, il ne s'agit là que d'une extrapolation des cas de gigantisme hormonal, car ces rares cas souffrent effectivement de leur poids par rapport à la résistance de leur ossature. Ce constat ne signifie en aucun cas qu'une ou plusieurs races de géants n'ont pu exister dans le passé. Les scientifiques le savent bien, mais il est tellement plus simple de faire comme si !

Des empreintes de géants

100 à 150 millions d'années

Le "monument national Carrizo Plain" est la plus grande prairie indigène restante en Californie. Elle est située entre les montagnes Vallecito et Carrizo Badlands au nord, et les montagnes de Tierra Blanca, de Jacumba et les montagnes Coyote au sud. Ce site a été déclaré monument historique national en raison de sa valeur archéologique. C'est là que furent découvertes, dans les années 1970, de nombreuses empreintes de pieds et de chaussures, à proximité de pistes de dinosaures.

Les empreintes se trouvent à la fois dans la formation Morrison, qui est une formation géologique datant du Jurassique supérieur, et dans des affleurements de grès Dakota. Ces formations ont entre 100 et 150 millions d'années. Les empreintes de pieds nus sont légèrement érodées, tandis que celles de chaussures sont plus clairement définies. Cependant, ces empreintes révèlent que leurs utilisateurs avaient une taille bien supérieure à la moyenne, mesurant environ 50 centimètres de long et environ 20 centimètres à leur partie la plus large.

120 à 130 millions d'années
En 1908, au Texas, près de la rivière Paluxy, non loin de la petite ville de Glenn Rose, des empreintes fossiles de pieds humains ont été découvertes à côté d'empreintes de dinosaures. Étonnamment, les empreintes laissées par les humains sont plus grandes que celles laissées par les animaux. Proportionnellement à la taille d'un homme de notre époque, l'empreinte correspondrait à un géant mesurant 4 mètres de haut. Bien que les empreintes indiquent que les individus se déplaçaient en sens inverse, elles semblent néanmoins contemporaines, comme en témoigne notamment une empreinte de dinosaure tridactyle recouvrant partiellement une empreinte humaine. Ce constat implique que les empreintes datent de 120 à 130 millions d'années.

L'authenticité des empreintes de dinosaures n'est pas contestée. Cependant, ce qui dérange les paléontologues, c'est que ces traces soient accompagnées d'empreintes humaines. Ils s'appuient sur le fait que des sculptures d'empreintes humaines ont été vendues aux touristes pendant les années 1930 pour déclarer que celles qui côtoient les traces de dinosaures sont fausses. Ce raisonnement est un peu simpliste, surtout si l'on considère deux objections :

les fabricants des sculptures destinées aux touristes ont déclaré qu'ils avaient effectivement réalisé leurs copies à partir des empreintes originales, mais qu'ils n'étaient en rien responsables de ces dernières.

Le deuxième argument est difficilement contestable, puisqu'en 1976, un professeur de géologie, Jack L. Walper, a exploré à son tour le lit de la rivière Paluxy. Après avoir construit des digues pour isoler une partie de la rivière et l'avoir vidée à l'aide de pompes, il a découvert de nouvelles empreintes de dinosaures côtoyant des empreintes de pieds humains. Ces empreintes étaient immergées, ce qui impliquerait que des faussaires hypothétiques aient travaillé sous l'eau pour réaliser cette supercherie, ce qui n'a évidemment aucun sens.

D'autre part, toutes les empreintes présentent un bourrelet très significatif sur leur contour, correspondant logiquement à la pression d'un pied enfoncé dans la vase.

En fait, si ces empreintes ont engendré de vives controverses, c'est simplement en raison de ce qu'elles impliquaient, à savoir l'existence de géants et leur présence à l'époque des dinosaures. Pourtant, comme nous l'avons vu, ces empreintes sont incontestables et, par ailleurs, bien plus nettes que celles découvertes en 1978 en Tanzanie par la paléontologue américaine Mary Leakey. Ces empreintes ont été unanimement reconnues comme appartenant à des hominidés et conservées depuis 3,6 millions d'années dans des cendres volcaniques.

Il y a clairement une disparité de traitement selon que les découvertes correspondent ou non aux normes scientifiques !

200 millions d'années et plus

" Une empreinte géante datant d'environ 200 millions d'années, a été découverte en Afrique du Sud en 1912 ", tel est le titre d'une vidéo mise en ligne en 2012 par un certain Michael Tellinger. En fait, l'auteur de cette vidéo est un scientifique et explorateur sud- africain connu, qui n'a fait que rapporter l'existence d'une découverte faite en 1912. Cette année-là, unchasseur local du nom de Stoffel Coetzee a fait la surprenante découverte de cette empreinte, connue sous le nom de "L'empreinte de Dieu", près de Mpuluzi, une ville proche de la frontière du Swaziland. Ce qui rend cette empreinte unique, c'est sa taille gigantesque, mesurant 4 pieds, soit un peu plus de 1,20 mètre de longueur ! Proportionnellement, la personne qui l'a laissée devait mesurer près de 8 mètres...

Les géologues qui ont examiné et étudié cette empreinte n'ont pas remis en question son authenticité. Sa datation est tout aussi étonnante, car les mêmes géologues indiquent que la formation granitique dans laquelle l'empreinte est emprisonnée date d'une période comprise entre 200 millions et 3 milliards d'années ! Comme on peut s'y attendre, cette fourchette de datation a suscité de vives polémiques. Il était déjà difficile d'accepter l'existence d'une empreinte géante de cette nature, mais ajouter une datation très au-delà des limites admissibles a rendu illusoire la reconnaissance de la communauté scientifique.

La possibilité d'une supercherie a été évoquée, mais l'apparence de l'empreinte ne laisse aucun doute, elle a bien été moulée naturellement in situ, et non sculptée. De plus, on ne voit pas clairement quel intérêt un éventuel faussaire aurait eu à "fabriquer" une telle chose en 1912, et ce, dans un endroit aussi isolé...

D'autres empreintes

Earl Flint, un archéologue américain, est connu pour avoir découvert en 1884 d'anciennes empreintes fossilisées d'hominidés mesurant jusqu'à 40 cm de longueur. Flint a fait cette découverte lors de fouilles dans une carrière près de Managua, au Nicaragua, alors qu'il était en mission pour le compte du musée d'archéologie et d'ethnologie Peabody de l'Université Harvard.

Étant donné qu'il s'agit d'un scientifique, il est difficile de remettre en question l'authenticité de sa découverte.

Le plus étonnant est que, certaines de ces empreintes étaient celles de sandales, ce qui soulève bien des questions, étant donné que ces traces ont été datées d'environ 200 000 ans !

En 1896, les membres de l'Académie des Sciences de l'Ohio ont pu observer l'empreinte d'un pied humain mesurant 37 cm, parfaitement incrustée dans une pierre. Cette pierre avait été trouvée en 1876 aux alentours de Parkersburg, en Virginie Occidentale. Son âge a été estimé à environ 150 millions d'années.

Au Nouveau-Mexique, en 1931, un trappeur a découvert des empreintes d'apparence humaine. L'année suivante, quatre chercheurs ont découvert 13 empreintes supplémentaires confirmant leur origine humaine, malgré leurs dimensions hors normes. Elles mesuraient en effet de 40 à 55 centimètres de long pour 20 à 27 centimètres de large.

De nouvelles fouilles effectuées dans les années 1970, notamment sur les contreforts à l'est des monts San Andres, ont permis de découvrir de nouvelles empreintes similaires. Aucun des chercheurs n'a émis le moindre doute quant à leur origine humaine.

En 1882, des prisonniers du pénitencier de Carson City dans le Nevada ont découvert, lors de travaux dans une carrière de grès, diverses empreintes fossilisées, dont une série de six empreintes géantes d'hominidés. Certaines de ces empreintes étaient celles de sandales et mesuraient jusqu'à 50 cm de long. Ces découvertes ont fait l'objet d'un rapport daté du 27 août 1882, adressé à l'Académie des Sciences de Californie.

En Australie

Au cours de l'année 1930, les exploitants d'un gisement de jaspe près de Bathurst ont découvert à plusieurs reprises des empreintes fossiles d'énormes pieds humains. Par extrapolation, la taille de leurs propriétaires était estimée entre 2,10 m et 3,65 m.

En 1979, un énorme rocher a été découvert dans un ruisseau de la vallée de Megalong, dans les Blue Mountains.

Il présentait une empreinte d'une partie d'un énorme pied avec les cinq orteils clairement visibles. On estime que la taille de l'empreinte totale était d'environ 60 cm de long et 17 cm de large, appartenant à un individu mesurant près de 6 mètres.

Des empreintes de pas de géants ont également été découvertes dans le lit calcaire de la rivière Macleay en Australie. Les autochtones rapportent d'ailleurs qu'un peuple de géants vivait autrefois sur ce territoire.

Ces récits sont-ils suffisamment édifiants ? Pour la plupart d'entre vous, sans doute, à l'exception des scientifiques... Peu importe que certaines de ces découvertes aient été réalisées par certains d'entre eux, pour la communauté scientifique, ces empreintes ne peuvent pas exister. Et si elles existent, cela représente une insulte à la science !

Les paléontologues les plus honnêtes admettent que ces découvertes posent problème et résistent à toute explication rationnelle avec nos connaissances actuelles.

En conclusion, les récits, les légendes, les ossements, les crânes et les empreintes sont autant d'indices, bien plus nombreux que ce dont les paléontologues ont généralement besoin pour construire une théorie.

Les plus honnêtes reconnaissent que les géants ont bel et bien existé sur Terre et ont sans doute peuplé tous les continents dans un passé lointain.

Que ces preuves matérielles soient refusées par la communauté scientifique ne change rien au constat : ces preuves existent. Elles permettent de mieux comprendre l'abondance des mythes, toujours les mêmes, et partout sur la planète, qui sont en réalité le reflet d'une réalité passée, une réalité antédiluvienne.

8 EMPREINTES ET GLYPHES

Empreintes de pas impossibles

Lorsqu'une information vérifiable va à l'encontre de la théorie, elle suscite des réactions hostiles.

Sans aucun doute, est-ce le cas des nombreuses empreintes d'humanoïdes trouvées dans des couches géologiques datées de plusieurs centaines de millions d'années. Ces datations contredisent totalement la chronologie officielle, remettant ainsi en question le dogme en place et irritant les néodarwiniens. Par conséquent, chaque fois que possible, ces fossiles ont été égarés, détruits, occultés ou enfouis dans les caves des musées.

Heureusement, un certain nombre de ces empreintes ont été photographiées, documentées, décrites et quelques-unes ont été conservées in-situ ou dans des musées privés.

Ces empreintes suggèrent que des humains étaient contemporains des dinosaures. Cependant, les rares scientifiques qui les ont examinées n'ont jamais été en mesure de fournir de réponse définitive.

Ces empreintes ont été laissées jadis dans la boue ou la glaise, des matériaux qui se sont ensuite solidifiés au fil du temps. Leur datation a donc été déterminée par l'âge de la roche dans laquelle elles sont incluses.

Malheureusement, la communauté scientifique ne montre aucun intérêt pour ces découvertes car, encore une fois, elles vont à l'encontre des théories officielles. Seuls ceux qui remettent en question la théorie darwinienne admettent qu'il existe vraisemblablement une autre vérité.

Une des hypothèses privilégiées suggère que d'autres civilisations ont sans doute peuplé la Terre bien avant la nôtre. Les légendes et les mythes y font souvent référence.

Depuis des centaines et des centaines de millions d'années, de nombreuses choses se sont produites sur notre planète que nous ignorons. Les empreintes inexplicables en sont un témoignage.

Certains géologues ont proposé une interprétation en expliquant que lorsqu'une dépression se forme dans une roche porteuse de fossiles, elle peut progressivement se remplir de sédiments. Ces sédiments deviennent alors le matériau dans lequel l'empreinte se fossilise. Une fois que cette deuxième phase de fossilisation est terminée, sans un examen approfondi, la sédimentation plus récente peut sembler indiscernable de celle plus ancienne. En fin de compte, les fossiles plus récents apparaissent contemporains des plus anciens.

Cette théorie peut expliquer certains cas, mais une objection majeure subsiste. Cette explication ne s'applique qu'aux fossiles trouvés à la jonction de deux couches sédimentaires, ce qui est rare, et dans la plupart des cas, aucun phénomène de ce genre n'a été observé. De plus, bon nombre de ces découvertes ont été faites par des géologues expérimentés qui auraient certainement souligné cette explication si tel avait été le cas.

Voici une liste non exhaustive de ces découvertes :

250 000 ans
Selon le magazine Nature en 1971, le long du fleuve Gediz en Turquie, une empreinte de pied humain a été découverte dans des cendres volcaniques. L'Institut de recherche minéralogique d'Ankara a daté ces cendres d'environ 250 000 ans. De plus, le Laboratoire médico-légal de Suède a confirmé l'origine humaine de cette empreinte.

3 millions d'années
Dans l'Oklahoma, le journal "Tulsa World" du dimanche 25 mai 1969 rapporte une histoire qui s'est déroulée quelques temps auparavant. Un géologue

expérimenté, Troy Johnson, a découvert au sommet d'une colline à l'est de Tulsa une couche de grès couverte d'empreintes fossiles, dont celles d'espèces animales déclarées disparues depuis environ 3 millions d'années. Parmi ces empreintes, certaines ont semblé être parfaitement humaines avec cinq orteils. Johnson a réalisé des moulages qu'il a montrés à plusieurs experts pour recueillir leurs avis, mais ces derniers les ont rejetés en raison du contexte de leur découverte et des implications que cela supposait.

3,6 millions d'années

En 1976-77, Mary Leakey et son mari, l'anthropologue Louis Leakey, ont découvert des empreintes de pas d'hominidés sur le site de Laetoli en Tanzanie. Ces empreintes ont été laissées dans la boue, qui a été ensuite recouverte par une couche de cendres volcaniques d'environ 15 centimètres. La cendre s'est durcie et transformée en tuf, jouant ainsi un rôle protecteur. Cette couche protectrice a été datée d'environ 3,7 millions d'années. L'érosion a finalement mis à nu les empreintes, où l'on peut distinguer trois individus, probablement une famille incluant un enfant.

Diverses publications scientifiques ont rapporté ces découvertes, mais des experts et anthropologues ont déclaré que ces empreintes devaient correspondre à celles de grands singes en raison de la datation du milieu dans lequel elles étaient imprimées. Cependant, une nouvelle étude datant de 2011 suggère au contraire que ces empreintes sont bien celles de bipèdes et sont identiques à celles d'un homme moderne.

15 millions d'années

En 1959, une empreinte fossilisée d'une semelle a été découverte dans le désert de Gobi. Lors d'une expédition paléontologique dirigée par le docteur Zhou Ming-Zhen, des membres chinois et russes sont tombés sur cette empreinte improbable. Il s'agissait d'une marque régulière d'une semelle striée de chaussure. Cette découverte posait un sérieux problème, car la couche de grès portant l'empreinte remontait à 15 millions d'années ! Les scientifiques de l'expédition n'ont pas été en mesure de fournir la moindre explication et se sont contentés de souligner l'impossibilité d'une telle découverte.

150 millions d'années

En septembre 1984, le magazine Archéologia reprend un article du "Moscow News" de l'année précédente qui rapporte la découverte de nombreuses traces de dinosaures dans les montagnes de Kouguitangskiy, au sud-est du Turkménistan. Kourban Amanniqazov, directeur de l'Institut de géologie de l'Académie des Sciences du Turkménistan, qui a dirigé lui-même l'expédition à l'origine de cette découverte, relate qu'ils ont trouvé parmi les quelque 1 500 traces de dinosaures une empreinte qui ressemble à un pied humain. Ces traces sont datées d'environ 150 millions d'années.

Le Dr. Amanniqazov s'est dit choqué par cette découverte qui remet en cause ses convictions. L'empreinte humaine d'environ 26 centimètres est incontestablement imbriquée dans celles des dinosaures. L'âge de ces empreintes est au moins de 150 millions d'années, ce qui crée effectivement un sérieux questionnement quant aux théories actuelles.

Un journaliste russe de la Pravda, Alexander Bushev, a rédigé un article sur ces empreintes déroutantes dans l'édition du 31 janvier 1995. Il déclare : "Le plus mystérieux est que parmi les traces de dinosaures se trouvent des empreintes de pieds nus humains. Or, nous savons que l'homme est normalement apparu bien après les dinosaures, ce qui signifie soit que c'est faux, soit qu'il s'agit d'un extraterrestre."

150 millions d'années

Dans les années 1870, au confluent des rivières Ohio et Little Kanawha, près de Parkersburg en Virginie-Occidentale, une pierre portant une empreinte de pied humain a été découverte. En 1986, cette pierre a été examinée par des membres de l'Académie des Sciences de l'Ohio. L'empreinte, mesurant 37 centimètres de long, était très nette, et les experts ont estimé que la fossilisation remontait à environ 150 millions d'années.

220 millions d'années

En 1961, une empreinte de pied humanoïde fossilisée a été découverte sur un plateau de la commune d'Ailhon en Ardèche. Cette empreinte était proche de traces de dinosaures figées dans du grès du Trias moyen, soit environ 220 millions d'années.

De 213 à 248 millions d'années

Le 8 octobre 1922, un article paru dans l'American Weekly, supplément du quotidien New York Sunday American, rapportait la découverte d'une empreinte de semelle fossilisée vieille de 5 millions d'années.

Cette découverte a été faite par le géologue et ingénieur des mines John T. Reid alors qu'il cherchait des fossiles dans le Nevada. Il a été très surpris de trouver une empreinte aussi particulière incrustée dans une roche, puisqu'il il s'agissait de la semelle d'une chaussure. Le fossile a été examiné par plusieurs géologues, dont les professeurs Henry Fairfield Osborn et William Diller Matthew, respectivement président et conservateur du Muséum d'histoire naturelle américain, ainsi que le Dr James F. Kemp, géologue à l'université de Columbia.

Face à l'impossibilité théorique d'une telle découverte, les géologues ont déclaré qu'il devait s'agir du "plus remarquable exemple d'imitation naturelle d'un objet artificiel qu'ils n'avaient jamais vu"… La nature a bon dos ! Il est important de noter que ces mêmes géologues experts étaient parfaitement d'accord sur la datation de la formation rocheuse.

Une curiosité naturelle en guise d'explication ne paraissait pas crédible pour John T. Reid. Il décida d'engager des études complémentaires pour lever les doutes. Des spécialistes de la microphotographie purent mettre en relief les moindres détails de la torsion et des fibres du fil qui avait servi à coudre la semelle. D'autre part, on distingue parfaitement une ligne parallèle régulièrement perforée à l'emplacement des points de couture. Ces études et les analyses complémentaires menées par l'institut Rockefeller ont levé tous les doutes. Il s'agissait bien de la fossilisation d'une semelle.

250 millions d'années

Selon un extrait du livre "Mysteries of Time and Space" publié en 2001 par Brad Steiger, Wilbur Greeley Burroughs, géologue américain et membre de la Royal Geography Society, a fait état en 1930 de la découverte de dix empreintes d'hominidés sur les collines au nord du comté de Rockcastle dans le Kentucky. Les empreintes mesuraient environ 24 centimètres de long sur 15 centimètres de large. Une analyse microscopique a confirmé que les empreintes avaient été moulées par la pression des pieds d'un ou plusieurs hominidés. La roche dans laquelle ces traces étaient fossilisées remonte au Carbonifère, ce qui signifie que les empreintes avaient environ 250 millions d'années.

Malheureusement, ces traces ont ensuite été vandalisées, peut-être parce qu'elles dérangeaient et qu'on voulait éviter que des preuves remettent en cause l'histoire de l'évolution humaine...

270 millions d'années

Selon un article publié dans "The American Journal of Science and Arts" en 1822, un certain George Rappe a découvert en 1817 de curieuses empreintes sur la berge ouest du Mississippi, près du port de St Louis. Ces empreintes étaient fossilisées et parfaitement délimitées sur une plaque de calcaire. On pouvait clairement distinguer les orteils écartés et la plante du pied affaissée, caractéristiques des peuples habitués à marcher pieds nus. Les empreintes, d'une grande précision, mesuraient près de 27 centimètres de long sur 10 de large. On pouvait également observer les structures et les renflements du talon et des orteils. Ces empreintes se sont figées à une époque où le sol était assez meuble pour les conserver. Selon les géologues, ce calcaire s'est durci il y a environ 270 millions d'années.

Aux alentours de 1935, deux nouvelles empreintes de pieds humains fossilisées dans une roche ont été découvertes dans la même région et datées également d'environ 270 millions d'années.

290 millions d'années environ

Les monts Robledo sont une petite chaîne montagneuse du Nouveau-Mexique, située dans le comté de Doña Ana, au nord-ouest de Las Cruces. Elles sont connues pour abriter de nombreuses pistes d'invertébrés et de vertébrés du Permien précoce. Ces empreintes correspondent à des dizaines de sortes différentes d'animaux. Ce site est d'ailleurs le plus important site du Permien jamais découvert, précisément en raison de la qualité de conservation des différents types d'empreintes.

En 1987, le paléontologue Jerry Mac Donald a découvert de superbes empreintes fossiles, dont ce qui semble être un pied humain. Beaucoup de ces empreintes sont assez énigmatiques car elles ne correspondent à aucun animal préhistorique connu. Les scientifiques qui ont examiné ces empreintes reconnaissent unanimement qu'elles sont clairement du Permien. Sachant que le Permien correspond à la sixième et dernière époque géologique du Paléozoïque, s'étendant de -299 millions d'années à -251 millions d'années, les empreintes dateraient donc de plusieurs millions d'années avant l'apparition des premiers mammifères sur Terre ! Du moins si l'on en croit la version officielle.

300 millions d'années environ

Selon le magazine "The American Antiquarian" de janvier 1885, de nombreuses empreintes, dont celles de pieds humanoïdes, ont été découvertes dans les Monts Cumberland, dans le comté de Jackson, dans le Kentucky. L'article explique que l'élargissement de la piste pour faciliter le passage des chariots, aux abords de l'éperon rocheux de Big Hill, a permis de mettre au jour une couche de grès datant du Carbonifère. Un grand nombre d'empreintes sont apparues, principalement d'animaux, dont certains sont aujourd'hui disparus, mais également deux empreintes de pieds humains parfaitement marquées.

Un professeur de collège de la ville voisine de Berea, J.F. Brown, a été appelé pour examiner ces marques fossilisées, mais il n'a pu apporter d'explications. Le "Louisville Courier-Journal" du 24 mai 1953, reprenant cette information, rapporte que plusieurs géologues ont révélé que les strates couvertes d'empreintes datent de la période supérieure du Pennsylvanien, soit de -323 à -298 millions d'années. Quelques paléontologues conservateurs ont cependant déclaré que les traces de pas ne devaient pas être d'origine humaine, mais provenir de certaines espèces encore inconnues...

300 à 590 millions d'années

En juin 1968, le journal "Creation Research Society Quarterly" rapporte la découverte de ce qui est aujourd'hui souvent présenté comme la plus ancienne empreinte du monde.

Le 1er juin de la même année, William J. Meister, un collectionneur de fossiles habitant Kearns, une petite ville de l'Utah, explorait les environs d'Antelope Spring, à environ 70 km au nord-ouest de Delta (Utah), avec sa famille. La région est riche en trilobites, et il en trouva un certain nombre jusqu'à ce qu'il tombe sur un fossile un peu particulier. Il s'agissait de l'empreinte fossilisée d'une sorte de semelle de chaussure mesurant environ 26 centimètres de long sur 9 centimètres à son point le plus large. Sous l'empreinte de la semelle apparaissaient les fossiles de deux trilobites, que le marcheur avait écrasés dans la boue qu'il foulait lors de son périple.

La formation rocheuse actuelle dans laquelle ces empreintes sont fossilisées, est appelée "schistes de Wheeler" en raison de sa concentration importante de trilobites. Ce site est daté du Cambrien, soit il y a plus de 500 millions d'années.

Le 4 juillet suivant, Meister retourna sur le site en compagnie de deux géologues, Clarence Coombs du "Columbia Union College" de Tacoma et Maurice Carliste de l'Université du Colorado à Boulder. Sur place, ils confirmèrent l'existence de ces empreintes et constatèrent que l'empreinte de la semelle et celle des trilobites étaient contemporains.

La présence de trilobites vivants d'une part et le type de roche d'autre part indiquaient que ces empreintes avaient entre 300 et 590 millions d'années.

Vers le 20 juillet, Maurice Carliste accompagné d'un autre géologue, Clifford Burdick, originaire de Tucson, Arizona, découvrit ce qui semblait être des empreintes d'un enfant à proximité de l'empreinte aux trilobites.

Quelques jours plus tard, un professeur, Dean Bitter, venu de Salt Lake City, Utah, découvrit à son tour deux autres empreintes de sandales. Les sandales en question ne pouvaient être portées que par des humains. Étant donné que le trilobite est une créature marine, on peut supposer que celui ou ceux qui portaient les sandales marchaient le long de la plage ou d'un ruisseau il y a de cela entre 300 et 590 millions d'années !

Comme toujours, certains scientifiques ont validé cette découverte tandis que d'autres l'ont formellement rejetée, arguant d'une mauvaise interprétation des empreintes.

Albert Graham Ingalls (1888-1958), géologue et chroniqueur scientifique américain, a déclaré dans les colonnes de "Scientific American" : "Si l'homme, voire ses ancêtres les plus anciens, existaient dès la période du Carbonifère, cela signifie que les sciences de la géologie sont complètement fausses". Mais aux yeux des scientifiques, il vaut mieux envisager que la géologie se trompe dans ses datations plutôt que d'accepter la présence d'empreintes fossilisées d'hominidés, voire d'humains, dont les dans les roches du Carbonifère !

Aujourd'hui, nombreux sont ceux qui estiment qu'au vu des innombrables découvertes faites au cours des dernières décennies, la théorie présentée comme le schéma officiel de l'évolution n'est définitivement plus capable de soutenir le paradoxe.

Comment expliquer de telles empreintes ? Les seules réponses qui viennent à l'esprit sont que :

Soit que des visiteurs extraterrestres ont foulé le sol de notre planète dans un lointain passé

Soit que certains de nos descendants futurs aient fait une incursion dans le passé

Soit plus vraissemblablement que l'homme est apparu sur Terre des millions d'années plus tôt que ce que la science affirme.

Des traces de roues de 12 millions d'années !

Il s'agit d'une autre découverte qui vient chambouler notre vision formatée de l'histoire de l'humanité.

Il s'agit cette fois-ci de traces laissées par un véhicule à roues. Elles sont parfaitement répertoriées, documentées et photographiées, mais malheureusement pas expliquées !

En règle générale, et comme toujours, les scientifiques les ignorent, et seules une poignée d'entre eux acceptent d'en reconnaître l'existence. C'est le cas du Docteur Alexander Koltypin, un géologue russe diplômé avec distinction de l'Institut de prospection géologique de Moscou. Il est également écrivain et a publié plusieurs ouvrages, dont "La Terre avant le déluge" et "Les habitants disparus de la Terre". Il est l'un des rares universitaires à oser enfreindre ouvertement le cadre dogmatique de l'archéologie orthodoxe. Il n'hésite pas à affirmer que des millions d'années avant notre ère, la Terre était visitée par des êtres venus d'ailleurs. Les preuves qu'il développe pour soutenir son hypothèse sont tout à fait recevables, mais selon lui, les archéologues "évitent de toucher à cette question" car elle "ruinerait toutes leurs théories classiques"... Ce sur quoi nous sommes bien d'accord !

Lui aussi évoque ces mystérieuses traces de roues, en particulier celles que l'on peut observer dans la vallée phrygienne, également appelée la deuxième Cappadoce, au centre de la Turquie. Les lecteurs les plus curieux pourront se rendre sur Internet pour visualiser ces traces très parlantes. Il s'agit de multiples ornières, semblables à des traces de roues laissées dans la boue, sauf qu'elles sont fossilisées et profondément incrustées dans la pierre sur plusieurs centaines de mètres.

Selon Koltypin, ces ornières ont été laissées par des véhicules lourds conduits sur un sol mou, puis elles se sont pétrifiées et figées avec le temps. Il ajoute qu'il n'existe aucune autre explication logique ou scientifique pour expliquer un tel phénomène. Le géologue, qui a procédé à la datation de ces pistes fossilisées, affirme qu'elles datent de 12 à 14 millions d'années, tout en précisant que la méthodologie employée est très fiable.

Après avoir écarté les hypothèses les plus rationnelles, le Dr Koltypin en est arrivé à la conclusion que ces mystérieuses traces n'ont pu être laissées que par des êtres venus d'ailleurs, à moins qu'à cette lointaine époque, une civilisation ne se soit développée sur Terre.

On retrouve ces mêmes ornières en Sardaigne, sur l'île de Malte et sur Gozo, en pleine campagne, profondément incrustées dans la roche. Leur profondeur varie entre 30 et 60 cm, et leur écartement est parfaitement parallèle, comme pour n'importe quelles traces de roues d'un véhicule.

Ces véhicules devaient être nombreux, puisque d'une part l'écartement des traces n'est pas toujours le même, et que d'autre part, les ornières de roues se croisent et s'entrecoupent parfois. Quelques-unes sont visibles sur de longues distances, d'autres s'enfoncent dans la mer...

Sur l'île de Malte, il existe une concentration de traces de roues fossilisées, nommées "Clapham Junction", sur la côte sud-ouest. Rien ne permet de les dater, ce qui n'empêche pas certains de les faire remonter à l'âge de bronze. En tout état de cause, qui dit fossilisation dit âge très ancien.

Il s'agit une fois de plus d'un mystère non élucidé qui dérange. Ces traces sont factuelles, indéniables, et pourtant, selon notre histoire officielle elles ne devraient pas exister...

Elles sont forcément l'œuvre de quelque chose qui nous échappe et sont la preuve que notre planète a connu certains épisodes que notre histoire ignore ou occulte.

Les géoglyphes de Nazca

Les géoglyphes sont de grands motifs gravés ou dessinés à même le sol. Il en existe plusieurs catégories, mais ceux qui nous intéressent datent d'une lointaine antiquité et sont souvent immenses, s'étendant parfois sur plusieurs kilomètres.

Ils peuvent avoir été réalisés en positif, c'est-à-dire à l'aide de bordures de pierres ou de terre, ou en négatif, en creusant des lignes dans le sol. Malgré les tentatives des chercheurs, nous ignorons qui en furent les créateurs et quelles étaient leurs motivations.

Les géoglyphes les plus célèbres sont incontestablement ceux de Nazca, répartis sur un secteur d'environ 50 km dans une zone désertique située entre la Cordillère des Andes et l'océan Pacifique. Le sol de ce désert est parsemé de cailloux colorés en rouge par l'oxyde de fer. Les créateurs des figures de Nazca ont simplement enlevé ces cailloux pour laisser apparaître le sol grisâtre et tracer ainsi les contours de leurs dessins.

Ces lignes sont connues depuis le XVIe siècle, mais elles ont suscité un nouvel intérêt en 1927 après les premiers survols en avion. En effet, c'est depuis le ciel que l'on peut vraiment apprécier le gigantisme de ces mystérieux dessins.

Les lignes de Nazca peuvent être de simples pistes parallèles s'étendant sur des kilomètres, mais la majorité représente des animaux stylisés.

En 1939, un professeur d'histoire américain, Paul Auguste Kosok, a été le premier à s'intéresser réellement à ces tracés, mais c'est surtout l'archéologue et mathématicienne d'origine allemande, Maria Reiche, qui a contribué à rendre les pistes de Nazca populaires. Jusqu'à sa mort en 1998, elle s'est consacrée à la cartographie et à l'étude du vaste réseau de lignes couvrant quelques 450 km².

Environ 800 dessins ont été répertoriés, comprenant des figures géométriques, des animaux de toutes sortes (poissons, oiseaux, insectes, humanoïdes stylisés, etc.), et de nouvelles figures sont encore découvertes aujourd'hui grâce aux données satellites et à Google Earth.

L'absence de vent, d'intempéries et la faible population sur ces plateaux ont préservé ces dessins pendant des millénaires. Les archéologues estiment que ces figures auraient été tracées par les hommes de la culture Nazca entre 200 av. J.-C. et l'an 600, à moins qu'il ne s'agisse des Paracas entre -500 et -200 av. J.-C., voire même d'une époque encore plus ancienne.

En fin de compte, nous ne savons pas grand-chose à leur sujet, ni comment elles ont pu être créées.

Les archéologues s'accordent à dire que les Nazcas ou les Paracas ont probablement utilisé un système de cadrillage à l'aide de pieux et de cordes pour réaliser ces dessins à grande échelle. S'accordent à dire... Probablement... Ces formules révèlent qu'en fait ils n'en savent rien, et la tentative d'explication est peu réalistes si l'on considère la faisabilité de cette méthode. N'oublions pas que le site de Nazca ne compte pas moins de 800 figures sur environ 450 km². Qui plus est, de nombreux dessins traversent des ravins et des collines sans que leur forme ou leur rectitude ne soit altérée... Précisions que la plupart des dessins sont réalisés d'une seule ligne continue. Il est donc difficile de croire qu'ils aient été tracés de manière aussi basique avec des cordes et des piquets.

Il est évident aussi que ces figures devaient représenter un intérêt majeur pour justifier tant d'efforts et de temps investis.

Par ailleurs, il est important de souligner que les promeneurs qui parcourent le désert de Nazca ne voient rien, ou pas grand-chose, à part des sillons bordés de pierres rougeâtres. Ils ne se rendent pas compte que ces lignes représentent en réalité des figures géométriques, animales ou autres, car pour apprécier l'intégralité d'un dessin, il faut l'observer depuis le ciel.

A partir de ce constat, on peut légitimement se poser la question de l'intérêt pour les Nazcas, les Paracas, ou tout autre peuple, de réaliser des figures aussi gigantesques qui ne pouvaient être appréciées depuis le sol.

Il est difficile de comprendre l'intérêt que ces peuplades auraient eu à s'investir dans un travail aussi fastidieux et purement figuratif, dont la signification nous échappe.

Les archéologues ont avancé une hypothèse selon laquelle les anciennes cultures à l'origine de ces motifs les auraient réalisés non pas pour eux-mêmes, mais pour qu'ils soient vus par leurs dieux depuis le ciel. Pourquoi pas, mais cette proposition d'explication ne résout pas le mystère de la réalisation de ces figures. Comment les "dessinateurs" auraient-ils pu avoir une vision précise et réaliste de leur dessin s'étendant sur plusieurs kilomètres ? La seule manière objective d'appréhender ces motifs aurait été de les visualiser d'en haut, en s'élevant dans les airs. Mais comment cela aurait-il été possible ?

Quant à l'explication avancée par Maria Reiche selon laquelle les géoglyphes de Nazca représenteraient un immense calendrier astronomique, elle ne semble pas tenir la route non plus. Quel est l'intérêt d'un calendrier aussi gigantesque, et comment l'utiliser ?

Pour donner un exemple, Maria Reiche affirme que le dessin de l'araignée serait une projection de la constellation d'Orion... Je vous ferais grâce de la tentative de justification de cette hypothèse, tant elle est tirée par les cheveux. Ceci dit, même en supposant que ce soit la bonne explication, elle impliquerait d'autres questions toutes aussi énigmatiques : Comment les Nazcas ou les Paracas auraient-ils pu avoir connaissance de la constellation d'Orion et de la disposition des trois étoiles de sa ceinture ?

De plus, qu'en est-il des autres figures de Nazca ? Quelle serait leur relation avec l'astronomie ? Probablement aucune.

Cela démontre bien la difficulté des chercheurs à justifier de manière réaliste l'existence de ces géoglyphes.

Alors à quoi pouvaient bien servir ces figures ? Les partisans de la théorie des anciens astronautes ont imaginé qu'elles servaient de repères pour des vaisseaux extraterrestres. Cependant, cette hypothèse n'est pas plus convaincante que les précédentes.

Une nouvelle théorie a été avancée récemment selon laquelle les géoglyphes pourraient être liés à l'eau. Grâce à l'imagerie générée par satellite, une chercheuse italienne du nom de Rosa Lasaponara affirme avoir repéré d'étranges structures en forme de spirales à proximité des géoglyphes, appelées "puquios", qui seraient reliées entre elles par un ancien réseau de canaux souterrains. On sait que les Nazcas étaient capables de construire des systèmes d'aqueducs souterrains pour irriguer leurs champs, et ce réseau pourrait en être un vestige. Comme les géoglyphes sont souvent situés à proximité de ces réseaux, il a semblé logique à la chercheuse qu'ils aient pu servir à les localiser ou à rendre hommage aux dieux.

Cependant, il s'agit une fois de plus d'une hypothèse un peu tirée par les cheveux, car bien que les deux réseaux puissent parfois être proches, cela n'est en aucun cas une généralité.

Il est évident que toute nouvelle hypothèse, plus ou moins crédible, est la bienvenue aux yeux des chercheurs, tant le mystère de Nazca les perturbe.

Pour l'instant, le sens de cet immense réseau de géoglyphes demeure une énigme.

Les glyphes du Chili

La région nord du Chili est parsemée de milliers de géoglyphes, constituant même la plus grande concentration connue au monde.

On estime qu'il y en a environ 6 000 dans la région de Tarapaca et environ 4 000 dans le désert d'Atacama.

Le géoglyphe le plus connu et le plus grand est le géant d'Atacama, une figure anthropomorphe mesurant 86 mètres de hauteur. Il est gravé à la fois en positif, avec ses contours constitués par l'accumulation de pierres, et en négatif, le géant lui-même étant creusé dans le sol. Le personnage est entouré d'une vingtaine d'autres géoglyphes. On ignore qui en est à l'origine et quand ces motifs ont été réalisés.

Non loin du célèbre géant, au sud de Pozo Almonte, le site de Cerro Pintados présente également plus de 400 géoglyphes étalés sur quelques kilomètres. Ils représentent des figures géométriques, des animaux, des hommes, etc.

Quelques géoglyphes ont également été recensés près de la ville de Cerro Sombrero, dans la vallée d'Azapa, dont un lama géant d'environ 1 000 m².

Un peu plus loin dans la vallée se trouve le site de Cerro Sagrado, où plusieurs géoglyphes sur une colline font face à la vallée. On y trouve de grandes figures humaines, des camélidés, des serpents, etc.

Les chercheurs avancent l'hypothèse que ces géoglyphes dateraient approximativement de l'an 1000 et seraient l'œuvre de civilisations précolombiennes, mais il ne s'agit que de simples suggestions, et il n'existe aucune preuve concrète pour étayer cette hypothèse.

Les glyphes d'Australie

Dans ce cas précis, il s'agit de gravures rupestres.

Environ 300 glyphes ont été répertoriés près de Kariong, une localité de Nouvelle-Galles du Sud, un État situé au sud-est de l'Australie.

Le site est proche du village de Gosford, d'où le nom couramment utilisé de "hiéroglyphes de Gosford". Le fait qu'il y ait des hiéroglyphes en Australie peut sembler surprenant, ce qui explique pourquoi le sujet est extrêmement controversé.

Certains scientifiques considèrent ces glyphes comme une sorte de canular, tandis que d'autres défendent leur authenticité. Si leur authenticité était avérée, cela aurait des implications que certains ne sont pas prêts à envisager, notamment une présence très ancienne des Égyptiens dans des régions éloignées de leur territoire d'origine.

Cela voudrait également dire que cette ancienne civilisation maîtrisait déjà l'art de la construction de navires capables de traverser les mers et les océans, ainsi que les connaissances nécessaires en matière d'orientation et de navigation sur de très longues distances.

Ces glyphes ont été examinés et authentifiés par le directeur général du Musée du Caire, le Dr Dia Abou-Ghazi, ainsi que par l'ancien ministre égyptien des Antiquités, le Dr Zahi Hawass. Paradoxalement, ce sont donc des égyptologues reconnus qui défendent l'authenticité de ces glyphes.

Ils déclarent que les tailleurs de ces hiéroglyphes ont utilisé certains glyphes anciens peu connus, avec des variantes grammaticales qui n'ont été documentées qu'en 2012.

Cela constitue donc une preuve incontestable du caractère authentique et particulièrement ancien de ces gravures.

Des géoglyphes en Inde

Deux Français domiciliés à Luriecq, un père et son fils, Carlo et Yohann Oetheimer, sont à l'origine de la découverte de plusieurs géoglyphes dans le désert de Thar en Inde.

En consultant Google Earth en 2014, ils ont repéré divers sites avec des motifs près du village de Bohar, à la périphérie de la ville de Rohtak, dans l'État d'Haryana, au nord de l'Inde. Après avoir géolocalisé le site, ils s'y sont rendus et ont utilisé un drone pour observer les motifs précédemment découverts.

Ils ont constaté que trois de ces motifs étaient en réalité de simples sillons creusés à l'occasion de plantations d'arbres. Cependant, ils ont identifié quatre autres figures bien réelles dessinées sur le sol. Ces géoglyphes étaient constitués de lignes d'une largeur de 20 à 50 cm, réalisées en grattant la surface du sol pour en écarter la matière meuble.

L'un des motifs les plus importants est une spirale assez grossière mesurant environ 720 mètres de long sur 200 mètres de large, constituée d'une seule ligne longue de 12 km. À proximité, une deuxième figure est formée par une ligne qui se croise à plusieurs reprises pour dessiner une grille. Deux autres glyphes plus modestes et en mauvais état complètent le tableau. Au total, ces lignes couvrent une superficie légèrement supérieure à 20 hectares.

Tout comme les géoglyphes de Nazca, ces figures ne sont pas observables depuis le sol, et pour l'instant, rien ne permet de les dater ou d'expliquer leur présence.

Ailleurs dans le monde

En Californie, près de la municipalité de Blythe, plusieurs géoglyphes de taille importante ont été découverts dans le désert du Colorado au cours des années 1930.

Ces géoglyphes représentent des formes géométriques, des personnages humanoïdes, des animaux ainsi qu'un labyrinthe. Leur grande taille les rend invisibles depuis le sol, c'est pourquoi ils n'ont été découverts que tardivement à l'occasion de survols aériens.

Dans la forêt amazonienne, plus précisément dans l'état d'Acre à l'ouest du Brésil, près de la frontière péruvienne, la déforestation des années 1980 a permis de révéler des géoglyphes. Plus de 450 figures ont ainsi été répertoriées sur une zone d'environ 13 000 km². La plupart de ces figures ne représentent rien de particulier, à l'exception de formes géométriques basiques comme des cercles ou des carrés…

9 DES OBJETS HORS DU TEMPS

Les ooparts (objets hors du temps)

Oopart est un sigle anglais qui signifie "Out of Place Artifact" (artefact hors de sa place), c'est-à-dire un objet manufacturé qui se trouve hors contexte, hors du temps, et qui ne correspond pas à l'époque à laquelle il devrait appartenir. Ces objets dérangent les archéologues !

Par exemple, si un stylo à bille était retrouvé incrusté dans un bloc de charbon, cela constituerait un oopart, une anomalie, car ce type d'objet, inventé à la fin du XIXe siècle, ne devrait pas se retrouver inséré dans un bloc de charbon vieux de plusieurs millions d'années...

Bien qu'une telle découverte n'ait jamais été faites, d'autres objets tout aussi improbables ont été trouvés.

Le fait que la plupart de ces artefacts aient été découverts au fond d'anciennes mines ou dans des couches géologiques très anciennes, incrustés dans des blocs de roche ou couverts de concrétions millénaires, permet de les dater, du moins approximativement, et de leur attribuer une tranche d'âge indiscutable.

C'est précisément ce qui pose problème, car ces objets qui relèvent d'une technologie moderne, ont été découverts dans des environnements datant de dizaines de millions, voire de centaines de millions d'années, époques où l'homme n'était pas censé exister.

Si ces ooparts sont d'origine humaine, ils remettent totalement en question notre histoire. S'ils ne sont pas d'origine humaine, d'où viennent-ils ?

Le simple fait qu'ils existent soulève de nombreuses questions et suscite de multiples hypothèses.

On peut toujours imaginer que certains d'entre eux puissent être expliqués de manière rationnelle, mais la grande majorité ne peut l'être, en raison de l'impossibilité de fraudes compte tenu de l'environnement dans lequel ils ont été découverts.

On comprend que le sujet soit tabou et que les scientifiques hésitent à l'aborder de peur d'être ridiculisés. D'ailleurs, seuls quelques-uns de ces artefacts ont été reconnus comme authentiques, tandis que la plupart sont déclarés faux ou considérés comme des interprétations fantaisistes...

Il est très rare que ces découvertes fassent l'objet d'une publicité officielle ou soient relayées par les médias. Une partie de ces ooparts a toutefois été soigneusement répertoriée et photographiée, et a fait l'objet de rapports et d'articles de presse.

Il ne fait aucun doute que beaucoup d'entre eux ont été délibérément "égarés" au fil des décennies, oubliés, enterrés au fond d'un tiroir ou dans les sous-sols des musées.

Le fait que ces artefacts manufacturés aient été retrouvés dans des strates géologiques extrêmement anciennes pose problème, puisque ces strates sont faciles à dater, mais qu'elles correspondent à des époques où l'homme n'était pas censé exister, du moins selon la version officielle.

La seule conclusion logique à en tirer est que notre histoire est fausse ! Ces traces technologiques ont forcément été laissées par des populations ayant existé sur Terre à des époques reculées.

N'a-t-on pas découvert des empreintes de dinosaures chevauchant des empreintes humaines !

On ne peut pas parler de singularité, puisqu'une singularité est une exception, et lorsque celles-ci deviennent trop nombreuses, on ne peut bien évidemment plus parler d'exceptions. La seule alternative est donc de revoir la théorie.

Le problème est que les théories sont devenues des dogmes, et il est exclu d'y toucher !

En matière d'archéologie et de paléontologie, tout ce qui est écrit dans les ouvrages scientifiques ou exposé dans les musées est parfaitement conforme aux théories orthodoxes. Il y a donc peu de chances que vous y trouviez des artefacts dont l'ancienneté ou l'origine soient susceptibles de remettre en cause ces belles théories.

Et pourtant, ces objets hors contexte si gênants existent bel et bien. La plupart du temps, des chercheurs, mais souvent de simples particuliers, sont tombés dessus par hasard.

Quelques-uns ont été décrits, analysés, étudiés, photographiés et sont passés à la postérité. Certains de ces objets sont même visibles dans quelques petits musées privés.

Ces ooparts contribuent à étayer la théorie de l'existence de civilisations antédiluviennes inconnues ou oubliées.

Bien évidemment, ce postulat est rejeté par la communauté scientifique, comment pourrait-il en être autrement ?

En revanche, ces mêmes scientifiques sont bien incapables d'apporter le moindre début d'explication logique à l'existence même de ces objets hors du temps.

Le simple fait qu'ils existent est déjà une imposture pour notre sacro-sainte théorie de l'évolution !

Des ootparts de toutes natures

1572

En 1572, un clou en fer de 18 centimètres fut découvert dans une mine au Pérou. La couche géologique dans laquelle il a été extrait indiquait qu'il était très ancien. Ce clou fut offert au Vice-roi espagnol du Pérou.

1786

Entre les années 1786 et 1788, près d'Aix-en-Provence, plusieurs découvertes ont été faites lors de l'exploitation d'une carrière de calcaire. En un premier temps, à plus de 15 mètres de profondeur, les ouvriers mirent à jour des blocs déjà taillés. Plus profondément, ils exhumèrent des pièces métalliques ayant l'aspect et la taille de pièces de monnaie. Enfin, ils tombèrent sur ce qui ressemblait à des manches d'outils en bois pétrifié, ainsi qu'une planche en bois ayant subi la même métamorphose.

Si l'on se réfère à la datation des strates dans lesquelles ces objets furent trouvés, ils devaient avoir environ plus de 100 millions d'années...

1829

L'histoire se déroule aux États-Unis, près de la ville de Norristown, à une quinzaine de kilomètres au nord de Philadelphie, en Pennsylvanie. La carrière de marbre Henderson était exploitée depuis des décennies et les ouvriers travaillaient alors à une profondeur d'environ vingt mètres.

En novembre 1829, lors de la découpe d'un bloc, une empreinte creuse inhabituelle mesurant environ 4 centimètres sur 2 apparut à l'intérieur de la plaque récemment sciée. À l'intérieur de cette empreinte, on pouvait voir deux caractères ressemblant à des lettres, plus précisément à un U renversé avec des coins à angles droits et une barre semblable à un i majuscule.

Certains observateurs ont suggéré que ces caractères ressemblaient particulièrement aux lettres grecques pi et iota (ΠΙ)… Mais comment et par qui ces caractères ont-ils pu être gravés ?

Graver en surface du marbre ne pose aucun problème, mais ces caractères ont été découverts à l'intérieur d'un bloc dont la formation remonte à environ 8 millions d'années... La nature se serait-elle livrée à un clin d'œil malicieux ? C'est peu probable néanmoins.

1844

En 1844, en Écosse, des ouvriers creusant les terres de Rutherford près de la rivière Tweed, dans le comté de

Roxburgh, découvrirent à quelques mètres de profondeur un fil d'or incrusté dans un morceau de roche.

Cet étrange artefact fut exposé temporairement à Kelso, au siège du journal local, le "Kelso Chronicle", qui rapporta la découverte dans ses colonnes.

1845

Un clou métallique fut découvert, encastré dans une roche. La découverte eut lieu dans une carrière en exploitation à Kingoodie, un hameau situé à quelques miles au sud-ouest de Dundee, dans la région de Perth et Kinross, en Écosse. La partie du clou qui dépassait du morceau était corrodée, tandis que le reste était solidement encastré dans le bloc.

1851

En 1851, lors d'un forage dans le comté de Whiteside, en Illinois, deux objets en cuivre curieux furent découverts à une profondeur d'un peu plus de 35 mètres. L'un avait la forme d'un crochet recourbé, tandis que l'autre ressemblait à un anneau. Leur âge a été estimé à plus de 150 000 ans.

1851

Selon un article du London Times daté du 24 décembre 1851, un certain M. Hiram de Witt a découvert un clou métallique à l'intérieur d'un bloc de quartz aurifère. Le clou, avec sa tête, mesurait environ 6 centimètres et était légèrement corrodé. L'âge du quartz est estimé à plus d'un million d'années.

À peu près à la même époque, le physicien écossais Sir David Brewster a rapporté une histoire similaire devant l'Association anglaise pour le progrès de la science.

Un bloc de pierre provenant de la carrière de "Kingoodie Quarry", au nord des îles Britanniques, contenait également un clou métallique dont la pointe dépassait du bloc et était corrodée. Sa taille était d'environ 1,5 centimètre et il était incrusté dans la roche.

C'était la première fois qu'un tel objet était découvert dans cette carrière exploitée depuis une vingtaine d'années.

Dans ces deux récits, la localisation des clous et la date de formation des roches impliquées laissent supposer une très grande ancienneté de ces artefacts.

1865

En 1865, près de l'ancienne ville minière de Hamilton dans le Nevada, un petit bloc de feldspath extrait de la mine de Treasure City renfermait une vis dont la partie visible était érodée. Encore une fois, l'âge estimé du bloc de feldspath était de plusieurs millions d'années.

1889

En 1889, dans l'Idaho, une statuette sculptée dans de l'argile fut découverte à plus de 90 mètres de profondeur lors d'un forage près de Nampa. Son âge a été estimé à plus de 2 millions d'années.

1891

En juin 1891, à Morrisonville, dans l'Illinois, Madame S.W. Culp a fait une découverte intrigante. En cassant des blocs de charbon pour son poêle de cuisine, elle a remarqué un morceau de chaînette en or suspendu à l'un d'eux. Une fois dégagée, la chaînette brisée mesurait environ 25 centimètres de long et pesait 12 grammes.

Il était indubitable que la chaînette était incluse dans le bloc de charbon, avec des morceaux de charbon incrustés dans les maillons. L'empreinte de la chaînette était clairement visible dans les deux éclats de charbon où elle était insérée, excluant ainsi la possibilité que la chaînette se soit accidentellement mêlée aux blocs de charbon.

Dans son édition du 11 juin 1891, le journal local "The Morrisonville Times" rapporta cette surprenante anecdote, en s'interrogeant sur l'origine mystérieuse de cette chaînette.

Le charbon utilisé par Madame Culp provenait de la mine de Taylorville toute proche, ce qui n'expliquait en rien la présence de cet artefact.

Le charbon, qui provient de la fossilisation de végétaux, remonte à la période du Carbonifère, entre -360 et

-300 millions d'années. Comment une chaînette en or a-t-elle pu se retrouver enfermée dans un morceau de charbon formé il y a au moins 300 millions d'années ?

1912

En 1912, à Thomas dans l'Oklahoma, lors du cassage de morceaux de charbon trop volumineux, un employé de la centrale électrique eut la surprise de découvrir un petit récipient en fer incrusté dans l'un des morceaux.

Comment expliquer cette bizarrerie ? Le charbon provenait de la mine de Wilburton dans le Com-té de Latimer, toujours en Oklahoma, et sa formation est estimée à plus de 300 millions d'années...

1968

En 1968, en France, et plus précisément à Saint-Jean de Livet, dans le Calvados, un tube métallique fut mis au jour, encastré dans une formation de craie datant d'environ 65 millions d'années.

1998

Au cours de l'été 1998, un groupe de scientifiques russes prospecte une zone située à environ 300 kilomètres au sud-ouest de Moscou, à la recherche de météorites.

S'ils trouvent effectivement des météorites, une autre découverte plus surprenante attire leur attention. Il s'agit d'une roche non météoritique renfermant ce qui ressemble nettement à une vis métallique.

L'étude de l'artefact confirme qu'il s'agit bien d'une vis et non d'une quelconque formation naturelle, et qu'elle fait partie intégrale du bloc dans lequel elle est enchâssée.

Elle ne pouvait y avoir été incluse artificiellement d'aucune manière, et devait s'être trouvée emprisonnée dans les sédiments avant qu'il ne se transforment en roche au fil de millions d'années.

Les géologues consultés estiment que la roche doit avoir entre 300 et 320 millions d'années.

À priori, les scientifiques ont renoncé à formuler toute hypothèse concernant cette désarmante découverte.

2002

Dans son édition du 26 juin 2002, le journal "Lanzhou Morning News" de Lanzhou, capitale de la province du Gansu en Chine, rapporte une étrange découverte survenue dans les monts Mǎzōng Shān, au nord de la province.

Il s'agit d'une petite pierre noire mystérieuse, de nature inconnue et en forme de poire, mesurant environ 8 centimètres sur 7.

Bien qu'extrêmement dure, la pierre est brisée pour être étudiée, et à l'intérieur, les géologues découvrent avec étonnement une pièce de métal d'environ 6 centimètres, ressemblant à une vis.

Les chercheurs du Bureau National des Ressources Territoriales et d'autres institutions minières ne parvinrent pas à trouver une explication rationnelle à la présence de cette vis enchâssée dans la roche, ni concernant l'origine de cette pierre mystérieuse.

Ils émirent l'hypothèse qu'il pourrait s'agir d'une météorite, ce qui ne fait qu'accentuer le mystère.

L'âge de la pierre a étét estimé à plusieurs millions d'années, sans plus de précision.

2008

Une roue fossilisée est découverte au fond d'une mine de charbon près de Donetsk, en Ukraine. Un mineur, ayant remarqué une forme étrange encastrée dans la voûte de la mine où il travaillait, entreprend de la dégager. Sa surprise est grande lorsqu'il découvre qu'il s'agit d'une sorte de roue.

Le milieu dans lequel fut découvert l'artefact est vieux d'environ 300 millions d'années.

Des objets qui ressemblent à des avions !

En Égypte

L'une des découvertes les plus connues eut lieu en 1969. Un égyptologue du nom de Khalil Messiha était occupé à trier et à classer des objets dans le sous-sol du musée des antiquités du Caire. Il fut intrigué par l'un d'entre eux, particulièrement étrange par rapport aux pièces qu'il avait l'habitude de manipuler. D'emblée, il crut qu'il s'agissait de la maquette d'un planeur. En y regardant de plus près, l'objet était référencé sous le numéro 6347 et était désigné comme un oiseau. Pourtant, il n'avait pas grand-chose d'un oiseau : il était fuselé, ses ailes étaient droites et aérodynamiques, et surtout l'empennage de sa queue était vertical. En conséquence, il ressemblait beaucoup plus à un avion qu'à un oiseau.

Selon le répertoire d'inventaire, cet objet avait été découvert en 1898 dans un tombeau proche de Saqqarah. Il était daté de 200 ans avant notre ère, ce qui signifie qu'il avait plus de 2 200 ans. Une fois n'est pas coutume, devant l'évidence, l'égyptologue identifia l'objet comme étant un avion ou un planeur, plutôt qu'un oiseau.

Le ministère de la Culture égyptienne désigna un groupe d'experts composé d'archéologues, mais aussi de spécialistes en aéronautique, pour étudier cet étrange objet.

Il semblait assez évident que ce modèle réduit, mesurant 18 cm de long et pesant environ 39 grammes, présentait les caractéristiques d'un aéronef. Ses ailes, avec leurs extrémités recourbées, présentaient la cambrure particulière permettant d'assurer la stabilité de l'appareil.

Après examen, les experts ne purent que confirmer cet avis : l'objet semblait bien être la maquette d'un avion ou d'un planeur. Ils pensaient également que cet aéronef avait pu, à l'origine, être équipé d'un système de propulsion.

Des essais prouvèrent que le modèle réduit pouvait parfaitement voler et se maintenir en l'air sans problème. Les photos de l'objet que l'on trouve facilement sur Internet sont d'ailleurs assez édifiantes.

Bien évidemment, les conclusions de cette expertise ne pouvaient que susciter la polémique.

Cet objet n'est pourtant pas un cas isolé, de nombreux artefacts similaires ont été mis au jour en Égypte et ailleurs dans le monde.

Des découvertes assez proches du planeur égyptien ont été faites en Amérique du Sud, notamment en Colombie, au Costa Rica, au Venezuela et au Pérou.

De nombreux bijoux découverts lors de fouilles de sites très anciens suscitent les mêmes controverses. Il est vrai que ces bijoux ressemblent incontestablement à des aéronefs modernes.

Un certain nombre de musées exposent ces artefacts, où ils sont généralement répertoriés comme des bijoux "zoomorphes", c'est-à-dire qui ressemblent à un animal, un oiseau en l'occurrence.

Il est beaucoup plus simple, en effet, pour un archéologue, d'étiqueter de celle manière ces objets si étranges, même s'il faut bien admettre que leur apparence est assez éloignée de celle d'un oiseau.

L'un de ces artefacts, le plus connu, est exposé au Museo del Oro à Bogota. Il est en alliage d'or et de cuivre, mesure 35 mm de longueur sur 30 mm de largeur et 10 mm de hauteur. En l'observant, même sur une photo, il est assez évident qu'il ressemble davantage à un avion qu'à un oiseau.

Ces bijoux sont en effet dotés d'ailes triangulaires, d'une petite queue droite et d'un aileron de queue.

Il semblerait que ces découvertes aient commencé à susciter la polémique dans les années 50, alors que la collection d'objets précolombiens circulait dans différents musées à travers le monde.

Un spécialiste en moulage travaillant au Metropolitan de New York eut l'idée de réaliser quelques moulages de ces artefacts si curieux. Les moulages furent ensuite confiés à un maître-orfèvre du nom d'Emmanuel Staub, chargé de réaliser des répliques.

Staub, lui aussi troublé par la nature étrange de ces objets, en parla à un naturaliste nommé Ivan T. Sanderson, spécialisé en cryptozoologie.

Sanderson, scientifique reconnu et respecté dans sa discipline, entreprit de répertorier tout ce qui pourrait ressembler, de près ou de loin, à ces objets dans le règne animal. Après un examen approfondi, il ne trouva aucun oiseau ni animal pouvant être apparenté à de tels artefacts.

Pensant qu'il pouvait s'agir de modèles réduits d'aéronefs, il envoya à son tour les moulages à un ingénieur du nom d'Arthur Young, qui était par ailleurs un des concepteurs de l'hélicoptère Bell.

Young reconnut une certaine ressemblance, mais trouva les ailes mal placées et l'avant déconcertant. Sanderson envoya alors un moulage à un autre ingénieur, Jack A. Ullrich. Après l'observation, celui-ci y trouva une nette ressemblance avec un avion de type "Convair F-102 Delta Dagger".

Un technicien de l'US Air Force alla même jusqu'à émettre l'hypothèse que, compte tenu des ailes légèrement recourbées vers le bas, il pourrait s'agir d'un avion à aile delta capable d'évoluer sous l'eau.

Comme souvent en pareil cas, deux camps s'affrontent. Les archéologues ne veulent voir dans ces objets rien d'autre que la représentation d'un oiseau, tandis que les experts en aéronautique y voient un modèle d'avion.

Bien que dans les deux cas, il ne s'agisse que d'interprétations, l'une semble logique du point de vue culturel, tandis que l'autre l'est d'un point de vue technique. Autrement dit, on peut concevoir que les anciennes populations aient représenté des oiseaux, mais il est plus difficile d'imaginer qu'elles aient représenté des avions !

Il est vrai que si ces objets sont effectivement des modèles réduits d'avions, de nouvelles questions se posent, et les théories sur l'existence de civilisations anciennes très avancées refont surface.

Un ancien texte babylonien, datant de plus de 5 000 ans et connu sous le nom de "Sifr'ala de Chaldée", contient des notions très précises sur la construction d'un avion. Il est remarquable de noter que ce texte évoque également la stabilité de l'engin et sa résistance au vent. Il est donc légitime de se demander comment, à une époque aussi lointaine, on a pu imaginer l'existence et la conception d'un tel aéronef.

De nombreux mythes, récits et textes parlent d'une ancienne civilisation antédiluvienne, technologiquement très avancée, qui maîtrisait parfaitement la construction et l'utilisation de vaisseaux aériens. Ce sont autant d'indices qui plaident en faveur d'une telle réalité.

Les vimanas en Inde, les chariots volants dans la Bible, les oiseaux de fer en Amérique, ne sont sans doute pas le fruit de l'imagination des peuples anciens qui relatent ces épopées.

De tels récits étonnants existent également en Inde. Par exemple, le célèbre "Mahabharata", une épopée extraordinaire qui commence au IVe siècle avant notre ère, mentionne un char aérien en métal muni d'ailes.

Un autre recueil, le "Samara Sutradhara", parle des vimanas, des engins qui se déplacent comme des oiseaux, mais par leurs propres moyens. Il est d'ailleurs question d'un système de propulsion fonctionnant avec un "carburant" liquide et jaunâtre, permettant à l'appareil de voler à la vitesse du vent. La définition donnée à "vimana" est explicite : il s'agit d'un aéronef qui se déplace par sa propre force.

L'auteur Andrew Tomas, dans son livre "Nous ne sommes pas les premiers", mentionne un manuscrit indien intitulé "Samarangana Sutradhara", qui contient, selon lui, un paragraphe décrivant une époque lointaine où des hommes parcouraient les airs avec des vaisseaux aériens, et où des êtres célestes descendaient des cieux.

Dans l'édition du 18 avril 1999 du journal indien "Times of India", le journaliste Mukul Sharma fait référence à un long texte intitulé "Yantra Sarvasva", attribué au sage Maharshi Bhardwaj. Ce texte est divisé en 40 sections, dont l'une appelée "Vaimanika Prakarana" est entièrement consacrée à l'aéronautique. Il mentionne trois catégories d'aéronefs appelés vimanas : les premiers se déplaçant sur de courtes distances, les seconds pouvant se déplacer n'importe où à la surface de la terre, et enfin les derniers étant capables d'atteindre d'autres planètes.

Il est également question d'aéronefs destinés à la guerre, réputés indestructibles, capables de s'immobiliser à tout instant et même de devenir invisibles à l'ennemi...

Bien sûr, les historiens et scientifiques de tous bords rejettent ou ignorent ces textes, les qualifiant de légendes... Cependant, les auteurs de ces textes devaient forcément avoir des références précises pour décrire ces engins avec autant de détails, tels que leur construction en métal léger, leur résistance à la chaleur, leurs manœuvres et leurs capacités.

Le récit détaille par ailleurs plusieurs types d'engins :

- Les "Rukma vimana", de forme discoïdale ou circulaire.
- Les "Sundara vimana", rappelant la forme de nos fusées actuelles.
- Les "Shakuna vimana", des appareils munis d'un fuselage et d'ailes.
- Les "Tripura vimana", plus imposants et en forme de cigare.

Ces textes, qui remontent à l'aube de la littérature hindoue, regorgent d'informations.

Le "Samara Sutradhara" en est un exemple, il détaille toutes les étapes d'un voyage dans les airs, depuis la construction de l'aéronef jusqu'à son mode de décollage, les voyages souvent extrêmement longs, les rencontres inopinées avec des volatiles, et parfois les atterrissages forcés...

D'autres textes, comme le "Vimaanika Shastra", également attribué au sage Maharshi Bhardwaj, parlent avec beaucoup de détails de ces vimanas qui circulaient dans les airs à une époque qu'il est impossible de situer.

Certains soutiennent l'hypothèse que ces engins ont réellement existé et ont été utilisés dans un lointain passé par les habitants de la vallée de l'Indus, là où la légende situe précisément l'empire mythique de Rama... Mais cet empire n'est peut-être pas aussi mythique que les historiens l'affirment. Ne pourrait-il pas y avoir eu, dans un lointain passé, une civilisation avancée, dont les exploits ont alimenté les textes que nous venons de mentionner ?

Nous reviendrons plus loin sur cette mystérieuse civilisation qui semblait détenir et maîtriser des sciences qui n'avaient rien à envier à celles que nous connaissons aujourd'hui.

De nombreux scientifiques de l'Inde contemporaine sont d'ailleurs convaincus que leurs lointains ancêtres ont connu une civilisation florissante. Ils ne doutent pas non plus, qu'à cette époque, l'avion était très développé et largement utilisé, notamment à l'époque du Ramayana et du Mahabharata.

De curieux vases égyptiens

Le musée du Louvre expose une curieuse collection de vases égyptiens officiellement datés de -3.500 à -3.800 ans, soit au début de la culture de Nagada.

Bien que ces vases proviennent du complexe funéraire de Djéser à Saqqarah, ils seraient donc beaucoup plus anciens. Leur particularité réside dans leur perfection qui contraste avec les statuettes de forme grossière et les autres sculptures approximatives datant de la même époque.

Les explications qui les accompagnent sont plutôt vagues, ce qui est une preuve qu'ils représentent un anachronisme difficile à justifier.

Ces vases, retrouvés en grand nombre, environ 40 000, sont pour certains taillés dans des pierres réputées les plus dures, telles que le granit, la diorite, la serpentine, le quartzite ou le basalte... Ce qui représente déjà une grande difficulté, mais l'exploit réside surtout dans le type de taille extrêmement technique. Les vases ont été évidés d'une manière telle que les parois sont d'une extrême finesse et quasiment transparentes.

Comment les sculpteurs de l'époque ont-ils pu parvenir à un tel résultat ? Les archéologues nous expliquent qu'ils l'ont fait à la main, à l'aide d'outils en pierre et de poudre émeri... ! De qui se moque-t-on, sommes-nous tentés de répondre.

Quelle que soit l'habileté technique des anciens Égyptiens, il est absolument impossible d'obtenir l'évidage de ces vases, leur finesse, leur galbe et leur perfection de taille sans l'aide d'outils mécaniques, voire numériques.

Selon nos experts contemporains, obtenir de nos jours un tel chef-d'œuvre à partir de pierres aussi difficiles à travailler est extrêmement compliqué. L'affinement des parois des vases de cette manière pose une énigme quant à la méthode utilisée.

N'imaginons pas que les experts qui ont étudié ces vases soient totalement naïfs, même si leurs explications le sont. Ils ont parfaitement compris que l'existence même de ces vases constitue une hérésie par rapport à la technologie de l'époque. De plus, il n'est pas certain que ces fameux vases ne soient pas beaucoup plus anciens que leur datation officielle…

Le vase de Dorchester

Dans son édition du 5 juin 1852, le journal "Scientific American" relate une histoire curieuse qui avait été publiée précédemment dans un article du "Boston Transcript".

Les faits se sont déroulés près de Dorchester, à l'époque une petite ville qui est aujourd'hui devenue un quartier de Boston, dans le Massachusetts, au nord-est des États-Unis.

L'année précédente, lors d'une opération de minage à "Meeting House Hill", qui est maintenant un quartier historique de Dorchester, une découverte inattendue a eu lieu. Parmi les roches et les gravats, deux objets métalliques ont été éjectés lors de l'explosion. L'examen a révélé qu'il s'agissait en réalité de deux parties d'un même objet brisé par l'explosion.

L'assemblage des deux parties a révélé une sorte de vase métallique avec une base en forme de cloche. Il mesurait environ 11,5 cm de hauteur, avec un diamètre de 16,5 cm à la base et 6,5 cm au col, et avait une épaisseur d'environ 3 mm.

Le corps du vase semblait être en zinc ou dans un alliage similaire en apparence. L'ensemble était finement ciselé de fleurs et d'autres décors exécutés à la perfection.

L'article précise que cet étrange artefact éjecté avec la roche provenait d'une profondeur de 15 pieds sous la surface, soit un peu moins de 5 mètres.

Il n'est pas contesté que le vase provient de la formation rocheuse dynamitée, ce qui soulève une question concernant son âge supposé. En effet, le massif rocheux en question, connu sous le nom de "Roxbury conglomerate" ou "puddingstone", s'est formé il y a près de 600 millions d'années !

Comment expliquer la présence de cet objet dans une telle formation ?

Les quelques scientifiques qui ont examiné ce vase se sont révélés incapables de fournir une explication quelconque. Ils se sont simplement contentés de reconnaître qu'ils n'avaient jamais vu un objet similaire.

Par conséquent, la question demeure : comment justifier la présence d'un tel artefact dans un environnement datant de 600 millions d'années ?

Le bracelet de Denisova

La grotte de Denisova est située près de la rivière Anuy, à environ 150 km au sud de Barnaul, dans la région de l'Altaï en Sibérie. Elle est connue pour avoir été le lieu de la découverte d'une espèce d'hominidé baptisée "Homo altaiensis", qui aurait vécu entre un million d'années et 40 000 ans avant notre ère.

Au cours de fouilles, des restes et des ossements de plus de 60 types différents de mammifères ont été découverts, dont ceux d'animaux aujourd'hui disparus, tels que le mammouth laineux. Plusieurs dizaines d'espèces d'oiseaux ont également été identifiées.

En plus des ossements, y compris ceux de l'Homo altaiensis, également appelés les hommes de Denisova, un certain nombre d'objets ont été retrouvés, dont un très curieux bracelet.

Ce bracelet est en chlorite et met en évidence une technique de fabrication inexplicable pour l'époque à laquelle il est censé appartenir.

Le chlorite est un minéral alumino-silicaté de fer ou de magnésium, généralement verdâtre, bien qu'il existe des variations de couleurs jaunes, rouges ou blanches. Sa présence dans cette grotte est déjà étonnante car on ne trouve pas de chlorite à plusieurs centaines de kilomètres à la ronde.

La taille de ce bracelet est parfaite, son poli est magnifique et reflète les rayons du soleil.

Anatoly Derevyanko, directeur de l'Institut d'archéologie et d'ethnographie de Novossibirsk, qui a examiné l'objet, a déclaré qu'il était peu probable que ce bracelet ait été utilisé comme un bijou quotidien.

Bien que ce bracelet ait été découvert cassé, il a pu être reconstitué. Son diamètre est d'environ 7 centimètres, pour une largeur de 2,7 centimètres et une épaisseur d'environ 0,9 centimètre. Il a été découvert dans une couche géologique au milieu des ossements humains de l'Homo altaiensis, auxquels il était censé appartenir. Il a donc été estimé avoir au moins le même âge, soit plus de 40 000 ans.

Le fait de découvrir un bracelet dans un tel environnement n'est pas vraiment surprenant. Ce qui est incompréhensible, c'est que ce bracelet présente une technologie de fabrication totalement incompatible avec cette époque. Sa réalisation a exigé des compétences particulières et une technique relevant d'un outillage perfectionné.

Anatoly Derevyanko explique que le bracelet est percé d'un trou d'environ 8 millimètres de circonférence, et les scientifiques qui l'ont étudié ont conclu que ce trou ne pouvait avoir été réalisé que par un "outil" tournant à une vitesse élevée, ce qui relève davantage d'une technologie moderne que de l'époque lointaine de sa fabrication.

Ce bijou, bien qu'il présente des traces d'usure et de rayures dues à son séjour prolongé dans les sédiments, a dû être magnifique à l'origine et a probablement appartenu à quelqu'un de très important.

Il convient de préciser qu'au milieu des objets trouvés dans la grotte, en plus du bracelet, se trouvaient divers bijoux, dont une bague également sculptée mais en marbre. Certains estiment que cette bague pourrait avoir 125 000 ans.

L'hypothèse selon laquelle ce curieux bracelet aurait pu être enterré ultérieurement a été rejetée par des experts, il est souligné par ailleurs, que les couches où il a été découvert n'ont été polluées par aucune intervention humaine d'une période ultérieure.

Derevyanko a admis lui-même qu'il était évident que tous ces objets, sans exception, appartenaient bien aux Denisoviens. Que peut-on en conclure... ?

Aujourd'hui encore, ce curieux bracelet garde son mystère, il est exposé au Musée d'histoire et de culture des peuples de Sibérie à Novossibirsk.

Un autre bracelet préhistorique

Cette découverte a été révélée par la revue britannique spécialisée "The Journal of Archaeological Science". Un bracelet, dont l'âge estimé est d'environ 9 500 ans, a été découvert sur le site archéologique de Çatal Höyük en Turquie dans les années 90.

Ce bijou en obsidienne est remarquable, il mesure environ 10 centimètres de diamètre et un peu plus de 3 centimètres d'épaisseur. Son examen a révélé un travail d'une très grande précision.

Selon l'IFEA (Institut français d'études anatoliennes) à Istanbul, ce bijou est unique en raison de la manière dont il a été façonné. Il présente une courbure ou un épaulement d'une précision extraordinaire, de l'ordre du dixième de millimètre. Son polissage est d'une finesse extrême, témoignant d'une grande maîtrise à l'échelle nanométrique.

Ce type de fabrication ne correspond bien évidemment pas au néolithique, période à laquelle ce bijou est attribué.

Il s'agit une fois de plus d'un des nombreux mystères qui jalonnent notre lointain passé.

Le cube du docteur Gurlt

C'est à l'automne 1885 que le fameux cube fut découvert à la fonderie des fils Braun, dans la petite ville de Schondorf, au nord de Linz en Haute-Autriche.

Un ouvrier du nom de Rield était en train de casser des blocs de lignite destinés à alimenter le four de la fonderie lorsqu'il découvrit un étrange morceau de métal partiellement encastré dans un bloc de charbon qu'il venait de casser.

Ainsi débute l'histoire du fameux cube du docteur Gurlt. Cependant, l'objet n'a rien d'un cube à proprement parler, il ressemble plutôt à un parallélépipède. Quatre de ses faces sont parfaitement planes, tandis qu'il est légèrement arrondi sur deux faces opposées. Une rainure relativement marquée le traverse à mi-hauteur. Il pèse 785 grammes et mesure environ 7 x 6,7 x 4,5 centimètres.

Le "cube" a été nommé d'après celui qui l'a étudié et fait connaître, Adolf Gurlt, ingénieur des mines.

En 1886, il présenta l'objet à la Société d'Histoire Naturelle de Bonn. À l'origine, on pensait que l'objet était en fer car il était recouvert d'une mince couche de rouille. Cependant, les analyses de l'époque révélèrent qu'il s'agissait en réalité d'un bloc d'acier au carbone-nickel d'une grande dureté.

La revue "Nature et Astronomie" le présenta comme une météorite fossile, bien que la base de cette conclusion ne soit pas claire.

Des études ultérieures réalisées en 1966-67, 1973 et 1986, notamment au Musée d'Histoire Naturelle de Vienne, par les docteurs Gero Kurat et Rudolf Grill du Bureau fédéral de géologie de Vienne, ont révélé que l'objet renfermait une faible concentration de magnésium et qu'aucune trace de nickel, de chrome ou de cobalt n'était détectable lors d'une microanalyse par faisceau d'électrons. Par conséquent, l'hypothèse d'une météorite fut écartée.

Aucune trace de soufre ne fut non plus détectée, éliminant ainsi l'hypothèse d'une pyrite, un minéral qui peut parfois prendre des formes géométriques.

Selon les scientifiques, l'objet aurait été fabriqué par coulée. Cette thèse fut reprise en 1973 par Hubert Mattlianer, qui conclut que l'objet avait pu être réalisé selon la méthode de la cire perdue.

Ce que l'on sait avec certitude, c'est que le bloc de lignite d'où il provient était issu des mines voisines de

Wolfseg. Ce charbon s'est formé il y a environ 60 millions d'années, ce qui permet de déduire l'ancienneté du fameux cube, puisqu'il était emprisonné dans la masse de charbon.

Dans son édition d'octobre 1973, le magazine "Pursuit" a suggéré, sans fournir de preuve, que le cube aurait pu ne pas avoir été trouvé dans une veine de lignite, mais serait plutôt un vestige de la fonderie... Cependant, cette hypothèse est formellement contredite par une note du docteur Gurlt.

Malgré les dommages causés par les différentes études et analyses, ce "cube" peut toujours être observé. Il a d'abord été exposé au musée de Salzbourg, puis au musée national d'Oberosterreich à Linz, et il se trouve actuellement au musée "Heimathaus Stadtmuseum" à Vöcklabrück.

Si l'ancienneté de ce bloc métallique ne fait guère de doute, des questions se posent quant à son origine.

S'il a effectivement été fabriqué, cela remonte à des dizaines de millions d'années, soit bien avant l'apparition officielle de l'Homme.

Le disque de Sabu

Au cours du mois de janvier 1936, l'égyptologue britannique Brian Walter Emery, spécialiste des mastabas, entreprit des fouilles dans la nécropole de Saqqarah.

Alors qu'il dégageait le tombeau du Prince Sabu, il fit une découverte pour le moins étrange. Le caveau était rempli de poteries, de pierres, d'outils divers et d'ossements, parmi lesquels se trouvait un artefact inhabituel qui n'avait rien à voir avec cet amas hétéroclite.

Il s'agissait d'une sorte de disque en forme d'hélice sculpté dans une matière pierreuse. L'objet mesurait un peu plus de 60 centimètres de diamètre et environ 10 centimètres d'épaisseur à son point le plus épais. Il était percé d'un trou axial d'environ 1,5 centimètre de diamètre.

Les spécialistes identifièrent rapidement la matière utilisée pour fabriquer l'objet comme étant du schiste, une roche métamorphique présentant un aspect feuilleté similaire à l'ardoise.

La question se posait alors : que faisait cet étrange objet dans le mastaba de Sabu ? Ce prince égyptien, scribe d'Horus Adjib, 6ème pharaon de la première dynastie (vers 2985-2975 av. J.-C.), avait un tombeau identifié sous le numéro 3111, datant d'environ 5 000 ans. Par conséquent, l'objet inconnu avait au moins le même âge.

La conception et la fabrication de cet artefact démontrent sans conteste une technologie avancée. Bien qu'il ne soit pas parfaitement symétrique, il ressemble à un disque comportant trois lobes, similaires à des pales d'hélice, orientées de manière identique, avec des bords très effilés.

Plusieurs éléments intriguent :
- Sa forme circulaire, sachant que selon l'histoire officielle, la roue n'est apparue en Égypte que vers 1640 av. J.-C.
- Le choix du matériau, le schiste étant friable et difficile à tailler ou sculpter, surtout dans cette forme.
- Son utilisation probable ou possible, qui reste totalement inconnue.

Cet objet étrange est aujourd'hui exposé dans une aile du Musée égyptien du Caire, sous le nom de "bateau de l'encens", sans qu'aucune explication ne soit fournie quant à cette dénomination.

Les égyptologues n'ont peut-être pas trouvé d'autre explication, et comme souvent dans ces cas-là, les objets dérangeants sont catalogués comme des objets de culte ou assimilés. Cependant, il est évident que la véritable explication doit être recherchée ailleurs.

L'objet est bien réel, et personne ne conteste son lieu de découverte. Son aspect complexe et sophistiqué interpelle, puisque sa fabrication fait appel à une technologie qui ne correspond en rien à celle de l'époque où il a été enfoui... À moins que la véritable technologie de cette époque ait été toute autre que celle qui nous est enseignée, ou encore que cette civilisation ait coexisté avec une autre possédant une technologie bien supérieure.

Dans tous les cas, cet objet énigmatique vient s'ajouter à la longue liste des artefacts dérangeants et des technologies hors du temps.

Se pourrait-il, comme le suggère l'égyptologue britannique Cyril Aldred, qu'il s'agisse de la reproduction d'un objet métallique bien plus ancien et inconnu ?

La question reste ouverte !

Le mécanisme d'Anticythère

Au cours de l'année 1901, près de l'île grecque d'Anticythère, des pêcheurs d'éponges firent une découverte qui allait marquer l'histoire. Alors qu'ils prospectaient les fonds marins, ils mirent au jour une épave ancienne, probablement celle d'un immense navire marchand mesurant près de 40 mètres de long. L'épave reposait brisée en deux morceaux à une profondeur d'environ 50 mètres.

Les autorités grecques furent averties de cette découverte et décidèrent de renflouer l'épave ainsi que son contenu.

Parmi les trésors récupérés se trouvaient des statues, des pièces de bronze, des vases, des lampes, des objets d'art, et parmi tous ces artefacts antiques figuraient d'étranges fragments métalliques.

Ces fragments étaient en réalité un assemblage de roues dentées, d'engrenages, de pignons et d'autres pièces, enchâssées dans les restes d'une petite structure en bois.

La nature et la fonction de ce mécanisme étrange, découvert au sein d'une cargaison datant de -100 à -150 avant notre ère, suscitèrent de nombreuses interrogations.

Le fragment principal semblait être en bronze, mesurant une vingtaine de centimètres de hauteur et pesant quelques centaines de grammes.

Bien évidemment, les fragments étaient rongés par la rouille, ils tombaient plus ou moins en morceaux, et il était impossible d'en estimer l'âge et d'en révéler l'usage.

Dans un premier temps, cet artefact fut exposé au Musée d'Athènes, où il resta pendant un demi-siècle avant de susciter un véritable intérêt.

Dans les années 1950, la communauté scientifique exhuma enfin l'objet pour le soumettre à des études approfondies. Cet objet n'était rattaché à rien de connu, et c'était la première fois qu'un mécanisme aussi ancien était découvert.

Il se révéla d'une complexité exceptionnelle pour son époque. Le physicien anglais Derek John de Solla Price (1922 - 1983) en réalisa en 1951 la première étude poussée, notamment par le biais de radiographies aux rayons X.

Les clichés révélèrent un instrument particulièrement sophistiqué, composé d'une trentaine de roues dentées, d'axes, de tambours, d'aiguilles et de cadrans gravés d'inscriptions et de signes astronomiques.

En 1959, Solla Price précisa : "La machine d'Anticythère ressemble à une horloge astronomique sans balancier. Elle a été conçue comme une machine à calculer permettant d'obtenir instantanément des informations sur les phases de la Lune, la position des planètes et les cycles cosmiques."

L'hypothèse avancée par Solla Price suscita l'intérêt d'autres chercheurs. Dans les années 1980, Allan Bromley, spécialiste du développement des ordinateurs, réalisa de nouvelles radiographies plus détaillées et interpréta plus précisément les propriétés de ce mécanisme.

Plus tard, un ingénieur britannique nommé Michael Wright confirma les propriétés étonnantes de ce mécanisme antique, qui fut même comparé à un ordinateur ancien. Il s'agissait bel et bien d'un instrument de calcul automatisé capable de calculer avec précision les positions du soleil, de la lune, des planètes et les changements astronomiques.

Mathias Buttet, directeur de la recherche et du développement chez l'horloger suisse Hublot, a déclaré : "Ce mécanisme d'Anticythère inclut des fonctionnalités ingénieuses qui ne sont même pas présentes dans l'horlogerie moderne."

Le fonctionnement exact du mécanisme se révéla très complexe à déchiffrer. Néanmoins, les experts étaient certains qu'il s'agissait d'un instrument astronomique, confortés par l'interprétation des quelque 3 500 caractères en grec ancien présents sur l'objet.

Le mécanisme pouvait être interprété comme un calendrier solaire et lunaire automatique, indiquant les phases lunaires, la position du Soleil et de la Lune dans le zodiaque, la position des planètes et prévoyant les éclipses.

Les quelque 80 fragments de l'objet sont toujours conservés au Musée national archéologique d'Athènes, faisant de ce mécanisme le plus ancien mécanisme astronomique à engrenages connu.

La véritable datation de cet objet reste incertaine. D'autres exemplaires ont-ils existé ?

Comment les concepteurs ont-ils pu mettre au point un mécanisme d'une telle précision ?

Les artisans de la Grèce antique, à qui l'on attribue généralement ce mécanisme, avaient-ils réellement les capacités technologiques nécessaires, compte tenu du niveau technologique qui leur est attribué ?

Toutes ces questions restent à élucider.

Une chose est néanmoins certaine, soit l'origine de l'objet diffère de celle qui lui est attribuée, soit la maîtrise technologique dans l'Antiquité était beaucoup plus sophistiquée que ce que l'histoire traditionnelle nous enseigne.

Une batterie millénaire

Au cours de l'année 1936, Wilhelm König, un archéologue autrichien, découvre une curieuse petite poterie dans les sous-sols du musée archéologique de Bagdad.

Cette poterie aurait été découverte non loin de Bagdad, lors de fouilles dans les ruines d'un ancien village daté du début de notre ère, parmi de nombreux autres objets, figurines et tablettes gravées.

Le petit vase en terre cuite, d'environ 15 cm de hauteur pour une circonférence d'environ 7,5 cm, était fermé par un bouchon qui s'est révélé être en bitume. Plus tard, l'examen de cette poterie a permis de découvrir qu'elle dissimulait un astucieux dispositif composé d'une tige de fer, entourée d'un cylindre de cuivre d'une dizaine de centimètres de long pour un diamètre d'environ 2 centimètres. Ces deux éléments étaient isolés par du bitume. Le fond du cylindre était obturé par un disque également en cuivre, soudé par un alliage plomb-étain. Les deux éléments étaient très corrodés, comme s'ils avaient été attaqués par de l'acide.

Wilhelm König datait cette petite poterie du IIIe siècle avant notre ère, alors que selon Saint-John Simpson, spécialiste du Proche-Orient au British Museum, l'objet daterait plutôt de l'ère des Sassanides (224-651).

Quoi qu'il en soit, cette curiosité a laissé perplexe son découvreur et tous ceux qui l'ont examinée. Plusieurs personnes, dont Wilhelm König, ont émis l'hypothèse qu'il pouvait s'agir d'une sorte de batterie électrique. Il suffisait en effet que cette petite poterie soit remplie d'une solution acide pour qu'elle devienne une pile électrique.

Une chose est certaine, la ressemblance tant au niveau de la forme que de la composition de l'objet plaide en faveur d'une telle interprétation. De plus, une sorte de patine de couleur bleutée présente sur le cylindre de cuivre est très caractéristique de la galvanoplastie à l'argent, ce qui laisse imaginer que cet "accumulateur électrique" aurait pu être utilisé à cette fin. De nombreux bijoux de l'époque semblent en effet avoir été recouverts de métal précieux par catalyse, ce qui conforte cette hypothèse.

Les détracteurs soulignent que l'absence de fils conducteurs ne plaide pas en faveur d'une telle interprétation et que la présence d'un bouchon de bitume scellé rend très difficile le remplacement du liquide indispensable à l'électrolyse.

Ces arguments sont parfaitement recevables, même si l'on peut supposer que lesdits fils aient pu disparaître avec le temps et que le bouchon de bitume se soit scellé pour les mêmes raisons.

Nous ignorons tout du niveau de connaissances des concepteurs de cet objet, donc aucune hypothèse ne peut être rejetée a priori.

Les archéologues, d'une manière générale, avancent que de tels vases scellés servaient au transport de rouleaux de textes... Soit, mais alors les rouleaux devaient être minuscules, compte tenu de la taille du vase en question. De plus, comment expliquer la présence à l'intérieur, d'un cylindre de cuivre et de deux tiges de fer ?

Il est assez logique que les chercheurs s'efforcent de proposer une explication rationnelle autre que celle d'une pile électrique. L'invention officielle de la pile électrique par le physicien Alessandro Volta ne remonte en effet qu'à 1800...

Les chercheurs sont également parfaitement conscients que retenir l'hypothèse d'une pile électrique n'est pas envisageable, parce que cela soulèverait de nombreuses questions dérangeantes.

Pourtant, c'est l'hypothèse qui reste la plus logique, et elle est la seule à permettre d'expliquer un tel dispositif. La présence de deux tiges de fer isolées dans un tube de cuivre correspond en tous points à la conception d'une pile classique. Il suffit d'ajouter un électrolyte quelconque pour produire un courant électrique, certes faible mais bien réel.

Des expériences de reconstitution de l'objet ont prouvé qu'il était parfaitement fonctionnel, même en remplaçant l'électrolyte par du vinaigre, du jus de citron ou du jus de raisin, avec des intensités variant de 0,5 à 1,5 volts.

On le sait moins, mais d'autres petites poteries similaires ont été découvertes, notamment sur la rive gauche du Tigre, à une trentaine de kilomètres au sud-est de Bagdad, dans les ruines de l'ancienne ville de Ctésiphon, et d'autres à Khujut Rabu, toujours près de Bagdad.

D'autres découvertes viennent étayer l'hypothèse de l'existence de telles batteries, puisqu'un certain nombre de bijoux découverts étaient recouverts d'une très fine pellicule d'or. Or cette particularité n'est en l'état pas explicable autrement que par l'utilisation d'un procédé de dorure par électrolyse.

Saura-t-on un jour de quand date la fameuse "pile de Bagdad" et qui l'a inventée ?

Un médaillon de plus de 150.000 ans.

La découverte eut lieu au cours du mois d'août 1870, à Lawn Ridge, à environ 30 km au nord de Peoria, dans l'Illinois.

Alors qu'il creusait un puits artésien, un ouvrier de Chillicothe, Jacob W. Moffitt, déterra, à une profondeur d'environ 35 m, une pièce métallique de la taille et de l'épaisseur d'une pièce d'un dollar de l'époque.

Après un nettoyage minutieux, l'objet, ressemblant à un médaillon ou à une pièce de monnaie, révéla des dessins et des caractères gravés dans le métal.

Un examen plus approfondi révéla, d'un côté, un visage féminin et un autre personnage, et de l'autre côté, un cheval et un autre animal avec de longues oreilles. Des caractères semblables à de l'arabe ou du phénicien apparaissaient également en périphérie, bien qu'ils ne correspondent en réalité à aucun des deux alphabets.

Il était évident qu'il ne s'agissait pas d'un objet naturel, mais d'une pièce fabriquée par l'homme, même si sa réalisation n'était pas très sophistiquée.

Le professeur de géologie Alexander Winchell, qui étudia l'objet, affirma qu'il était composé d'un alliage de cuivre qui n'a pu être identifié à l'époque. Il déclara également que les motifs assez rudimentaires gravés sur la pièce semblaient avoir été réalisés à l'acide.

Selon l'Institut de géologie de l'État de l'Illinois, la couche dans laquelle la pièce était enterrée remontait à environ 300 000 ans. D'autres sources ont ramené cette date à 150 000 ans...

Quoi qu'il en soit, une profondeur de 35 m suggère une grande antiquité.

Il convient de rappeler que, selon l'histoire officielle, -300 000 ans correspond au Paléolithique moyen, et à l'apparition des premiers Hommes de Néandertal... Et -150

000 ans correspond à l'époque de l'homo sapiens, soit bien avant l'âge du bronze et l'apparition des premières monnaies.

Le continent nord-américain n'était même pas supposé être habité par l'homme à cette époque lointaine.

Il va sans dire qu'il est impensable pour quiconque d'enterrer une pièce à une profondeur de 35 m, ce qui suppose qu'il faut trouver une autre explication à sa présence.

Aujourd'hui encore, la question reste posée !

Un artefact en aluminium de 10.000 ans !

L'aluminium est un métal extrêmement courant de nos jours. En fait, il est le métal le plus abondant sur Terre, mais il ne se trouve pas à l'état pur.

Son principal minerai est la bauxite, qui a été découverte en 1821 par l'ingénieur français Pierre Berthier. Son procédé de fabrication relativement complexe a été mis au point en 1854, et la production industrielle a débuté en 1886.

Ce métal, qui est aujourd'hui omniprésent dans notre vie quotidienne, était donc totalement inconnu il y a seulement deux siècles... D'où la surprise de découvrir un objet en aluminium en compagnie d'os de mastodontes... !

La découverte a été faite en 1974, en Roumanie, sur les rives de la rivière Mures, non loin de la ville d'Aiud.

Des ouvriers réalisant une tranchée ont découvert, à une profondeur de plus de 10 mètres, trois objets étranges qu'ils ont exhumés.

Plus tard, leur examen révéla que deux d'entre eux étaient des fossiles, plus précisément des fragments d'os de mastodonte. Le troisième objet, extrêmement léger, s'est avéré être métallique et manifestement fabriqué par l'homme.

Mesurant environ 20 cm de long, 13 cm de large et 7 cm d'épaisseur, il présentait une dépression circulaire d'environ 4 cm en son centre, ressemblant plus ou moins à une tête de marteau, ou à une dent d'excavatrice selon certains.

Une étude plus approfondie a confirmé, au grand étonnement des experts, que cet objet mystérieux était en aluminium. Cet artefact constituait donc une véritable énigme. Selon le schéma officiel, les mastodontes se sont éteints il y a environ 11 ou 12 000 ans. Les os et l'artefact, découverts ensemble à une profondeur de plus de 10 mètres, avaient donc au minimum cet âge, voire beaucoup plus. Certains experts ont même avancé une datation de 250 000 ans !

Des analyses réalisées en 1995, en Angleterre et en Suisse, ont révélé que les os ne provenaient pas de mastodontes, mais plutôt de rhinocéros, datés de -80 000 à -10 000 ans.

Le fait que l'objet soit recouvert d'une épaisse couche d'oxyde d'aluminium témoigne d'une grande ancienneté, mais ne permet pas de le dater précisément.

On sait que l'aluminium s'oxyde légèrement sous l'action de l'air, formant rapidement une mince couche d'oxyde. Cependant, la couche d'oxyde qui recouvrait l'objet en question avait une épaisseur d'environ un millimètre. Il s'agit d'un cas totalement inconnu, car ce processus aurait nécessité une exposition considérablement longue à l'air libre avant d'être enterré.

Par ailleurs, les experts suisses ont de plus confirmé la composition particulièrement complexe de cet alliage et soulignent qu'il ne correspond à rien de connu ou utilisé, même de nos jours.

Il ne contient pas moins de douze éléments différents : 89 % d'aluminium, 6,2 % de cuivre, 2,84 % de silicium, 1,81 % de zinc, 0,41 % de plomb, 0,33 % d'étain, 0,2 % de zirconium, 0,11 % de cadmium, 0,0024 % de nickel, 0,0023 % de cobalt, 0,0003 % de bismuth ainsi que des traces de gallium.

Aucun alliage similaire n'a pu être identifié et n'a jamais été produit dans le monde, sachant de plus que l'aluminium ne peut normalement pas être allié à l'étain.

Comment un objet en alliage aussi complexe pourrait-il avoir plus de 10 000 ans !

Cette découverte, comme on pouvait s'y attendre, a suscité beaucoup d'agitation au sein de la communauté scientifique, qui n'est bien sûr, pas en mesure d'expliquer rationnellement cette découverte. N'oublions pas que, selon l'histoire officielle, à l'époque du Néolithique, soit environ 10 000 ans avant notre ère, la Terre n'était habitée que par des hommes primitifs vivant de la chasse et de la pêche.

Comme d'habitude, certains n'ont pas hésité à affirmer qu'il ne pouvait s'agir que d'un canular.

D'autres ont émis l'idée que cet alliage aurait pu être formé naturellement d'une manière inconnue.

Quelques-uns ont même avancé l'hypothèse que cet objet en métal aurait pu être abandonné par des visiteurs extraterrestres... Pour l'instant, l'artefact en aluminium d'Aiud conserve tout son mystère. C'est une fois de plus la preuve que notre passé lointain recèle bien des mystères.

Cet objet en aluminium n'est d'ailleurs pas un cas isolé. En 1953, des archéologues effectuant des fouilles dans la province de Jiangsu, au nord de Shanghai, ont découvert un site funéraire datant du IIe siècle.

Parmi les artefacts mis au jour, une vingtaine d'ornements de ceinture ont été trouvés. L'analyse de ces objets a révélé que certains d'entre eux étaient composés d'un alliage d'une rare pureté, contenant plus de 80 % d'aluminium, allié à du cuivre et du manganèse.

Le commentaire de certains scientifiques, publié dans "Interdisciplinary Science Reviews" en 1986, est révélateur : "Cela n'existe pas, parce ce que ce n'est pas possible !"

Ces rares découvertes, portées à l'attention du public, cachent sans doute de nombreux autres artefacts de même nature, enterrés dans les réserves des musées, voire même détruits, simplement parce qu'ils ne sont pas censés exister.

Une baguette métalliquede 300 millions d'années

En début d'année 2013, plusieurs organes de presse russes, dont "La Voix de la Russie", ont rapporté une découverte très curieuse.

Alors qu'il remplissait son seau de charbon pour alimenter son poêle, un certain Dimitri, habitant de Vladivostok, a remarqué qu'un des blocs de charbon avait une incrustation étrange qui dépassait, et qui semblait être de nature métallique.

Il a tout d'abord mis le morceau de côté puis, après réflexion, il est allé confier sa trouvaille à un journaliste local. Celui-ci, tout aussi intrigué, l'a fait suivre à un laboratoire scientifique.

Après avoir dégagé l'objet de sa gangue de charbon, les scientifiques ont découvert un artefact assez léger mesurant environ 1 cm de long, ressemblant à une petite barre métallique avec deux dents ou deux crans parfaitement dessinés.

L'analyse de l'objet a révélé qu'il s'agissait d'un alliage d'aluminium quasiment pur, avec environ 2 % seulement de traces de magnésium.

Manifestement, cette pièce métallique ne pouvait être que d'origine humaine et usinée. Elle ressemblait étrangement à un morceau de rail miniature, similaire à ceux utilisés dans les crémaillères.

Le bloc de charbon d'où cet objet avait été extrait provenait des mines de Chernogorodskiy dans la région de Khakasia.

Selon les scientifiques, le charbon de cette région est daté d'environ 300 millions d'années, ce qui signifie que l'objet en aluminium avait au moins le même âge.

Une analyse menée par l'Institut de Physique Nucléaire de Saint-Pétersbourg a confirmé l'âge du matériau.

Comment expliquer alors l'existence d'un tel artefact en aluminium datant d'au moins 300 millions d'années ?

L'aluminium est trop réactif pour exister naturellement sous une forme aussi pure. Cependant, on trouve la présence d'aluminium 26 dans certaines météorites, et les 2 % de magnésium présents pourraient étayer cette origine. Cela dit, même si cet alliage était d'origine météoritique, cela n'expliquerait pas la nature artificielle de l'objet. Qui aurait pu le fabriquer à une époque aussi lointaine ?

Une fois de plus, seulement deux hypothèses peuvent être formulées de manière rationnelle : soit il est la preuve qu'une civilisation inconnue existait sur Terre il y a très longtemps, soit il a été abandonné par des êtres venus d'ailleurs, et de passage sur notre planète dans un lointain passé...

Un mystérieux artefact dans une pierre

La nature peut-elle nous jouer de tels tours extraordinaires, ou s'agit-il d'une découverte impossible ?

Un artefact très étrange a été trouvé incrusté dans une pierre, et il ne fait aucun doute qu'il met les scientifiques qui l'ont étudié dans l'embarras.

En novembre 2014, la radio d'État russe, "La Voix de la Russie", a relayé un article paru dans la revue "Mir Novosteï". L'événement s'est produit près de Labinsk, une ville de la région de Krasnodar, en Russie.

Un homme nommé Viktor Morozov était en train de pêcher, probablement dans la rivière Kouban qui traverse la région. Une pierre qui émergeait sur le rivage a attiré son attention, après l'avoir sortie de l'eau, il s'est aperçu qu'elle présentait une étrange particularité. Une sorte de "circuit électronique" de la taille d'une pièce de 10 kopeks était totalement incrusté dans cette pierre.

La simple observation de cette pierre permet de constater que la structure de l'objet intégré rappelle effectivement un petit circuit électronique. Après avoir conservé l'objet pendant un certain temps, Viktor Morozov l'a confié à l'Institut polytechnique de Novotcherkassk. Les chercheurs du laboratoire du département de géologie de l'institut qui ont examiné cet étrange artefact, n'ont pas pu apporter d'explication à cette énigme déroutante.

La pierre a été soumise à des analyses à l'Université Polytechnique d'État du Sud de la Russie "M.I. Platov", qui a déterminé qu'elle avait entre 220 et 250 millions d'années !

Bien des questions demeurent sans réponse :

Est-ce que l'objet inclus dans cette pierre est d'origine artificielle ? Si ce n'est pas le cas, qu'est-ce que c'est ? Comment s'est-il retrouvé là ? Qui l'a fabriqué et quand ?

Cet artefact apparait comme un élément d'une ancienne technologie, auquel cas son existence ne peut s'expliquer que dans le cadre d'une civilisation ancienne inconnue, à moins que, comme certains l'ont envisagé, cet objet ne provienne pas de notre planète !

Nanotechnologie antique

Au cours de l'année 1991, des géologues russes prospectaient le long du petit fleuve Narada, sur la côte orientale des monts de l'Oural, dans le but de localiser un possible gisement d'or. Au lieu de trouver de l'or, ils exhumèrent un grand nombre de débris métalliques qu'ils pensèrent, dans un premier temps, être les résidus d'une quelconque pollution industrielle.

Il s'agissait en effet de micro-objets spiralés pour la plupart, dont les dimensions allaient de 3/1 000ème de millimètre à 3 centimètres au maximum. Ces artefacts, pour le moins surprenants, découverts loin de toute activité quelconque, furent soumis à divers examens et analyses.

Il était évident dès le départ qu'ils étaient l'œuvre de techniques relevant de la nanotechnologie en raison de leur taille, de leur régularité et de leur perfection. Cependant, un élément posait problème : ils avaient été découverts entre 3 et 12 mètres de profondeur, dans des couches sédimentaires datées du Pléistocène supérieur. Cela signifie que ces artefacts étaient enfouis profondément dans des sédiments datant de -125 000 à -11 500 ans !

D'autres expéditions scientifiques eurent lieu jusqu'en 1993, à des endroits différents près du fleuve Narada, mais aussi le long du Balbanyu, du Kozhim et de rivières plus petites, la Vtvisty et la Lapkhevozh. À chaque fois, et toujours à des profondeurs de 3 à 12 mètres, et dans les mêmes couches sédimentaires, les mêmes objets furent découverts.

Ces objets furent soumis à diverses analyses, notamment par l'Académie des Sciences de Russie. Ces analyses permirent de découvrir que les plus grands étaient généralement en cuivre, tandis que les plus petits étaient constitués de métaux rares tels que le tungstène, le molybdène, l'osmium et l'iridium.

Le tungstène est l'élément avec le plus haut point de fusion (3 422 °Celsius) et la résistance à la traction la plus élevée. Il est également extrêmement dense et possède un poids atomique élevé. Il est utilisé en particulier pour la réalisation des filaments des ampoules et dans le domaine spatial pour sa très grande résistance à haute température.

Le molybdène, quant à lui, n'existe pas à l'état natif, c'est ce que l'on appelle un métal de transition, et il est essentiellement employé en alliage. Son point de fusion est également très élevé (2 623 °Celsius). Le molybdène est utilisé pour durcir les aciers et augmenter leur résistance à la corrosion.

L'osmium est aussi un métal de transition, son point de fusion est extrêmement élevé (3 033 °Celsius). Il est l'élément le plus dense sur terre.

L'iridium est un métal lourd qualifié de platinide pour son analogie avec le platine. Son point de fusion est également très élevé (2 446 °Celsius). De plus, parmi les éléments connus, c'est celui qui présente la plus grande résistance à la corrosion.

Ces petits artefacts sont décrits comme de très belles spirales, sortes de filaments enroulés autour d'un noyau. Le filament est en tungstène et le noyau en molybdène.

D'où proviennent-ils ? Ils ne peuvent pas provenir de notre propre civilisation actuelle en raison du milieu dans lequel ils ont été découverts et de l'âge qui leur est attribué. De plus, les métaux utilisés pour leur fabrication ne nous sont connus que depuis un siècle ou deux, tout au plus.

En outre, à l'époque du Néolithique, environ 10 000 ans avant notre ère, la Terre n'était officiellement peuplée que par des hommes primitifs.

Les matériaux rares, les températures extrêmement élevées et les techniques de fabrication relevant de la nanotechnologie rendent impossible toute explication rationnelle.

Les faits dépassent l'entendement, c'est pourquoi les scientifiques se sont abstenus de communiquer sur le sujet.

Un article d'un certain Hartwig Hausdorf, paru dans la revue allemande Ancient Skies, mentionne un rapport publié par l'Institut de Moscou (rapport d'expertise n° 18/485 du 29/11/96) qui conclut : « Les données obtenues permettent d'envisager la possibilité d'une technologie d'origine extraterrestre ».

Alors, s'agit-il vraiment d'une technologie extraterrestre ou bien celle d'une ancienne civilisation terrestre depuis longtemps disparue ?

Le seul élément certain est l'existence de ces artefacts très anciens.

En Russie toujours, mais dans un secteur isolé de la péninsule du Kamtchatka, à environ 200 km du village de Tigil, un archéologue, Yuri Golubev, de l'Université de Saint-Pétersbourg, a fait une autre étrange découverte. En fouillant un site, il a trouvé au milieu de divers ossements d'animaux préhistoriques un ensemble de petites pièces métalliques ressemblant à des mini-engrenages, des roues dentelées et des vis-sans-fin.

Ces débris métalliques étaient totalement fossilisés dans la roche environnante, ce qui exclut toute possibilité qu'il s'agisse d'un ajout récent.

La datation de la trouvaille, bien qu'impossible à déterminer précisément, s'exprime de toute manière en dizaines de millions d'années.

Quelle explication est-elle en mesure de justifier l'existence de ces artefacts ? Aucune qui soit rationnelle... Et pourtant, ils existent !

Enigmatiques « chaudrons » de Yakoutie

La République de Sakha, également appelée Yakoutie ou Iakoutie, est située dans le nord-est de la Sibérie. Les dimensions de ce territoire sont gigantesques, s'étendant sur

3,1 millions de kilomètres carrés, soit à peu près l'équivalent de la surface de l'Inde.

Voyager en Yakoutie est extrêmement difficile car il y a peu de routes et certaines régions sont totalement désertiques.

Il y a quelques décennies, l'une de ces régions a révélé un bien étrange mystère. Cette région, d'une surface de plus de 100 000 kilomètres carrés, se situe aux abords de la rivière Olguidakh, dans le bassin de la Viliouï. Il s'agit en fait d'un immense marécage totalement désolé et pratiquement infranchissable. On a le sentiment que l'endroit a été dévasté par quelque cataclysme, ce qui explique sans doute pourquoi on l'appelle "la Vallée de la Mort".

Ce secteur est depuis longtemps l'objet de légendes et de rumeurs persistantes. On parle de structures métalliques mystérieuses, dispersées çà et là, dont l'origine est totalement inconnue. Aucune population ne vit dans ce territoire hostile, et le peuple autochtone Yakut évite soigneusement cette région et refuse même d'en parler.

En 1936, un géologue a réussi pour la première fois à se faire accompagner par des locaux jusqu'à ce lieu hostile. Après des heures de marche, ils ont finalement découvert les étranges structures métalliques. Ces objets, souvent appelés "chaudrons" en raison de leur forme apparente, avaient déjà été observés dans les années 1850, dispersés sur une zone assez limitée et enfouis plus ou moins profondément dans le permafrost. Ils semblaient être là depuis longtemps, comme en témoignait leur enfoncement dans le sol. Selon les observateurs de 1936, environ un cinquième de leur diamètre réel était encore visible hors du sol. Seule une étrange végétation trahissait leur présence.

Ces structures en forme de dôme sont de couleur rougeâtre, avec des parois d'environ 2 centimètres d'épaisseur. Elles sont fabriquées dans un métal inconnu, extrêmement résistant, impossible à rayer ou à découper. Un rapport a été rédigé et des croquis ont été réalisés lors de l'expédition de 1936, puis envoyés aux autorités de la province.

De nombreuses histoires circulent à propos de ces chaudrons. On dit qu'autrefois, un homme monté sur un renne pouvait y pénétrer, ce qui donne une idée de leur taille. On raconte également que dans les temps anciens, cette étrange vallée se trouvait sur la route empruntée par les nomades Evenk. Certains chasseurs locaux venaient dormir dans ces structures, sortes de chambres où il faisait chaud comme en été même par les temps de gel les plus sévères. Cependant, ils tombaient systématiquement gravement malades et la plupart d'entre eux mouraient rapidement.

On comprend pourquoi ces étranges structures ont donné à ce site une réputation maléfique, au point que même les animaux les évitent. En 1979, une nouvelle expédition partie de Yakutsk a tenté en vain de retrouver ces structures. Le guide accompagnateur, qui les avait vues à plusieurs reprises dans sa jeunesse, n'a pas réussi à les localiser.

Étant donné l'immensité du secteur concerné, il est facile de comprendre la difficulté de retrouver ces artefacts quasi totalement enfouis dans le sol et perdus dans la végétation.

Un des rares visiteurs récents qui a eu le privilège de visiter la "Vallée de la Mort", un dénommé Mikhail Korestsky de Vladivostok, a laissé une lettre en 1996, largement publiée, relatant son histoire : "J'y suis allé trois fois. La première fois, c'était en 1933, j'avais dix ans. Je voyageais avec mon père à la recherche d'un moyen de subsistance. Ensuite, en 1937, sans mon père. Et la dernière fois en 1947 avec un groupe de jeunes. La Vallée de la Mort s'étend le long d'un affluent de la rive droite de la Viliuy. En réalité, il s'agit d'un enchaînement de vallées tout au long de sa plaine inondable. À chaque fois, nous étions accompagnés d'un guide Yakut. Nous n'y allions pas en quête de douceur de vivre, mais d'or, sans craindre, en fin de saison, de se faire voler ou de recevoir une balle dans la nuque grâce à l'isolement de la région. Quant aux objets mystérieux, il doit y en avoir un grand nombre, car en trois saisons, j'ai vu sept de ces "chaudrons". Ils m'ont laissé complètement perplexe, ne serait-ce que par leur taille : ils mesuraient tous entre six et neuf mètres de diamètre.

Ils étaient fabriqué dans un étrange métal, tout le monde a écrit que c'était du cuivre, mais je suis certain qu'il s'agissait d'un autre élément, car même avec un ciseau à bois très affûté, il n'y avait aucun moyen de les entamer. Ce métal ne se rompt pas et ne peut être martelé, alors que sur du cuivre, le marteau aurait laissé des marques. De plus, ce métal est recouvert d'une couche d'un matériau inconnu qui ressemble à de l'émeri. On ne parvient ni à l'ébrécher, ni à griffer sa surface…

J'ai remarqué que la végétation autour des chaudrons était anormale, complètement différente de celle des environs. Elle était plus luxuriante : des bardanes à grandes feuilles, du garrot de grande longueur, une herbe étrange mesurant une fois et demie à deux fois la hauteur d'un homme.

Notre groupe de six personnes a passé la nuit dans l'un de ces chaudrons. Nous n'avons ressenti aucun effet néfaste et nous sommes partis calmement sans avoir subi le moindre désagrément. Personne n'est tombé gravement malade par la suite. Malgré tous nos efforts, nous n'avons pas réussi à prélever le moindre échantillon de métal. La seule chose que j'ai pu ramener est une pierre. Cependant, ce n'était pas une pierre ordinaire, c'était la moitié d'une sphère parfaite de six centimètres de diamètre. Elle était noire et ne portait aucune trace de fabrication, mais elle était lisse comme si elle avait été polie. Je l'ai ramassée sur le sol d'un des chaudrons.

J'ai emmené ce souvenir de Yakoutie au village de Samarka, dans le district de Chuguyevka, dans la région de Primorsky (l'Extrême-Orient soviétique), où mes parents résidaient en 1933. Je n'avais pas grand-chose à faire jusqu'à ce que ma grand-mère décide de construire une maison. Il fallait poser les vitres des fenêtres, mais il n'y avait pas un seul diamant coupe-verre dans tout le village. Alors, j'ai utilisé le bord de cette demi-sphère de pierre pour rayer le verre et cela le coupait avec une facilité déconcertante. À partir de ce moment, ma pierre a été régulièrement utilisée comme un diamant par tous nos proches et amis."

Mikhail Korestsky précise également que lorsqu'il a effectué une deuxième visite, quelques années plus tard, à l'un des chaudrons, celui-ci s'était considérablement enfoncé dans le sol.

Les Yakoutes racontent que dans le passé, ce secteur était parfois agité d'explosions avec des apparitions de tourbillons de feu montant dans les airs.

En raison du caractère désertique de la région, les Soviétiques ont mené des essais atomiques dans les années 1950. Cependant, il n'existe aucun lien entre ces essais et les structures métalliques, qui étaient déjà présentes bien avant.

Depuis des siècles, de vieilles légendes entourent cette région, issues du peuple Tungus qui l'habitait autrefois. Elles parlent d'explosions, de boules de feu, de tremblements de terre, d'éclairs fulgurants... Ces légendes ont-elles un lien avec ces étranges artefacts ?

Les tuyaux du Mont Baigong

Au cours de l'année 1998, un groupe de scientifiques américains, munis d'autorisations, était à la recherche de fossiles de dinosaures près du Mont Baigong, dans la province de Qinghai, au nord-ouest de la Chine.

Pendant leurs recherches, ils ont découvert à l'intérieur de ce qui ressemblait à une pyramide très érodée, un réseau de cavernes partiellement effondrées. Mais le plus étonnant fut d'y découvrir des tuyaux métalliques sortant des parois.

L'équipe a alerté les autorités de la ville voisine de Delingha de cette découverte étonnante. Des archéologues se sont rendus sur place pour mener des recherches plus approfondies et ont découvert un réseau complexe de plus d'une douzaine de tuyaux de différentes tailles, allant de quelques millimètres à 45 centimètres de diamètre.

Les chercheurs ont supposé que ce réseau de tuyaux avait probablement été utilisé il y a très longtemps pour approvisionner en eau l'intérieur de la pyramide.

Un élément a renforcé cette hypothèse, car un grand nombre de ces tuyaux ont également été retrouvés enterrés sur les rives d'un lac situé à environ 250 mètres de là. Ils étaient de même nature et de mêmes dimensions, orientés en direction de la pyramide, ce qui laissait peu de doutes, le lac devait jadis alimenter la caverne par le biais de ce réseau de tuyaux.

Cette découverte était néanmoins très étrange, puisque la région est totalement désertique, sans âme qui vive à des centaines de kilomètres à la ronde.

Dans un passé lointain, les rives du lac auraient-elles été habitées ?

Si la présence humaine dans cette région est avérée, elle remonte à environ 30 000 ans, mais il s'agissait de tribus nomades bien trop primitives pour avoir conçu et construit un tel réseau.

Une autre particularité intrigante est que ces tuyaux semblent certes provenir du lac, mais l'eau y est salée, alors qu'un autre lac, d'eau douce celui-là, se trouve à peu de distance.

L'eau du premier lac était-elle également douce à cette époque ? Cela reste un mystère. Dans le cas contraire, à quoi pouvait bien servir une alimentation en eau salée ?

Certains ont émis l'hypothèse qu'elle aurait pu être utilisée dans un processus d'électrolyse, mais l'utilisation d'une telle technologie était hors de portée des tribus nomades primitives.

Ces mystérieux tuyaux ont fait l'objet de diverses analyses. L'Institut de géologie de Beijing les a datés, et leur âge est estimé à environ 150 000 ans ! Datation qui a été confirmée par d'autres laboratoires.

Leur composition est également surprenante. Des analyses effectuées à la fonderie de Xitieshan ont révélé divers composants, tels que de l'oxyde ferrique, du dioxyde de silicium et de l'oxyde de calcium. Cependant, 8% des composants n'ont pas pu être identifiés.

L'ingénieur Liu Shaolin, qui a réalisé ces analyses, a déclaré que les niveaux de dioxyde de silicium et d'oxyde de calcium indiquaient que ces tuyaux étaient restés enfouis pendant une période extrêmement longue, en tout cas plus de 5 000 ans.

Quand bien même ces tuyaux n'auraient que 5 000 ans, aucune population de cette époque n'avait les connaissances et les compétences nécessaires pour réaliser un tel exploit technique. Mais leur datation pourrait remonter beaucoup plus loin, certains scientifiques américains estiment que ces tuyaux pourraient avoir 300 000 ans, voire bien plus...

L'Institut de Géologie de Pékin, qui a également effectué des analyses, a révélé que ces tuyaux avaient été exposés à des températures très élevées.

Un géologue du nom de Zheng Jiandong a découvert par ailleurs que certains de ces tuyaux étaient hautement radioactifs.

Face à de telles découvertes déconcertantes, les scientifiques ont tenté bien sûr de fournir des explications, même si elles sont peu convaincantes.

Zheng Jiandong avance l'hypothèse, sans trop y croire lui-même, que ces tuyaux pourraient être d'origine naturelle. Il suggère que du magma riche en fer aurait pu remonter des profondeurs de la terre et se solidifier en forme de tubes...

D'autres géologues, sans même avoir vu ces fameux tuyaux, avancent que leur origine est tout à fait naturelle. Ils affirment que, sous certaines conditions géologiques particulières et à certaines températures, des racines d'arbres peuvent subir une transformation qui rappelle l'aspect de tuyaux creux.

Il est vrai que de telles structures se sont parfois formées, les plus connues étant situées dans le pays Navajo, au sud des États-Unis. Ces structures ont été créées par des dépôts de sédiments qui se sont progressivement accumulés autour des racines, qui, une fois mortes et désagrégées, ont laissé un genre de tuyau creux. Dans d'autres grottes typiques de ces mêmes grès spécifiques, on a trouvé des "tuyaux" naturels de différentes tailles, allant de 1 cm à 50 cm de diamètre, avec des parois d'une épaisseur pouvant atteindre 1 cm.

La description de ces formations pourrait donc, en théorie, correspondre aux tuyaux découverts dans la pyramide de Baigong. Cependant, cette hypothèse ne tient absolument pas compte de la nature métallique spécifique des tuyaux en question, de leur parfaite symétrie et du fait qu'ils débouchent dans le lac voisin.

Les géologues et les scientifiques qui ont observé et analysé ces tuyaux sont catégoriques : il s'agit bien de tuyaux métalliques et en aucun cas de formations naturelles.

Les seules hypothèses logiques qui peuvent être formulées sont les suivantes : soit ces tuyaux sont l'œuvre d'une ancienne civilisation aujourd'hui oubliée, soit ils sont le résultat de l'intervention de visiteurs extraterrestres de passage sur notre planète.

Même si ces hypothèses peuvent sembler extravagantes aux yeux des profanes, elles ne le sont pas plus que la présence même de ces tuyaux.

D'anciennes légendes chinoises parlent d'ailleurs d'un peuple qui, dans des temps très anciens, serait venu du ciel pour visiter la Terre. Ces êtres auraient enseigné aux hommes les rudiments de l'agriculture et le travail du fer...

Une pointe de flèche de 2,5 millions d'années

Le toxodon était un grand mammifère herbivore ayant l'apparence d'un hippopotame. Il a vécu jusqu'à la fin du Pliocène, c'est-à-dire vers 2,5 millions d'années avant notre ère.

Il fut contemporain de l'australopithèque, un genre d'hominidé également disparu il y a 2,5 millions d'années avant notre ère. Cependant, les deux espèces n'ont pas pu se croiser, car le toxodon vivait en Amérique du Sud tandis que l'australopithèque se trouvait exclusivement en Afrique, selon l'histoire officielle.

Alors, comment expliquer la découverte d'un fémur de toxodon avec une pointe de lance ou de flèche incrustée dans l'os ? Ce fémur a été trouvé en Argentine, dans une formation datant, comme prévu, du Pliocène !

Par qui ce toxodon a-t-il pu être chassé ? Ce ne peut pas être l'australopithèque, puisqu'il vivait en Afrique et n'était pas connu pour utiliser des flèches pour la chasse.

De plus, les australopithèques n'avaient pas une bipédie bien développée et ne disposaient pas de l'habileté nécessaire pour tailler des pierres ou fabriquer des pointes de flèches.

Alors, par qui a-t-il été chassé ?

Des hommes préhistoriques avant l'heure

Dans son livre intitulé « Ces dinosaures que la science ne veut pas », l'auteur Henri Coupon nous relate les découvertes faites par Pierre Tréand, un architecte genevois également paléontologue éclairé. Alors qu'ils se livraient à sa passion, Tréand a trouvé près de Grignan, dans la Drôme, des silex taillés et gravés présentant un aspect glauconieux. Or, la glauconie est un minéral d'altération qui se forme exclusivement en milieu marin, et seulement après un séjour prolongé. Or, si la région a effectivement été submergée par la mer pendant environ dix millions d'années, cela s'est produit au Miocène (de -23,5 à -5,3 millions d'années).

Cette ère a pris fin avec une phase d'émersion consécutive aux mouvements tectoniques qui ont affecté la région. La mer s'est donc retirée il y a 5,3 millions d'années. Cela signifierait que les fameux silex découverts par Pierre Tréand, manifestement taillés ou gravés par la main de l'homme, seraient antérieurs à cette période. Ils pourraient même avoir plus de vingt millions d'années ! Cela est totalement impossible pour les préhistoriens du courant officiel, étant donné que le premier primate qui serait notre ancêtre n'était pas encore né !

Le grand nombre de silex taillés, leur localisation et la présence de dépôts de glauconie ne laissent que peu de place au doute... Alors, qui aurait taillé ces silex ?

De plus, leur grande diversité et leur mode de taille ne correspondent en rien aux techniques classiques et connues de l'époque préhistorique.

La plupart des scientifiques rejettent ces découvertes et prétendent que les silex n'ont rien de particulier, et qu'ils ne sont même pas taillés. Certes, pour certains de ces silex, la taille n'est pas évidente, et ce sont précisément ceux-ci qui sont mis en avant par les contradicteurs... Mais qu'en est-il des autres ?

Les scientifiques les plus honnêtes se contentent de qualifier la découverte d'atypique. "Embarrassant" serait sans doute le qualificatif qui conviendrait le mieux !

Quoi qu'il en soit, des êtres humains, peut-être peu évolués, mais en tout cas suffisamment habiles de leurs mains, ont bel et bien taillé ces silex à une époque où l'homme n'était pas censé exister sur Terre...

Que faut-il déduire de toutes ces découvertes improbables ?

À tout le moins, il faut admettre qu'il existe forcément une réponse à leur existence, et que cette réponse remet en question toutes nos théories sur l'histoire de notre planète.

Les découvertes que nous venons de passer en revue sont toutes le fruit d'un hasard improbable. Il est certain que d'autres découvertes, bien plus nombreuses, ne nous sont pas connues, soit parce que leur découvreur n'en a pas mesuré l'importance, soit parce qu'aucune publication n'en a fait état.

Il est également certain que notre sous-sol doit encore dissimuler un grand nombre de ces objets.

10 DES ARMES ATOMIQUES ?

Des récits antiques de guerres nucléaires

C'est en tout cas ce que suggèrent certains passages du Mahabharata, une épopée sanskrite hindoue. On y trouve une description détaillée d'un désastre nucléaire et de ses conséquences. Voici un extrait : « Une colonne de fumée et de flammes incandescentes aussi brillantes que 10 000 soleils s'élevèrent dans toute leur splendeur... c'était une arme inconnue, un désastre de fer, un messager de mort géant, qui réduisait tout en poussière. La race entière des Vrishnis et des Andhakas... les corps étaient si brûlés qu'ils n'étaient pas reconnaissables. Leurs cheveux et leurs ongles étaient tombés; les poteries étaient brisées sans raison apparente, et les oiseaux étaient devenus blancs. Après quelques heures, toute la nourriture était contaminée... Pour échapper à ce feu, les soldats se jetaient dans des torrents pour se laver ainsi que leur équipement... »

Cependant, ce récit place cette guerre il y a 10 000 ans avant notre ère... !

Le Mahabharata décrit également des batailles apocalyptiques qui se sont déroulées il y a plusieurs millénaires entre deux dynasties rivales pour accéder au trône d'Hastinapur, la capitale du royaume des Kauravas. Les deux camps utilisent des « vimanas », des vaisseaux aériens, ainsi que des armes sophistiquées similaires à des armes nucléaires.

Il est fait mention de « bombes » sphériques appelées « sikharastra », capables de réduire en cendres 10 000 hommes d'un coup.

« L'Agniratha » est capable de tuer 100 000 hommes avec la rapidité de l'éclair.

Le « Kapilaksha » peut transformer en cendres plusieurs milliers d'hommes en un instant.

De nombreuses autres armes tout aussi destructrices sont mentionnées dans les 18 livres du Mahabharata. Les effets dévastateurs de certaines d'entre elles correspondent à ceux d'une bombe atomique.

Il est cependant hautement improbable que les auteurs du Mahabharata aient pu imaginer avec une telle précision les effets destructeurs d'une bombe atomique : « colonne de fumée et de flamme incandescente aussi brillante que 10 000 soleils », « un messager qui réduit tout en poussière », « les corps étaient si brûlés qu'ils n'étaient pas reconnaissables », « leurs cheveux et leurs ongles étaient tombés », « les oiseaux étaient devenus blancs », « toute la nourriture était contaminée »...

Dans l'épopée de Gilgamesh et l'épopée d'Erra, il est question de sept armes terrifiantes : « Les dieux durent recourir à la force et utiliser les armes ultimes. Les sept armes terrifiantes créées par Anu ». Le récit relate la puissance extraordinaire de ces armes qui réduisent tout en cendres.

Selon les « Lamentations d'Uruk », le spectacle est désolant : « Le silence recouvre Uruk comme un manteau », « La cité est maudite, elle est comme une terre étrangère ». « Sur les rives du Tigre et de l'Euphrate, seules poussent des plantes malades. Dans les marais, des roseaux à la tête malade pourrissent dans la puanteur. Dans les jardins, rien ne pousse, tout dépérit rapidement ». « Dans la campagne, le bétail, grand et petit, devient rare. Toutes les créatures vivantes s'éteignent ».

De même, la Genèse (chapitre 19, versets 24-25) rapporte la destruction totale et instantanée des cités de Sodome et Gomorrhe par le soufre et le feu, précisant qu'il s'agissait d'un acte délibéré et non d'une catastrophe naturelle. Ce désastre a laissé une empreinte indélébile dans la mémoire du peuple hébreu.

Bien sûr, les historiens classent tous ces récits comme des mythes et excluent catégoriquement l'hypothèse selon laquelle un peuple aurait pu maîtriser la technologie atomique à une époque préhistorique...

Des explosions nucléaires dans l'antiquité

Après la première explosion atomique, le physicien américain Julius Robert Oppenheimer donnait une conférence à l'université de Rochester. Un étudiant lui demanda si cette bombe était la première, et la réponse du scientifique est énigmatique : "Dans les temps modernes, c'est la première"...

Oppenheimer soupçonnait-il déjà que d'autres explosions aient pu avoir lieu dans un lointain passé ?

Notre monde moderne n'a découvert la puissance nucléaire que dans les années 40. Cependant, il existe une quantité d'indices qui témoignent d'explosions nucléaires remontant à des millénaires avant notre ère.

Peut-on imaginer que de telles guerres aient déjà eu lieu dans un lointain passé ? Une ancienne civilisation a-t-elle déjà maîtrisé cette technologie ? D'emblée, cette hypothèse peut paraître totalement loufoque, et pourtant !

On sait qu'une explosion nucléaire laisse des traces indélébiles. Par exemple, sur tous les sites d'essais nucléaires, le sable a été totalement vitrifié par la chaleur dégagée, et les traces de radioactivité demeureront présentes pendant plusieurs milliers d'années.

Pourtant, ces mêmes traces existent sur certains sites où aucun essai nucléaire n'a jamais eu lieu, et elles sont beaucoup trop nombreuses pour ne pas s'interroger.

Il s'agit de vastes étendues dans les déserts du Sahara, de Gobi, de Mojave, et dans la vallée de l'Euphrate. On trouve aussi des indices en Égypte et en Turquie.

Si, comme le précisent très justement les scientifiques, la chute de météorites peut produire les mêmes effets et occasionnellement vitrifier certaines zones, cela se produit toujours sur un périmètre restreint à l'impact, et pas sur des surfaces aussi importantes que celles vitrifiées par les essais nucléaires.

Nous allons faire un tour d'horizon des sites concernés.

Le premier essai atomique a eu lieu dans le désert du Nouveau-Mexique, à une cinquantaine de kilomètres de la ville de Socorro. À l'issue de l'essai, on s'est aperçu qu'à l'aplomb de la zone de tir, le sable avait fondu et s'était transformé en verre de couleur verte, phénomène qui se reproduisait après chaque essai d'une nouvelle bombe.

Jusqu'alors, on connaissait deux types de vitrification du sable, parfois observés dans certaines zones désertiques :

D'une part, ce que les géologues appellent les fulgurites, produites par l'impact de la foudre, qui peut parfois vitrifier le sable. Cependant, la forme de ces morceaux est très spécifique et leur aspect est totalement différent de celui produit par une explosion atomique.

D'autre part, l'explosion d'une météorite peut également vitrifier le sable, mais dans ce cas précis, le verre ne présente pas la couleur verte caractéristique d'une explosion atomique, et il est toujours pollué par des particules et des débris météoriques.

Le type de verre observé dans les zones d'essais nucléaires est très spécifique, de plus, sa transparence et son degré de pureté très élevé n'a pas d'équivalent naturel.

C'est sans doute ce qui a amené Albion W. Hart, un ingénieur du MIT, à déclarer avoir découvert des preuves qu'une guerre nucléaire aurait pu se dérouler il y a plusieurs milliers d'années sur notre planète. Il est parvenu à cette hypothèse en comparant des morceaux de verre vitrifié produits par les essais nucléaires des anciens camps de tir d'Alamogordo avec d'autres trouvés dans le désert de Libye.

Jusqu'alors, pour les scientifiques, le sable vitrifié du désert libyen était la conséquence d'un gigantesque impact de météorite. Cependant, Hart a remis en question cette explication en arguant du fait qu'il n'existe aucune trace d'impact, aucun cratère, comme c'est généralement le cas dans de telles circonstances. De plus, les morceaux de verre du désert libyen présentent une transparence et une pureté de 99%, ce qui prouve qu'ils ne proviennent pas de l'explosion d'une météorite.

En 1932, l'explorateur et topographe britannique Patrick Clayton cartographia une grande partie du désert du Sahara. Lors de ses travaux dans une zone de la Grande Mer de Sable, située au nord du plateau du Gilf Kebir en Égypte, il découvrit de superbes morceaux de verre transparent d'une belle couleur jaune-vert, qui s'avérèrent être purs à 98%...

Ce verre est disséminé sur une très large zone et il est aujourd'hui très connu et recherché par les collectionneurs. Ces morceaux vont de quelques grammes à plusieurs kilos pour les plus gros.

Bien évidemment, selon la théorie officielle, ce verre se serait formé suite à l'impact d'une météorite. Cependant, encore une fois, rien n'accrédite cette version. Il n'y a pas de cratère, petit ou grand, pas de traces en profondeur et pas de fragments de météorite. De plus, le type de verre ne correspond pas du tout à ce qui est observé dans le cas d'impacts d'astéroïdes, où les morceaux sont parsemés de particules ferreuses ou de débris météoriques.

Quelle conclusion peut-on en tirer ?

Certains sont convaincus que cette zone vitrifiée du désert est la preuve d'une très ancienne explosion atomique, peut-être même d'une guerre nucléaire !

Cependant, les scientifiques réfutent ce postulat en le qualifiant d'imposture, de complot, ou en utilisant tous les qualificatifs à leur disposition pour discréditer cette hypothèse qui ne correspond pas à leurs dogmes.

Il semble que ce type de verre très particulier était connu depuis très longtemps, puisque l'on a retrouvé un certain nombre d'objets fabriqués à partir de ce matériau, y compris un scarabée dans le tombeau de Toutankhamon.

Le même phénomène s'est-il produit dans l'ancienne vallée de l'Euphrate ? Une découverte interpelle en effet les archéologues. Lors de fouilles, ils ont mis au jour une première strate d'occupation vieille d'environ 8 000 ans, puis plus profondément, une seconde strate beaucoup plus ancienne.

En poursuivant leurs investigations, ils sont tombés sur une troisième couche d'occupation encore plus ancienne.

Leur étonnement fut grand lorsqu'ils découvrirent que le sol était parsemé de plaques de verre fondu de couleur verdâtre.

Il s'agit là d'une découverte particulièrement surprenante, étant donné que ce type de verre fondu est caractéristique d'une explosion nucléaire !

Doit-on rapprocher cette découverte des textes anciens qui font précisément état de combats aériens avec l'utilisation d'armes "diaboliques" extrêmement destructives dans cette région ?

La vallée de l'Indus, qui s'étend de l'Inde au Pakistan le long du fleuve éponyme, renferme les ruines de plusieurs cités très anciennes détruites de manière brutale. Les deux plus importantes sont aujourd'hui connues sous les noms de Mohenjo-Daro et Harappa, bien que leurs noms d'origine restent inconnus.

Ces cités pourraient être si anciennes que certains les identifient comme les cités de Rama, un roi parfois qualifié de mythique, dont la vie et les exploits sont relatés dans le Ramayana. Peut-être que ces cités sont celles des Vrishis et des Andhakas, détruites par Ghurka à l'aide d'un projectile extrêmement puissant depuis les airs, comme il est rapporté dans le Mahabharata...

Lors des fouilles, les chercheurs ont découvert dans les ruines de ces villes et aux alentours des traces manifestes d'une explosion nucléaire survenue des millénaires avant notre ère. Les cités ont été instantanément détruites, et tout est resté figé, y compris les squelettes dispersés. Un taux anormalement élevé de radioactivité a été relevé, y compris sur les cadavres.

Ce qui a le plus frappé les archéologues, ce sont précisément tous ces cadavres, jeunes et vieux, qui gisent à même le sol sans sépulture, signe que toute vie a été suspendue instantanément. Ces squelettes datent de milliers d'années, mais ils sont intacts et n'ont jamais été attaqués par les animaux, probablement en raison de leur radioactivité 50 fois supérieure à la normale.

Des poteries et des objets du quotidien ont fondu, certains se sont retrouvés soudés entre eux en raison de la chaleur extrême. Dans l'une des cités, des pans entiers de murs et de fondations se sont retrouvés fondues et vitrifiées. Des strates de sable se sont transformées en verre fondu, ce qui implique une chaleur extrêmement élevée. La seule explication plausible pour toutes ces particularités est une explosion atomique.

Mohenjo-Daro et Harappa, cités antédiluviennes, conserveront leur mystère pendant longtemps encore...

Le Lob Nor ou Lop Nuur est connu pour être le site d'essais nucléaires de la Chine, où pas moins de 45 tirs ont eu lieu entre 1964 et 1996. Cependant, selon un dossier non sourcé, des plaques de sable vitrifié similaire, datant de quelques milliers d'années, étaient déjà présentes dans le désert voisin bien avant les essais.

En Californie, dans le désert de Mojave, de grandes surfaces de verre fondu sont présentes, signe d'une chaleur particulièrement intense. Dans son livre "Les secrets des races perdues", l'auteur néerlandais René Noorbergen mentionne également des traces similaires dans la Vallée de la Mort aux États-Unis. Il relate le récit de l'explorateur américain William Walker, qui aurait découvert en 1850 une cité en ruines dont les pierres avaient été fondues et vitrifiées. De même, le sable et les pierres aux alentours avaient subi le même sort...

Au Brésil, dans la province de Piauí, d'anciennes cités présentent des ruines de pierres éclatées, calcinées et fondues, évoquant également une chaleur particulièrement intense.

Au centre de la Turquie, les ruines de Hattusa, situées dans la province de Çorum, sont également partiellement vitrifiées. Le site est considéré comme l'ancienne capitale du royaume hittite, un peuple supposé avoir occupé l'Anatolie au IIe millénaire avant notre ère.

En réalité, de nombreux chercheurs font remonter l'existence des Hittites bien avant cette époque.

Curieusement, les murs massifs du site de Hattusa ressemblent à ceux de nombreux autres sites mégalithiques à travers le monde, en particulier dans les Andes. De plus, l'écriture hiéroglyphique hittite ressemble à celle de l'ancienne Égypte, ce qui renforce l'idée de l'ancienneté du peuple hittite.

La thèse officielle selon laquelle les murs de Hattusha auraient été vitrifiés par la foudre n'est pas crédible étant donné l'étendue des ruines vitrifiées.

Certains préfèrent évoquer les récits rapportés dans le Ramayana et le Mahabharata, qui mentionnent les fantastiques batailles livrées dans un lointain passé et les destructions causées par un feu incandescent provoqué par des armes de type nucléaire ou à plasma !

Il ne faut pas rejeter a priori de telles hypothèses sous prétexte qu'elles vont à l'encontre de l'histoire officielle.

On retrouve des phénomènes similaires de pierres fondues sur certaines anciennes constructions en Écosse et en Irlande, sur les îles Lofoten et aux Canaries.

En Écosse, de très anciens forts aux parois vitrifiées constituent un mystère non résolu. Le pays en compte plusieurs dizaines, tels que Abernathy, Dun Lagaidh, Eilean na Goar, Arka-Unskel, Tap o'Noth, Dun Cromarty, Craig Phadraig, Dunnideer...

Le plus célèbre est celui de Tap o'Noth, situé à environ 8 miles au sud de Huntly, dans l'Aberdeenshire. Sa muraille est littéralement vitrifiée, et la chaleur a dû être si intense que les pierres fondues ont même ruisselé le long des murs. Le même phénomène se répète sur l'ensemble des anciens forts répertoriés.

Comment les murs de ces forteresses ont-ils pu se retrouver vitrifiés de cette manière ? Certains archéologues ont tenté d'expliquer que cela aurait pu être un acte intentionnel réalisé pour renforcer la solidité et l'étanchéité des murs. Cependant, on se demande comment les murs en pierre auraient pu s'enflammer et atteindre au moins 1 100 degrés pour commencer à se vitrifier. De plus, l'idée que des murs vitrifiés soient plus résistants ne tient pas, car la chaleur a plutôt tendance à fragiliser les roches.

D'autres ont prétendu que les bâtisseurs auraient utilisé des roches fondues provenant d'éruptions volcaniques. Cependant, cette hypothèse ne tient pas non plus, car les pierres constituant les forts ne sont pas d'origine volcanique, et elles ont été soudées entre elles par la chaleur, ce qui prouve que l'événement s'est produit après la construction.

Bien sûr, l'hypothèse d'explosions atomiques est également avancée par certains.

On ne sait rien de la culture associée à ces forts ni même quand a eu lieu ce phénomène de vitrification, il est donc difficile de formuler une quelconque théorie. Certains vont jusqu'à associer l'existence de ces forts aux batailles menées contre les Atlantes ! La civilisation à l'origine de ces forteresses n'a laissé aucune trace, aucun récit ni aucune légende.

Je comprends parfaitement que l'hypothèse de guerres nucléaires dans les temps préhistoriques puisse sembler totalement farfelue. Mais elle l'est seulement si on la considère à la lumière de l'histoire officielle. Et l'histoire officielle apparaît aujourd'hui tellement peu crédible…

Le doute est donc permis, ainsi que toutes les hypothèses aussi !

11 CONNAISSANCES DU PASSE

Inexplicables connaissances du passé

Comment expliquer ces mystérieuses et étonnantes connaissances dont disposait l'humanité depuis un très lointain passé ?

Ce simple constat nous interpelle. C'est un élément de plus de nature à bouleverser toute l'histoire de l'humanité telle qu'elle est racontée de manière conventionnelle.

Si l'on en croit nos manuels scolaires, l'histoire de l'humanité est linéaire et limpide ! Cependant, dès que l'on s'intéresse au sujet, on se rend compte que la réalité est toute autre. Nous avons le sentiment que nos inventions ne sont que des réinventions, que nos connaissances sont des redécouvertes et que notre monde actuel n'est qu'une réédition d'un monde précédent.

Les exemples abondent.

Les données codées de la Grande Pyramide en sont un exemple. Il a fallu attendre le début du XXe siècle pour que nous puissions calculer approximativement la distance qui sépare la Terre du Soleil, soit environ 149 400 000 km, alors que ce chiffre est codé dans la Grande Pyramide.

Malgré les dénégations des scientifiques qui trouvent mille prétextes pour écarter ces "coïncidences", nous retrouvons dans les proportions de la Pyramide de Gizeh le nombre Pi, soi-disant inconnu des Égyptiens, le calcul précis de la durée de l'année solaire, le rayon et le poids de la Terre, la valeur du degré de longitude, l'orientation exacte du nord, et la loi de précession des équinoxes… Il est probable que de nombreuses autres données restent encore à découvrir.

La géométrie, les proportions et les propriétés de la Grande Pyramide ne doivent rien au hasard ; elles reflètent les intentions délibérées des constructeurs de l'édifice. Cependant, expliquer comment ces constructeurs étaient en possession de telles connaissances demeure un mystère.

Certains suggèrent que la Grande Pyramide est infiniment plus ancienne que son âge officiel, ce qui signifierait que sa construction et les connaissances encodées ne peuvent être attribuées aux anciens Égyptiens, mais plutôt à une civilisation bien plus ancienne et avancée, depuis longtemps disparue.

Les égyptologues rejettent évidemment cette hypothèse et préfèrent arguer de coïncidences, en chipotant sur des détails pour nier les évidences, comme quelques centimètres manquants dus à l'érosion ou une légère variation d'orientation. Pour eux, il n'y a rien d'inscrit dans cet ouvrage... Il n'y a pas plus aveugle que celui qui ne veut pas voir !

Une précision étonnante

De tous les anciens calendriers découverts à travers le monde, ceux des civilisations d'Amériques centrales sont à la fois les plus complexes et les plus précis. Ainsi, le fameux calendrier lunaire de Palenque relève de l'improbable, il attribue au mois lunaire une durée de 29,53059 jours… Cette extrême précision est d'autant plus étonnante que la durée obtenue à l'aide de nos méthodes de pointe, telles que les horloges atomiques, ne diffère que de 0,00027 jours !

Comment peut-on expliquer qu'un peuple aussi ancien, dépourvu de tous moyens sophistiqués, ait pu atteindre un tel degré de précision ? Le hasard ne peut certainement pas être invoqué, ce qui nous oblige à chercher une autre explication, au-delà des conceptions arbitraires et étroites que nous avons de l'histoire des civilisations.

Le livre sacré des Mayas, le Popol Vuh, fait précisément référence à une civilisation extrêmement ancienne qui possédait la connaissance de l'ensemble du système solaire... De quelle civilisation s'agit-il ?

Une carte du ciel vieille de 15 000 ans

Elle a été découverte au début des années 1900 lors de l'exploration de cavernes dans le district actuel du Khoisan, une région isolée voisine du Cachemire et de l'Himalaya.

Cette carte a été publiée en 1925 par le National Geographic aux États-Unis. Son étude a révélé que la position des étoiles qui y figurent correspondait précisément à leur position il y a près de 15 000 ans ! Ce n'est pas la seule particularité inexpliquée, car de curieuses lignes relient notre planète à Vénus sans que l'on comprenne leur signification.

Cette carte peut être mise en relation avec d'autres cartes du ciel rapportées par des missionnaires indiens. Le mathématicien et astronome français Jean-Sylvain Bailly (1736-1793), qui a examiné certaines de ces cartes en 1778, a déclaré qu'elles devaient avoir plusieurs millénaires et qu'elles ne pouvaient correspondre qu'à des observations faites depuis une région aujourd'hui occupée par le désert de Gobi. Les autochtones détenaient ces cartes de leurs ancêtres, qui les tenaient eux-mêmes d'une civilisation plus ancienne que la leur.

Un autre exemple est celui d'un calendrier lunaire vieux de 35 000 ans.

Alexander Marshack (1918-2004), un archéologue américain spécialiste du paléolithique, a rapporté en 1964 avoir découvert des galets couverts de signes qui, selon lui, représentent de véritables connaissances mathématiques. Ces signes correspondraient à un calendrier lunaire vieux de 35 000 ans ! Si tel est le cas, cela signifie que les Néandertaliens coexistaient avec une culture suffisamment avancée pour maîtriser une telle science.

Plus proche de nous, la civilisation babylonienne a également démontré une grande maîtrise scientifique. Cette civilisation s'est développée en Mésopotamie du Sud, du début du IIe millénaire avant notre ère jusqu'au début de notre ère. Considérée comme l'héritière de civilisations plus anciennes telles que Sumer et Akkad, la science des Babyloniens surpassait toutes celles de son époque, en particulier en astronomie. Ils maîtrisaient la fabrication d'instruments performants et se consacraient plus que tout autre peuple ancien à l'observation astronomique. Ils savaient mesurer le temps, et avaient déjà divisé le jour en 12 parties et la nuit en 24.

Le mathématicien et astronome chaldéen Kidinnu, qui a vécu au IVe siècle avant notre ère, connaissait précisément la durée du mois synodique, soit le temps mis par la lune pour revenir à la même position par rapport à la Terre et au Soleil. Il l'a estimée à 29,53064 jours, soit 29 jours, 12 heures, 44 minutes et 5 secondes. Cette précision n'a été confirmée qu'au milieu du XIXe siècle, avec une correction insignifiante.

Kidinnu était également réputé pour ses calculs complexes concernant la Lune, le Soleil, le mouvement de Mercure et la prédiction des éclipses.

Curieusement, dans le même temps, les connaissances des babyloniens étaient très rudimentaires, et relevaient d'ailleurs plus de la croyance que d'un véritable savoir.

Kidinnu faisait certes partie de l'élite intellectuelle et scientifique de l'époque, mais il est néanmoins peu probable qu'il ait découvert lui-même toutes les données astronomiques dont il disposait. Alors de qui en a-t-il hérité ?

Les écrits babyloniens vous disent que leurs ancêtres observaient le ciel depuis 470 000 ans !

Hipparque affirmait lui-même que les Assyriens avaient observé les astres pendant 72 000 ans !

Curieusement, plus les données sont anciennes, plus elles sont élaborées.

Que faut-il en conclure ?

D'anciennes cartes d'origine inconnue

Leur existence même soulève des questions intéressantes quant à l'histoire de l'humanité.

La plus célèbre de ces cartes, ou plus exactement les plus célèbres, puisqu'elles sont deux, sont celles de Piri Reis, découvertes à Constantinople en 1929.

Cette année-là, lors de l'inventaire du musée du palais Topkapi Sarayi à Istanbul, Halil Edem, directeur des musées nationaux, découvre un ouvrage intitulé le "Bahiyre" lequel contenait deux curieuses cartes du monde. L'auteur, un certain Piri Reis, également connu sous le nom de Piri Ibn Haji Memmed (1480-1554), était un marin remarquable et érudit qui maîtrisait plusieurs langues, dont le grec, l'italien, l'espagnol et le portugais. Ses exploits en tant que marin, explorateur et cartographe ont contribué à sa renommée.

Piri Reis était passionné par les cartes et les collectionnait. Il les recopiait également à l'occasion, ce qu'il a fait pour les deux cartes du monde, réalisées selon ses notes en 1513 et 1528. Piri Reis révèle avoir recopié ces cartes à partir d'une vingtaine d'autres, beaucoup plus anciennes, provenant, selon ses dires, de la Grande Bibliothèque d'Alexandrie et datant d'au moins le IVe siècle avant notre ère !

Ces deux cartes sont dessinées en couleur sur parchemin, elles sont enluminées et comportent de nombreuses illustrations ainsi que des portraits de souverains de divers pays. Elles sont également toutes légendées en turc.

En 1953, Arlington Humphrey Mallery, ancien ingénieur du Service hydrographique de l'US Navy, intrigué par ces cartes, s'est attelé à les interpréter et à les comparer avec la cartographie moderne dont il disposait. Il s'est aperçu que les cartes de Piri Reis révélaient avec une précision remarquable des parties du monde qui auraient dû être totalement inconnues à son époque. La carte montre en effet les contours de l'Afrique, de l'Amérique du Sud et même d'une partie de l'Antarctique libre de glace, et tout cela avec une bonne précision...

Piri Reis en était conscient, comme en témoignent ses notes où il déclare : "Personne n'a de nos jours une carte comme celle-ci".

Il est dommage que Piri Reis n'indique pas comment et par qui ces cartes ont pu être réalisées, alors même qu'il était parfaitement conscient que les connaissances limitées de son époque ne permettaient pas une telle réalisation.

Plusieurs autres spécialistes et scientifiques se sont penchés sur cette question déroutante, parmi lesquels Daniel Linehan, expert en prospection sismique et directeur de l'Observatoire de Weston au Collège de Boston, M. Walters, expert au département hydrographique de l'US Navy, R. Strachan, professeur au Massachusetts Institute of Technology, H.Z. Ohlmeyer, commandant d'un escadron de reconnaissance technique de l'US Air Force, et le professeur Charles Hutchins Hapgood, un universitaire américain probablement le plus connu parmi eux.

Leurs conclusions sont unanimes : la réalisation de ces cartes était logiquement impossible à l'époque où Piri Reis les a recopiées, et donc encore moins possible à l'époque antérieure à leur conception.

Comment expliquer la présence sur ces cartes de terres, d'îles, de fleuves et même d'animaux qui n'ont été découverts que dans un passé beaucoup plus récent ? La liste des connaissances inexplicables qui apparaissent sur ces cartes est vraiment édifiante :

- La représentation de l'Antarctique libre de glace est la plus déconcertante, car les côtes de l'Antarctique n'ont été découvertes qu'en 1818 et cartographiées seulement en 1949. De plus, la dernière période à laquelle la Terre de la Reine Maud a été libre de glace remonte à au moins 6 000 ans !

- Des îles apparaissent au-dessus de l'équateur, correspondant aux hauts-plateaux sous-marins des îlots St Pierre et St Paul, qui ont depuis disparu sous les flots et n'existent plus de nos jours.

- La Cordillère des Andes est représentée, alors qu'elle n'avait pas encore été découverte, et on y trouve même le dessin d'un lama, un animal n'existant nulle part ailleurs et totalement inconnu à cette époque.

- On y voit les îles Malouines, qui ne seront découvertes qu'en 1592.

- Une île dans le delta de l'Amazone, connue aujourd'hui sous le nom de l'île de Marajo, est représentée avec précision, alors qu'elle n'a été officiellement découverte qu'en 1543 et cartographiée bien plus tard.

- On y voit des chaînes de montagnes au niveau de l'Alaska, qui n'ont été relevées que lors des premiers vols en avion.

- L'Amérique du Sud est reliée à l'Antarctique par un isthme qui a disparu il y a environ 10 000 ans.

Arlington Humphrey Mallery a procédé à une comparaison détaillée entre les cartes de Piri Reis et la carte de l'Antarctique la plus récente dont il disposait. Intrigué par la présence de deux baies qui ne figuraient pas sur les tracés modernes. Il a obtenu que des sondages sismiques soit effectués à cet emplacement, lesquels ont confirmé l'existence passée de ces deux baies...

Il est également intéressant de noter que la mesure de la longitude, fondamentale pour le positionnement précis des terres, îles, montagnes et fleuves, n'a été développée qu'au XVIIIe siècle. Comment expliquer alors que de telles cartes aient pu être conçues dans un passé aussi lointain, alors que tout ce qui y figure, ou presque, était encore inconnu à l'époque ?

Certaines erreurs ou imperfections peuvent être relevées sur les cartes de Piri Reis, mais il est difficile de déterminer si elles étaient présentes à l'origine ou si elles sont le résultat des relevés de Piri Reis lui-même.

Des experts ont noté que certaines portions côtières des cartes de Piri Reis ne correspondent pas aux tracés modernes, mais qu'elles correspondent à ce qu'elles devaient être il y a plusieurs milliers d'années, avant d'être modifiées par l'érosion.

Toutes ces observations conduisent à une conclusion unique : selon notre histoire officielle, de telles cartes ne devraient pas exister. Leur réalisation relève de connaissances et de moyens techniques bien plus avancés que ceux attribués aux hommes de cette époque. N'oublions pas que selon nos livres d'histoire, il y a 10 000 ans, nous étions encore au tout début du Néolithique et de la maîtrise de la pierre polie.

Les cartes de Piri Reis, en revanche, révèlent une excellente connaissance géographique de notre planète et de sa rotondité, ainsi que des connaissances mathématiques avancées, y compris en trigonométrie. Leur réalisation implique également des moyens matériels importants, des instruments de précision et même des moyens aériens. De tels relevés ne sont en effet pas concevables sans une observation à très haute altitude, ce qui explique aussi que la perspective des régions périphériques soit déformée.

Au regard de ces constats, il est compréhensible pourquoi ces cartes font partie des "artefacts" que le monde scientifique moderne ignore superbement. Elles ne sont pas censées exister, donc elles n'existent pas !

Pourtant, leur authenticité ne fait aucun doute et n'a jamais été contestée.

Les quelques rares chercheurs qui s'y sont intéressés n'ont jamais pu apporter la moindre réponse pertinente.

L'un de ces chercheurs, également écrivain, a laissé son nom attaché à l'étude des cartes de Piri Reis. Il s'agit de Charles Hutchins Hapgood (1904-1982), qui explique dans son livre "Cartes des anciens rois de la mer" que les pôles se sont déplacés de quelques degrés il y a environ 9 500 ans et qu'à cette époque, ils étaient partiellement libres de glace. Il suggère donc que l'Antarctique aurait pu être cartographié à ce moment-là.

Hapgood critique également les théories orthodoxes des scientifiques, qu'il estime dénuées de toute logique face à de telles évidences.

Hapgood imagine que ces cartes auraient pu être dressées par une ancienne civilisation inconnue et se seraient transmises au fil du temps. Elles auraient notamment été utilisées par des peuples navigateurs tels que les Crétois ou les Phéniciens.

Dans tous les cas, l'existence même de ces cartes est une preuve tangible qu'une civilisation avancée existait à une époque où l'Antarctique était libre de glace.

Comme on pouvait s'y attendre, les hypothèses de Hapgood ont été rejetées par les "scientifiques orthodoxes" qui, néanmoins, se sont bien gardées de proposer une explication alternative quant à l'existence même de ces cartes.

Suite à la publication de son livre, le sort de Hapgood ne fut pas très enviable, il a subi de nombreuses critiques et a été ridiculisé par ses pairs scientifiques, sans qu'aucun d'entre eux ne se soit donné la peine de se pencher véritablement sur son travail et sur ces cartes si dérangeantes…

D'autres cartes

Si la carte de Piri Reis est la plus connue, elle n'est pour autant pas la seule. En effet, d'autres cartes existent qui semblent bien tirer leurs secrets d'une même source inconnue.

- La carte de Pisane : Elle tire son nom de son origine, puisqu'elle a été découverte à Pise par un antiquaire. Datée de la fin du XIIIème siècle, c'est la carte la plus ancienne connue à ce jour. Elle est relativement grande, mesurant 48 cm x 103 cm, et a été réalisée sur la peau d'un animal, dont elle recouvre toute la surface. Son état de conservation est relativement bon, à l'exception de la partie correspondant à la mer Noire. Cette carte, dont on ignore tout de l'auteur et de la date précise de réalisation, ni même s'il s'agit d'un original ou d'une copie d'une carte plus ancienne, est stupéfiante de précision.

- Les cartes de Ptolémée, découvertes au XVème siècle mais datées du IIème siècle. Sur celles-ci, le Groenland et le nord de la Suède apparaissent libres de glace, tels qu'ils devaient être dans un lointain passé.

- La carte de Zeno, datée de 1380 et recopiée en 1558, montre également le Groenland sans glaces, avec ses montagnes, ainsi que des îles inconnues formant un archipel. Nicolo Zeno, navigateur vénitien de la deuxième moitié du XIVème siècle, a réalisé cette carte d'après des relevés effectués par des membres de sa famille dans les années 1380. En 1950, l'explorateur et scientifique Paul Emile Victor, qui s'est intéressé à cette carte, s'est étonné du fait qu'elle représente l'aspect rocheux du sol du Groenland, alors que les techniques modernes venaient tout juste d'en vérifier l'exactitude.

- Le Da Ming Hun Yi Tu ou carte du grand empire Ming, datée de 1389, est conservée à Pékin. Ses dimensions sont importantes, environ 4 mètres par 4 mètres. Elle montre plusieurs continents, dont l'Afrique, un siècle avant que les explorateurs européens ne la découvrent. Cette carte révèle la chaîne montagneuse du Drakensberg, en Afrique du Sud, ainsi que le Nil. Ce qui soulève encore davantage de questions est la présence d'un très grand lac au centre même de l'Afrique, qui recouvre près de la moitié du continent. Cette présence fait écho à une vieille légende arabe selon laquelle, dans un lointain passé, il existait un très grand lac au sud du Sahara. De fait, des scientifiques retiennent l'hypothèse selon laquelle, il y a plus de 10 000 ans, le Sahara était une terre hospitalière. Un déplacement des pôles aurait provoqué un changement climatique radical.

- La carte d'Yehudi 'Ibn Ben Zara, datée de 1487, montre l'Europe du nord avec ses glaciers tels qu'ils étaient il y a 12 000 ans, ainsi que des îles de la Méditerranée qui n'existent plus aujourd'hui en raison de la montée des eaux. Cependant, ces îles apparaissaient bien à une époque qui correspond à la dernière période glacière.

- La carte de Carneiro, attribuée au Portugais du même nom et datée de 1502, représente l'ensemble des côtes africaines, et sa réalisation relève de la trigonométrie sphérique.
- La carte d'Andrea Benincasa. Ce cartographe italien est connu pour avoir réalisé plusieurs portulans. L'une de ses cartes, datée de 1508 et conservée à la Bibliothèque vaticane, laisse apparaître la mer Baltique avec ses glaciers, lesquels ont disparu il y a environ 10 000 ans.

- La carte de Hadji Ahmed, cartographe turc à qui on attribue une carte du monde du XVIème siècle. Cette carte représente l'Amérique avec une très grande précision, ce qui ne sera vérifié que 200 ans plus tard. Ce qui interpelle est qu'on y voit une bande de terre séparant la Sibérie de l'Alaska, précisément là où se situe le Détroit de Behring. Or, cet isthme a bien existé, mais il a disparu il y a environ 10 000 ans. Beaucoup doutent qu'Ahmed soit d'ailleurs le dessinateur de cette carte et penchent plutôt pour la copie d'une carte plus ancienne à laquelle il a ajouté ses propres notes.

- La carte d'Oronteus Finaeus, également connue sous le nom d'Oronce Fine, est né en France en 1494. Il était mathématicien, astronome et cartographe. La carte qui porte son nom est une représentation de la sphère terrestre réalisée selon une projection cordiforme, c'est-à-dire en forme de cœur. Ce qui interpelle, c'est que cette carte représente l'Antarctique avec une extrême précision, dépourvu d'une grande partie de sa calotte glaciaire, tel qu'il devait être il y a longtemps. Ce qui est encore plus étonnant, c'est que le relief qui apparaît correspond en tous points aux relevés modernes. La preuve que cette carte est très ancienne est confirmée par la représentation de cours d'eau, d'estuaires et de fjords, à l'emplacement précis de la mer de Ross, actuellement recouverte par une épaisse couche de glace d'une profondeur de 600 à 1 500 mètres. Selon les scientifiques, des rivières et des fleuves ont effectivement coulé en Antarctique, se déversant dans la mer de Ross, mais ils ont disparu il y a au moins 6 000 ans avant notre ère. Cette région a bénéficié d'un climat chaud pendant très longtemps, et ce n'est qu'il y a environ 4 000 ans que le climat s'est considérablement refroidi et que la glace a progressivement recouvert toute la région.

- La carte de Gerardus Mercator, datée de 1569, a été longtemps adoptée comme le planisphère de référence pour les voyages marins en raison de son extrême précision.

Elle représente l'Antarctique avec des détails encore plus précis que ceux de la carte d'Oronteus Finaeus.

- Le portulan d'Angelino Dulcert, réalisé à Majorque en 1339, présente les contours de l'Europe, la Russie et la Méditerranée avec une précision actuelle. Mieux encore, les longitudes et latitudes qui y apparaissent sont parfaitement exactes, avec une erreur maximale des longitudes inférieure à un demi-degré.

- Le planisphère de Cantino, daté de 1502, aurait été clandestinement transporté du Portugal en Italie par Cantino, supposé avoir été un espion au service du Duc de Ferrare. Il s'agit d'un très grand planisphère mesurant 2,18 mètres sur 1,02 mètre, dont les tracés, bien qu'imparfaits, permettent de reconnaître facilement ce qu'ils représentent. Une fois de plus, le Sahara qui apparaît très verdoyant confirme l'ancienneté de cette carte.

- La carte de Gloreanus, datée de 1510, révèle le tracé exact du continent américain du côté de l'Atlantique et du Pacifique.

La particularité de ces cartes est qu'elles sont toutes des copies ou des compilations de cartes beaucoup plus anciennes. Selon leurs auteurs, elles étaient précieusement conservées dans la Grande Bibliothèque d'Alexandrie et celle de Constantinople. Il est indéniable que les marins vénitiens, alliés aux croisés, qui ont pris et pillé Constantinople en 1204, ont rapidement compris la valeur inestimable de ces cartes et portulans, ainsi que l'usage qu'ils pouvaient en faire.

Les originaux à partir desquels ces cartes ont été réalisées ne peuvent être que l'œuvre d'une civilisation avancée et inconnue, plusieurs millénaires avant notre ère. Leur niveau de connaissance devait être suffisamment élevé pour maîtriser les mathématiques, la trigonométrie, les projections sphériques ou cordiformes, le calcul de la longitude et de la latitude, ainsi que l'utilisation d'instruments de mesure particulièrement précis. Ce sont des connaissances que notre propre civilisation n'a commencé à maîtriser qu'au cours de la seconde moitié du XVIIIème siècle.

Les préhistoriens affirment que 10 000 ans avant notre ère, la Terre n'était peuplée que d'hommes primitifs se livrant uniquement à l'agriculture et à l'élevage. Les premières civilisations identifiées sont celles de Sumer, il y a 6 000 ans avant notre ère, puis plus tard celle de la vallée de l'Indus, mais elles ne sont pas reconnues pour avoir atteint un tel niveau de connaissances. Cela soulève donc de nombreuses question…

De quelle civilisation avancée pourrait-il s'agir ?

Beaucoup évoquent l'Atlantide, une hypothèse qui mérite effectivement d'être prise en compte.

Parmi les experts qui ont examiné ces cartes, certains affirment sans hésitation que compte tenu de la précision des tracés, ils ne peuvent avoir été obtenus que grâce à des relevés aériens. En effet, si les cartes côtières peuvent être le fruit du travail des marins, comment expliquer la précision du relief et de l'altitude des chaînes de montagnes à l'intérieur des continents ? Quelle que soit cette civilisation, ses relevés se sont transmis au fil du temps, mais son savoir-faire s'est perdu.

Ces cartes fournissent une preuve irréfutable que l'histoire de l'humanité telle qu'elle nous est présentée doit être remise en question.

On peut se demander pourquoi la communauté scientifique reste silencieuse à ce sujet. En réalité, il faut comprendre que les conclusions impliquées par l'existence de telles cartes remettent en cause l'histoire de l'humanité telle qu'elle est enseignée, et cela est inconcevable.

Ces relevés cartographiques ne peuvent être que le résultat d'un travail considérable réalisé par des hommes possédant des moyens et des connaissances avancées. Il s'agit d'un travail d'exploration et de relevés colossal, qui remonte à des temps préhistoriques, soit au moins 10 000 ans avant notre ère. Même cette estimation relativement récente de 10 000 ans est peu crédible, car les géologues affirment que le continent Antarctique n'a été entièrement libre de glace qu'à une date beaucoup plus reculée, estimée à plus de 110 000 ans.

Selon certains scientifiques non-conformistes, l'Antarctique aurait atteint sa position actuelle suite au déplacement de l'écorce terrestre. Cette théorie a été reprise par Albert Einstein, qui pensait que la croûte terrestre pouvait basculer dans certaines conditions qui se seraient produites dans le passé. L'accumulation inégale de la couche de glace dans les régions polaires entraine la perturbation du mouvement de rotation de la Terre. Lorsque ces dépôts de glace atteignent un certain seuil, ils finissent par provoquer le déplacement de la croûte terrestre.

Un tel événement déclenche des perturbations cataclysmiques à travers la planète, avec des régions pouvant être inondées sous d'énormes quantités d'eau, tandis que d'autres régions émergent des fonds océaniques. Ces bouleversements pourraient expliquer les extinctions massives, y compris celle d'une civilisation entière.

L'Antarctique est un immense continent, plus d'une fois et demie la taille de l'Europe. Il est plausible d'imaginer que sous l'épaisse couche de glace qui le recouvre, se cachent les traces de cette civilisation disparue. Jusqu'à présent, c'est le seul continent qui reste largement inexploré en raison de cette épaisse couche de glace pouvant atteindre plusieurs kilomètres.

Les seules découvertes intéressantes faites sur ce continent ont été faites lors de forages. Ces carottages ont révélé des traces de pollen et de bois fossilisé, preuves d'un climat beaucoup plus clément dans un lointain passé. Les scientifiques reconnaissent que l'Antarctique a bénéficié d'un climat tempéré pendant longtemps, mais ils ne s'accordent pas sur la période à laquelle cela remonte. Certains pensent que cela remonte à environ 110 000 ans, d'autres évoquent 2 à 3 millions d'années, voire plusieurs dizaines de millions d'années...

Pour l'instant, l'existence de ces cartes, que personne ne peut ignorer, constitue des pièces à conviction dérangeantes pour l'histoire officielle.

La précession des équinoxes

Nous savons que la Terre effectue une rotation sur elle-même en 24 heures et une révolution autour du Soleil en 365 jours. Cependant, l'axe de rotation de la Terre est incliné à 23,5° par rapport à son orbite autour du Soleil. De plus, la Lune et le Soleil contribuent à modifier cet axe, qui décrit un cercle dans l'espace similaire au mouvement d'une toupie. C'est ce que l'on appelle la précession des équinoxes.

Il faut ainsi un peu moins de 26 000 ans pour que l'axe terrestre retrouve sa position de départ.

Nous savons que les saisons dépendent de l'inclinaison de l'axe de la Terre par rapport au Soleil, et la précession des équinoxes entraîne également un déplacement du point vernal, qui marque le début du printemps. Cela explique pourquoi dans l'hémisphère nord, le printemps perd chaque année entre 30 secondes et une minute au profit de l'été.

Une autre conséquence moins connue de ce phénomène est que l'étoile qui indique la direction du nord dans l'hémisphère nord, c'est-à-dire l'étoile polaire, n'est pas toujours la même. Le lent changement de direction de l'axe de rotation de la Terre entraîne une variation de l'orientation de l'axe des pôles par rapport aux étoiles. Ainsi, au fil des millénaires, l'étoile polaire change. Actuellement, il s'agit de l'étoile Alpha de la Petite Ourse, mais cela ne sera pas toujours le cas.

Un autre paramètre à prendre en compte est que l'orbite de la Lune est inclinée par rapport au plan de l'écliptique, ce qui signifie que l'action de la Lune perturbe également la précession. Cette perturbation se manifeste par de petites oscillations, avec une période de 18,6 ans.

Le phénomène de précession des équinoxes influence le cycle des saisons, également appelé année solaire ou année équinoxiale. Ce cycle est plus court d'environ 20 minutes que le temps réellement nécessaire à la Terre pour revenir à la même position par rapport aux étoiles. Cette différence est compensée par les années bissextiles, où un jour supplémentaire est ajouté au calendrier pour rattraper l'année solaire.

Nos calendriers sont basés sur 365 jours, alors qu'il faut en réalité 365 jours, 5 heures et 48 minutes au Soleil pour revenir à la même position d'une saison à l'autre.

Officiellement, la découverte du mouvement de précession des équinoxes est attribuée à un astronome babylonien nommé Kidinnu (IVe siècle avant notre ère), mais cette attribution reste controversée, certains attribuant cette découverte à Hipparque, un astronome grec du IIe siècle avant notre ère. De même, Hipparque est reconnu comme le premier mathématicien à avoir utilisé des tables trigonométriques lui permettant de calculer l'excentricité des orbites lunaire et solaire, Sans que l'on soit certain qu'il en soit réellement l'inventeur.

Si l'on s'écarte de la version officielle, il semble évident que la précession des équinoxes était connue et maîtrisée depuis beaucoup plus longtemps.

Le zodiaque de Dendérah

Ce zodiaque est en réalité un bas-relief de l'Égypte antique découvert par le général français Désaix lors de l'expédition d'Égypte.

À l'origine, il était fixé au plafond d'une salle dédiée à Osiris, érigée dans le temple d'Hathor à Dendérah.

Certains égyptologues ont d'ailleurs suggéré que le site n'était pas un temple, mais un observatoire astronomique.

Ce zodiaque est un planisphère représentant le ciel étoilé en projection plane. Cette représentation circulaire est unique dans l'Égypte antique. On y voit les douze constellations de la bande zodiacale, ainsi que les 36 décans et les planètes.

Le bas-relief a été acheté par le roi Louis XVIII en 1821 auprès du Pacha d'Égypte Méhémet Ali, et il est actuellement exposé au musée du Louvre.

Ce zodiaque nous livre un certain nombre d'indications. Selon les astronomes, on y observe notamment deux éclipses représentées à l'endroit précis où elles se sont produites :

- L'éclipse solaire du 7 mars de l'an -51.
- L'éclipse lunaire du 25 septembre de l'an -52.

Ces datations précises ne signifient pas nécessairement que ce bas-relief date de cette période. Cependant, l'identification précise de ces éclipses n'est pas le fruit du hasard et démontre une grande maîtrise de l'astronomie par les anciens Égyptiens. Ils devaient posséder les outils et les connaissances nécessaires pour effectuer de tels calculs, qui étaient très fastidieux.

L'observation joue un rôle important et permet de constater que les éclipses lunaires ont lieu uniquement à la pleine lune, tandis que les éclipses solaires ont lieu uniquement à la nouvelle lune. La probabilité d'observer une éclipse lunaire est donc beaucoup plus élevée que celle d'observer une éclipse solaire.

Les Babyloniens avaient déjà remarqué que les éclipses lunaires étaient espacées de cinq à six lunaisons. La plus ancienne prédiction d'éclipse lunaire retrouvée date de 731 avant notre ère et concerne l'éclipse lunaire du 9 avril -731. Des tablettes babyloniennes contiennent des prédictions d'éclipses lunaires sur une période de 126 années réparties en périodes de 223 lunaisons, correspondant à la période de récurrence des éclipses.

En revanche, la détermination de la visibilité d'une éclipse solaire en un lieu donné est bien plus difficile. Cela nécessite notamment la maîtrise de la parallaxe lunaire et de la position de la Lune avec une précision d'un demi-degré, ce qui était, selon les informations disponibles, impossible avant le milieu du IIe siècle. En fait, la première prédiction certaine d'une éclipse solaire dont les calculs sont connus a été réalisée par Nicéphore Grégoras à Byzance le 16 juillet 1330.

Les savants de l'ancienne Égypte possédaient déjà des connaissances avancées en matière de mesure et de découpage du temps.

Officiellement, le premier plafond astronomique découvert en Égypte serait celui de la deuxième tombe de Senmout, qui représente le ciel en 1463 avant notre ère. Bien qu'inachevé, ce plafond présente douze cercles représentant les douze mois de l'année. Chaque cercle est divisé en vingt-quatre parties symbolisant les heures.

L'astronome et égyptologue Jean-Baptiste Biot a étudié en détail ce zodiaque et a publié plusieurs ouvrages à ce sujet. Selon lui, la configuration céleste telle qu'elle apparaît sur le zodiaque de Dendérah remonte à une époque antérieure à l'époque romaine et avance l'année -716 comme une datation possible.

Le docteur ès sciences et académicien russe Anatoli Timofeïevitch Fomenko a interprèté le zodiaque de Dendérah et le date très précisément du 20 mars 1185 avant notre ère.

L'archéologue italien Ennius Quirinus Visconti date le zodiaque de Dendérah du IIe siècle de notre ère, quand d'autres prétendent qu'il est encore plus ancien…

Le professeur de mathématiques, chercheur et écrivain Albert Slosman, propose une tout autre version. Dans son livre "La grande hypothèse", il avance que le planisphère de Dendérah aurait 13 000 ans…

Sa grande ancienneté semble probable en raison de certains anachronismes, et l'on suppose d'ailleurs que le bas-relief conservé au Louvre est une copie d'un disque plus ancien.

Quoi qu'il en soit, il est certain que les concepteurs du planisphère de Dendérah maîtrisaient parfaitement l'astronomie et plus surprenant encore, ils avaient pris en compte le mouvement de précession des équinoxes.

Le zodiaque restitue d'ailleurs l'intégralité du cycle de précession, qui dure environ 26 000 ans… !

L'énigme des cultures jumelles

Les anciens pré-incas et les anciens Égyptiens

Ces deux cultures ont évolué sur des continents différents, séparés par l'océan Atlantique. Ils ne sont pas censés être entrés en contact, et pourtant ils partagent de nombreuses similitudes qui ne peuvent être attribuées au hasard.

L'auteur américain Richard Cassaro a parfaitement identifié ces similitudes, qui englobent tous les domaines tels que l'architecture, l'art, le symbolisme, la religion, les mythes, etc. Cette constatation surprenante conduit à la conclusion qu'il doit y avoir une source commune à ces deux peuples, probablement une ancienne civilisation mère.

Certains avancent que cette source commune pourrait être l'Atlantide, c'est en effet une hypothèse possible. Ceci expliquerait pourquoi l'establishment scientifique rejette obstinément l'hypothèse d'une culture commune, et ce malgré la profusion de preuves.

Ce ne sont pourtant pas les éléments qui manquent:

- Les pyramides à degrés : Ces constructions emblématiques des deux cultures servaient de tombeaux et étaient construites en blocs massifs alignés selon les points cardinaux.

- L'architecture mégalithique : Les principaux temples des deux cultures étaient construits à partir de blocs énormes pesant plusieurs dizaines ou même centaines de tonnes.

- Constructions parasismiques : Les temples et autres bâtiments des deux cultures résistaient parfaitement aux tremblements de terre grâce à leur mode de construction spécifique.

- Bâtiments inclinés vers l'intérieur : Il est étrange de constater que les temples des deux cultures présentaient une inclinaison similaire vers l'intérieur.

- Temples similaires : Les observateurs ont été surpris par la grande similarité entre les temples des deux cultures.

- Temples avec trois portes : Les temples des pré-incas et des anciens Égyptiens possédaient une porte centrale et deux portes opposées, symbolisant l'équilibre des contraires et l'éternité au centre.

- Forme trapézoïdale des portes : Les portes des temples des deux cultures présentaient curieusement une forme trapézoïdale.

- Obélisques : Les obélisques égyptiens sont connus, mais on connaît moins ceux des pré-incas, pourtant ils étaient similaires et décorés de signes dans les deux cas.

- Constructions ressemblantes : Les deux civilisations construisaient des temples étonnamment ressemblants, ils utilisaient des blocs de pierre de taille similaire, de mêmes dimensions, de mêmes formes et avec le même mode de mise en place.

- Travail de précision : Les pré-incas et les anciens Égyptiens maîtrisaient l'art de la construction avec une précision quasi parfaite. Les blocs étaient taillés avec une taille et un assemblage si précis qu'il était impossible de glisser une feuille de papier entre eux.

- Utilisation d'agrafes métalliques : Les deux peuples taillaient les blocs de pierre d'une manière spécifique pour les assembler avec des agrafes métalliques.

- Crânes allongés : Les pré-incas et les anciens Égyptiens pratiquaient étrangement l'allongement de la boîte crânienne des enfants, pour dit-on, ressembler aux dieux descendus du ciel.

- Momies : Les pré-incas et les anciens Égyptiens embaumaient leurs morts et les plaçaient à l'intérieur des pyramides.

- Position des momies : Les pré-incas et les anciens Égyptiens croisaient les bras de leurs morts.

- Croyance en une vie après la mort : raison pour laquelle les momies étaient dans les deux cas, entourées de nourriture et d'objets personnels.

- Masques funéraires en or : Les deux cultures recouvraient les visages des morts avec des masques en or, probablement avec un symbolisme commun.

- Colliers funéraires : Les défunts des cultures pré-incas et égyptiennes étaient souvent parés de colliers en or étonnamment similaires, avec des pendentifs représentant des têtes d'animaux.

- Cercueils anthropoïdes : Ces cercueils anthropoïdes ne semblaient pas contenir de corps momifiés, leur fonction était simplement de contenir des effets personnels ou des objets du défunt.

- Bateaux en roseaux : Les deux cultures utilisaient les mêmes matériaux et la même architecture pour construire leurs bateaux.
- Culte solaire : Les deux cultures faisaient référence au dieu solaire.
- Dieux volants : Les pré-Incas et les anciens Égyptiens représentaient leurs dieux se déplaçant dans les airs.
- Divinités animales : Tant en Égypte qu'au Pérou, le disque solaire était entouré de divinités animales adoptant des poses symétriques.
- Dieu muni d'un sceptre : On retrouve des deux côtés de l'Atlantique la même représentation d'un dieu tenant un sceptre, symbole du pouvoir divin.
- Symbolisation identique du dieu solaire : Un cercle avec un point au centre, symbolisant la perfection et l'unité.
- Troisième œil : Les deux cultures symbolisaient de la même façon ce troisième œil, représenté par des cercles au centre du front.
- Utilisation du serpent : Les deux cultures décoraient de la même façon le dessus des portes de leurs temples en y plaçant des serpents parfaitement symétriques.
- Utilisation de la spirale : Ce symbole de l'infini ou de l'éternité était également utilisé par les deux cultures.
- Art de la symétrie : Cet art était une constante pour les deux cultures. Les animaux, en particulier les serpents, étaient représentés avec un équilibre gauche-droite parfaitement symétrique.

Le nombre extraordinairement important de similitudes entre ces deux civilisations ne peut pas être attribué au hasard. Ce phénomène témoigne incontestablement d'une source commune, d'un héritage commun, et donc d'une culture ancestrale partagée. Sinon, comment expliquer une similarité aussi évidente ?

Il est important de rappeler que ce sont des scientifiques qui ont été les premiers à établir ce parallèle entre les Égyptiens et les Incas, tant l'évidence était flagrante. Cependant, cette évidence a rapidement été rejetée par ces mêmes scientifiques, simplement parce que cette constatation les menait au-delà des limites de ce qui était considéré comme acceptable.

Étant donné qu'il leur est impossible d'éliminer les preuves, ils ont simplement choisi de les ignorer.

La seule explication rationnelle pour justifier autant de points communs, le seul dénominateur commun entre ces deux cultures, semble être l'Atlantide. Les survivants de ce continent disparu auraient essaimé de part et d'autre de l'océan, perpétuant ainsi leur art et leur culture.

Que l'Atlantide ait existé ou non, il est indéniable qu'une civilisation très avancée a existé quelque part, bien avant les pré-Incas et les anciens Égyptiens. Cette civilisation a peut-être connu une fin abrupte, mais elle a laissé derrière elle sa culture et ses connaissances, dont certaines civilisations ont hérité par la suite.

L'élite scientifique, souvent réticente aux idées nouvelles et attachée au dogme établi, s'est opposée à cette théorie qui pourrait mettre en péril leurs propres théories.

Cependant, le diffusionnisme met en évidence de manière significative la manière dont une ancienne culture avancée peut diffuser ses connaissances, et cette hypothèse semble extrêmement logique.

Augustus Le Plongeon, archéologue amateur franco-américain et l'un des pionniers de l'étude des civilisations précolombiennes, était également convaincu que la culture des pré-Incas et celle des anciens Égyptiens tirait ses sources d'une grande civilisation, qu'il identifiait comme étant l'ancienne Atlantide. Cette théorie lui a valu d'ailleurs d'être discrédité.

Pourtant, le diffusionnisme fournit une explication parfaitement plausible pour expliquer comment les anciens Égyptiens ont pu développer une culture similaire à celle des pré-Incas de l'autre côté de l'Atlantique.

Cette théorie est par ailleurs renforcée par l'existence d'autres cultures antiques jumelles, géographiquement éloignées.

Les Mayas et les anciens Balinais

Là encore, ces deux cultures situées de part et d'autre du globe, présentent de nombreuses similitudes surprenantes. Comment expliquer que ces deux civilisations antiques, sans lien apparent, et situées de chaque côté du Pacifique, aient pu développer autant de points communs ?

La liste de ces similitudes est si frappante que les Mayas et les Balinais semblent former une seule et même civilisation.

Malheureusement, ce parallèle étonnant est volontairement ignoré par les scientifiques, probablement parce qu'il met à mal leurs théories établies. Malgré cela, ces mêmes scientifiques sont incapables de fournir la moindre explication convaincante à ce constat frappant :

- Pyramides à degrés, avec un temple au sommet : Ce type de temple étrangement similaire se retrouve dans les deux cultures, comme le célèbre Temple Pura Besakih à Bali et la pyramide à degrés du Grand Prêtre à Chichen Itza.

- Les arcs en encorbellement : Une caractéristique très particulière que l'on retrouve dans les deux cultures, une particularité architecturale où le poids du mur est supporté par des poteaux de soutien en dehors du linteau. Ce principe permet de construire des voûtes ou des arcs plus facilement que l'arc en plein cintre. La voûte d'encorbellement n'a pas de clé de voûte, ce qui crée une ouverture ressemblant à un triangle étroit plutôt qu'à une porte voûtée.

- Des statues de divinités étrangement similaires : Aux entrées des temples mayas et balinais, on retrouve les mêmes statues grimaçantes avec barbe et cheveux longs, montrant les dents. Les statues tiennent une torche de la main gauche et la main droite sur la poitrine. Curieusement, la jambe et le pied gauche sont tournés de la même manière vers l'extérieur.

- Les mêmes serpents sculptés dans la pierre : Sur les côtés des temples mayas et balinais, on trouve des serpents en pierre, la gueule ouverte avec des dents en forme de crocs. Le serpent est un symbole vénéré par les deux cultures.

- Couples de serpents balustres au bas des escaliers : Le point commun entre le temple inférieur de Pura Luhur Lempuyang et la pyramide de Kukulcán réside dans les sculptures ornant le bas de leur escalier principal. Dans les deux cas, d'imposants serpents massifs à la gueule ouverte encadrent les escaliers colossaux de chaque côté.

De nombreuses autres similitudes ont été relevées entre ces deux cultures, comme des attitudes similaires de certaines statues, le troisième œil sur le front, et des symboles en forme de croix chakana.

Il n'est pas nécessaire d'être un spécialiste pour constater que tant d'analogies ne relèvent pas simplement du hasard.

Il est tout aussi difficile d'adhérer aux commentaires des défenseurs du credo orthodoxe, qui ne voient dans ces constats flagrants que des élucubrations d'illuminés...

CONCLUSION

Et si tout ce que vous avez appris sur l'histoire de l'humanité était erroné ?

Tel aurait pu être le titre de ce livre.

Tout ce que nous savons de notre histoire nous vient essentiellement de nos acquis scolaires, et de notre éducation. Mais cela ne signifie pas nécessairement que cela correspond à une réalité historique.

Notre société est imprégnée de mensonges soigneusement entretenus, qui servent à contrôler la population dans tous les domaines, que ce soit la politique, la religion, les sciences ou l'histoire.

Dans tous ces domaines, il existe des zones d'ombre qui ne sont pas le fruit du hasard, mais qui sont jugées utiles voire nécessaires.

Notre histoire est remplie d'incohérences habilement dissimulées sous une apparence de vérité.

Vous avez découvert dans ce livre, un certain nombre de sujets qui soulèvent de nombreuses questions, pour peu que l'on s'y intéresse.

Quand bien même quelques-uns de ces sujets sont susceptibles de trouver une explication rationnelle, ce qui n'est pas exclu, le nombre de ceux restant sans réponse est bien trop élevé pour ne pas soupçonner une réalité différente.

L'histoire de l'humanité nous est présentée comme une progression linéaire depuis Homo sapiens jusqu'à notre civilisation actuelle. Mais il n'en est rien, et la vérité se trouve ailleurs !

Vous avez sans doute deviné qu'au-delà des simples chasseurs-cueilleurs de la préhistoire, il a existé d'autres mondes.

Le récit conventionnel de notre histoire ne tient que par son caractère officiel et l'illusion de vérité qu'il crée, mais il repose davantage sur la croyance que sur une véritable vérité établie.

Notre histoire doit être réécrite, car si elle a l'apparence de la vérité, elle n'est pas la vérité... !

Bibliographie

A la lumière de la science - **Bleuette Diot** - Auto édition – 2019

A l'aube de la mémoire humaine - **Anton Van Casteren** – Robert Laffont – 1989

Archéologie et spiritualité - **Philippe A. Jandrok**, Independently published 2019

Avant les Pyramides - **Christopher Knight** - Alphee – 2010

Civilisations englouties, Tome 1 - **Graham Hancock** – Editions Pygmalion – 2002

Civilisations englouties, Tome 2 - **Graham Hancock** – Editions Pygmalion – 2003

Cosmo Genèse - **Zecharia Sitchin** - Savoirs anciens – 2012

De Göbeckli Tepe à Sumer - **Bleuette Diot** – Editions Dorval – 2014

Eden, la vérité sur nos origines - **Anton Parks** – Editions Nouvelle Terre – 2011

Guizeh, au-delà des grands secrets - **Guy Gruais** - Editions du Rocher – 1997

Histoire secrète de l'espèce humaine, **Michael A. Cremo**, Editions Du Rocher, 2002

L'homme éternel **Louis Pauwels** et **Jacques Bergier**, Gallimard, 1970

La bipédie initiale - **François de Sarre** – Editions Ethos – 2014

La conspiration des élites n'est plus une théorie - **C. Faydit** - Edition Bod – 2019

La révélation - **Jean Bruschini** - Auto édition – 2020

La vie vient de l'espace - **Francis Crick** - Hachette – 1983

L'Archéologie interdite - **Collin Wilson** - Editions du Rocher – 1997

L'Atlantide - **Shirley Andrews** - Editions A &A – 1998

L'Atlantide des géants - **Jean-Louis Bernard**– Albin Michel – 1980

L'Atlantide et le règne des géants - **Denis Saurat** – Editions J'ai lu –1954

L'Atlantide et ses secrets - **Herbie Brennan** – Presse du Chatelet –2001

L'Atlantide retrouvée ? – **Jacques Collina-Girard** - Belin - 2009

L'Atlantide, autopsie d'un mythe - **Pierre Carnac** - Éditions du Rocher – 2001

Le Génie technologique des anciens - **Charles Hapgood** – Editions Oxus – 2013

Le Génie technologique des Anciens – **Kadath** – 2013

Le matin des magiciens - **Louis Pauwels** et **Jacques Bergier** - Gallimard – 1960

Le mystère d'Orion - **Robert Bauval** et **Gilbert Adam** - Editions Pygmalion –1994

Le mystère du Grand Sphinx - **Robert Bauval** et **Graham Hancock,** Editions du Rocher, 2003

Le programme Homme - **Pierre Rabischong**, Presse Universitaire de France 2003

Le savoir enfoui des deux Mondes - **Philippe A. Jandrok** – Editions Pandora – 2019

Le secret de l'Atlantide - **Jurgen Spanuyh** – Editeur Copernic – 1977

Le visage de Dieu, **Igor et Grichka Bogdanov**, Editions Grasset et Fasquelle 2010

L'émergence de l'homme - **Bleuette Diot** - Auto édition – 2017

L'empreinte des Dieux – **Graham Hancock** – Editions Pygmalion –1995

Les cartes impossibles – **Yves Lebigan** – Amazon, 2018

Les Dieux civilisateurs - **Bleuette Diot** - Auto édition – 2017

Les géants et l'Atlantide - **Laurent Glauzy** – Editions maison du salat – 2014

Les gènes d'Adam manipulés – **Pietro Buffa** – Editions Macro – 2018

Les momies non humaines de Nazca - **Thierry Jamin , Robert Salas**, Les Editions Atlantes, 2020

Les mystères de l'Atlantide décryptés - **Simon Cox** – Original Books –2011

Les routes de l'Atlantide - **Andrew Collins** – La Huppe – 2005

L'histoire commence à Bimini - **Pierre Carnac** - Robert Laffont – 1973

L'histoire secrète de l'espèce humaine - **M. Cremo** et **R. Thompson** -Editions du Rocher – 2002

L'humanité revisitée - **Marc Gakyar** – Editions Atlantes – 2014

L'infini, l'univers et les mondes – **Giordano Bruno** - Berg International – 1987

L'origine du monde, d'où venons-nous ? - Félix – 2002

L'univers informé - Lynne Mc Taggart – Ariane Publications – 2005

Magiciens des Dieux - **Graham Hancock** - Pygmalion – 2017

Nos origines à pas de géants - **Michel Brou** - Editions Jets d'Encre –2018

Petite histoire de l'Univers - **Stephen Hawking** – City Editions – 2008

Soyons conscients des manipulations de l'élite mondiale - **PaulHellyer** - Editions Ariane – 2017

The Jackal Divinities of Egypt - **Terence DU Quesne**, Darengo Publications, 2005

The search for lost origins - **Joey R Jochmans**. – Atlantis Rising –1996

The sphinx Mystery, the forgotten origins of the sanctuary of Anubis -**Robert Temple**, Inner Traditions Bear and Company, 2009

Tiahuanaco 10.000 ans d'énigmes incas - **Simone Waissbard** – Robert Laffont – 1971

Magazine Ikaris

Nexus Magazine

Printed in France by Amazon
Brétigny-sur-Orge, FR

17458788R00147